W0059685

Mosaik bei
GOLDMANN

Buch

Nach verletzenden Erlebnissen reagieren wir zumeist mit Wut und Ra-
chegefühlen. Doch wahre Stärke liegt in der Vergebung, im Mitgefühl.
Denn nur wenn wir verzeihen, können wir uns aus den festgefahrenen
Täter-Opfer-Mustern lösen und uns vom Ballast alter seelischer Wunden befreien. Wir werden fähig zu einem Neuanfang und können unser Leben wieder souverän gestalten. So bringen wir nicht nur die Beziehung zu unseren Mitmenschen wieder in Ordnung, sondern auch
die zu uns selbst.
Eileen Borris-Dunchunstang zeigt anhand berührender Fallbeispiele
ganz konkret, wie es Menschen nach schweren Schicksalsschlägen gelang, ihre Bitterkeit und Wut abzulegen und zu einem neuen Selbstverständnis zu finden. Sie weist mit ihrer praktischen Anleitung zum
Verzeihen anhand von sieben einfachen Schritten den Weg zu einem
befreiten Leben und innerem Frieden.

Autorin

Dr. Eileen R. Borris-Dunchunstang ist eine international anerkann-
te Expertin für Konfliktlösung und Heilung von Traumata. Sie leitete
Lehrgänge des »Institute of Multi-Track Diplomacy« in Washington,
arbeitete für das Büro für Internationale Entwicklung und den »United
Nations Development Fund for Women« und war Präsidentin der »Gesellschaft für Friedens-, Konflikt- und Gewaltforschung« des amerikanischen Psychologenverbandes. Sie arbeitet eng mit dem Dalai Lama
und Deepak Chopra zusammen.

Eileen Borris-Dunchunstang

Verzeihen

Die 7 Stufen
zur Vergebung

Mit einem Vorwort
des Dalai-Lama

Aus dem Amerikanischen
von Renate Weitbrecht

Mosaik bei
GOLDMANN

Alle Ratschläge in diesem Buch wurden von der Autorin und vom Verlag sorg-
fältig erwogen und geprüft. Eine Garantie kann dennoch nicht übernom-
men werden. Eine Haftung der Autorin beziehungsweise des Verlags und
seiner Beauftragten für Personen-, Sach- und Vermögensschäden ist daher
ausgeschlossen.

FSC

Mix
Produktgruppe aus vorbildlich
bewirtschafteten Wäldern und
anderen kontrollierten Herkünften

Zert.-Nr. SGS-COC-1940
www.fsc.org
© 1996 Forest Stewardship Council

Verlagsgruppe Random House FSC-DEU-0100
Das für dieses Buch verwendete FSC-zertifizierte Papier *Pamo Sky*
liefert Arctic Paper Mochenwangen GmbH.

1. Auflage
Vollständige Taschenbuchausgabe März 2010
Wilhelm Goldmann Verlag, München,
in der Verlagsgruppe Random House GmbH
© 2005 Eileen R. Borris-Dunchunstang
Deutsche Ausgabe erschienen im Pendo Verlag 2007
© Piper Verlag, München
Umschlaggestaltung: Uno Werbeagentur, München,
unter Verwendung eines Entwurfs von
Hauptmann & Kompanie Werbeagentur München – Zürich
Umschlagillustration: Hauptmann & Kompanie, München – Zürich
Satz: Buch-Werkstatt GmbH, Bad Aibling
Druck und Bindung: GGP Media GmbH, Pößneck
CB · Herstellung: IH
Printed in Germany
ISBN 978-3-442-17063-0

www.mosaik-goldmann.de

Inhalt

Meinen Eltern Sarah Mayrsohn
und Henry Borris
in liebendem Gedenken

Vorwort von Seiner Heiligkeit, dem Dalai-Lama

Im Laufe unseres Lebens treffen wir viele falsche Entscheidungen, die uns und anderen schaden. Das tun wir aus Unwissenheit. Wir glauben, dass ein bestimmtes Verhalten uns glücklich machen wird, doch tatsächlich bringt es uns Leid. Selbstgerechter Zorn und das Verlangen nach Rache können uns manchmal dazu verleiten, anderen Schaden zuzufügen, weil wir irrtümlicherweise meinen, das würde uns helfen. Tatsächlich verursacht es aber nicht nur den Opfern unserer Taten Leid, sondern auch uns selbst. Auch wenn wir uns völlig im Recht fühlen, stört das, was wir anderen im Namen der Rache antun, unseren Seelenfrieden und schafft die Voraussetzungen für eigenes Leid.

Menschen brauchen Gemeinschaft und sind in vielerlei Hinsicht aufeinander angewiesen. In der menschlichen Gesellschaft brauchen wir daher einen moralischen Verhaltenskodex, um in Frieden und Harmonie zusammenleben zu können. Opfer mögen das seelische Bedürfnis verspüren, Gerechtigkeit zu erlangen, doch wenn einem anderen Menschen Schmerz zugefügt wird, vergrößert das nur das Leid, nicht aber das Glückspotenzial aller Beteiligten. Statt des Verlangens nach Rache sollte die Bereitschaft zu vergeben gefördert und entwickelt werden.

Wenn wir wirklich aus Sorge um das Wohl anderer handeln, werden wir erkennen, welche Wirkung unsere Taten auf andere haben können, und uns entsprechend verhalten. Wenn wir zornig werden, hören wir auf, mitfühlend, liebevoll, großzügig, nachsichtig, tolerant und geduldig zu sein. Wir berauben uns der Dinge, aus denen Glück besteht. Zorn raubt uns nicht nur unsere Kritikfähigkeit, er führt auch oft zu blindem Hass, Boshaftigkeit und Groll. Diese Regungen sind immer negativ, weil sie eine direkte Ursache des Leids anderer Menschen sind.

Wenn es uns dagegen gelingt, Zorn und Hass zu überwinden, wenn wir unseren Verstand benutzen und versuchen, die Situation in einem größeren Zusammenhang zu sehen und aus anderen Blickwinkeln zu betrachten, dann sind Geduld und Toleranz das Ergebnis, und das Vergeben fällt uns leicht.

Auch wenn wir in der Vergangenheit vielleicht eine tiefe Verletzung erfahren haben, können wir nun unseren Zorn und Groll überwinden. Wir erkennen, dass die Vergangenheit vergangen ist, dass es keinen Sinn hat, weiter Zorn und Hass zu empfinden. Denn solche negativen Gefühle verändern die Situation nicht, sondern versetzen nur unseren Geist in Aufruhr und lassen uns weiterhin unglücklich sein. Es ist nicht falsch, sich an das Geschehene zu erinnern, aber wenn wir Vergebungsbereitschaft entwickeln, können wir die negativen Gefühle überwinden, die mit dem Ereignis verbunden sind. Deshalb hat die Autorin dieses Buches, Eileen R. Borris-Dunchunstang, Verzeihen als die größte Freiheit bezeichnet. Beim Vergeben geht es nicht darum, ein Unrecht geschehen zu lassen. Es geht vielmehr um die Befreiung des Opfers. Wenn man vergeben kann, muss man sich nicht länger Gedanken darüber machen, was einem von wem angetan wurde und wie man ihn dafür büßen lassen wird. Man wird frei von dieser ganzen Last.

Ich hoffe und bete, dass sich die Erkenntnis durchsetzt, dass Verzeihen, das Thema dieses Buchs, nicht nur im Privatleben des Einzelnen wichtig ist, sondern auch im öffentlichen Leben und auf der Ebene internationaler Beziehungen. Es ist schlicht kurzsichtig, zu glauben, dass Mitgefühl für andere Menschen nur etwas Privates ist. Mitgefühl und die Vergebung und Toleranz, die daraus erwachsen, brauchen wir in allen Lebensbereichen. Als Quelle inneren und äußeren Friedens sind diese Tugenden für das weitere Überleben der Menschheit von entscheidender Bedeutung. Einerseits bedeuten sie praktizierte Gewaltlosigkeit, andererseits verleihen sie unserem Leben Sinn und befähigen uns, wirklich konstruktiv zu sein.

Der Dalai-Lama
5. März 2005

Einleitung

Warum sollten wir vergeben?

*»Der Sinn des Lebens muss positiv sein. Wir wurden
nicht geboren, um Leid zu verursachen oder um anderen
Schaden zuzufügen. Damit unser Leben einen Wert
hat, müssen wir meiner Meinung nach die elementaren
Tugenden Wärme, Güte und Mitgefühl entwickeln.
Dann erhält unser Leben einen Sinn und wird friedlicher
und glücklicher.«*

SEINE HEILIGKEIT, DER DALAI-LAMA

»Auf den elektrischen Stuhl mit diesen Schweinen! Ich will,
dass Timothy McVeigh und Terry Nichols gehängt werden,
ohne langen Prozess!« Das waren die Worte von Bud Welch,
dessen dreiundzwanzigjährige Tochter bei dem Bombenanschlag auf das Murrah Federal Building in Oklahoma City
umkam. »Seit dem Augenblick, als ich erfuhr, dass sie durch
eine Bombe starb, hielt mich nur mein Hass am Leben.«

Buds Wut richtete sich gegen Timothy McVeigh und Terry Nichols, und wie viele andere wünschte Bud ihre schnelle Verurteilung und Hinrichtung. Doch als er einige Monate nach dem Bombenanschlag McVeighs Vater im Fernsehen sah, begannen sich seine Gefühle zu verändern. Er begriff, dass »dieser Mann genau wie er sein Kind verloren hatte«.

Nicht jeder würde so schnell zu diesem Schluss gelangen. Wusste Bud Welch etwas, was die meisten von uns in einer ähnlichen Situation vielleicht nicht wüssten? Bevor Bud zu der Erkenntnis gelangen konnte, dass *beide* Väter mit einem schmerzlichen Verlust fertigzuwerden hatten, musste er an seiner persönlichen Heilung arbeiten.

»Ich war mein Leben lang gegen die Todesstrafe, bis meine Tochter Julie Marie bei dem Bombenanschlag umkam. In den Monaten danach hätte ich Timothy McVeigh mit eigenen Händen umbringen können. Ich habe einen vorübergehenden Wahnsinn durchlebt. Es gibt nicht genug Adjektive, um den Hass und die Rachsucht zu beschreiben, die ich empfand. Aber nach einer Weile war ich fähig, mein Gewissen zu prüfen, und ich erkannte, dass es mir bei meinem Heilungsprozess nicht hilft, wenn McVeigh hingerichtet wird. Viele meinen, mit einer Hinrichtung sei der Fall abgeschlossen. Aber wie kann er je abgeschlossen sein, wo doch mein kleines Mädchen nie mehr wiederkommt? Ich erkannte schließlich, dass es bei der Todesstrafe nur um Hass und Rache geht, und Hass und Rachsucht sind die Gründe, warum Julie Marie und weitere hundertsiebenundsechzig Menschen sterben mussten.«

Am Ende vereinbarte Bud ein Treffen mit Timothy McVeighs Vater Bill. »Ich sah einen tiefen Schmerz in den Augen des Vaters, aber auch eine unglaubliche Liebe zu seinem Sohn«, erzählte Bud. »Ich konnte ihm sagen, dass ich den Schmerz, den er durchlitt, wirklich verstand und dass er – wie ich – ein Opfer dessen war, was in Oklahoma City geschah.« (Welch, 1999)

Was Bud gelang, können auch Sie schaffen, *wenn Sie sich dafür entscheiden*. Seien Sie unbesorgt, haben Sie keine Angst vor dem, was dieses Buch Ihnen sagen wird. Es wird Ihnen *nicht* sagen, dass das Unrecht, das andere Ihnen antaten, in Ordnung ist. Auch nicht, dass Sie jemanden entschuldigen müssen, der Sie abscheulich behandelte. Und schon gar nicht, dass Sie kein Recht haben, wütend zu sein und an Rache zu denken.

Dieses Buch soll deutlich machen, dass Verzeihen ein komplexer Prozess ist, über den viele falsche Vorstellungen herrschen. Es wird Ihnen sagen, dass Sie ein Recht auf Ihre Wut haben und dass Ihr Verlangen nach Gerechtigkeit und Rache eine völlig normale und verständliche menschliche Regung ist. Das Buch wird Ihnen sagen, dass Sie das Recht haben, den Menschen, der Ihnen etwas antat, *nicht* zu entschuldigen.

Aber es wird Ihnen auch zeigen, dass Sie den Ballast abwerfen müssen, den bestimmte Menschen und Umstände, Launen des Schicksals und schlechte Erfahrungen Ihnen aufgebürdet haben, denn nur dann sind Sie leicht und beweglich genug für den Weg in die Freiheit. Es gibt eine Methode, diesen Ballast loszuwerden, und mit Hilfe dieses Buches können Sie sie erlernen. Die Befreiung von dieser Last ist das, was ich den Vergebungsprozess nenne. Verzeihen bedeutet nicht, dass man erlittenes Unrecht entschuldigt, ignoriert oder einfach hinnimmt, wie man es Sie vielleicht im Religionsunterricht gelehrt hat, sondern dass man eine Schuld erlässt, weil man erkennt, dass nicht jede Schuld voll beglichen werden kann, auch nicht durch ein Menschenleben, und dass Verzeihen ein besserer Weg ist, Gerechtigkeit herzustellen.

Verstehen Sie mich nicht falsch. Wenn jemand ein Verbrechen begeht, sollte er die strafrechtlichen Konsequenzen tragen. Sie sollen nicht Verbrechen im strafrechtlichen Sinne verzeihen. Das wäre töricht und würde Ihnen und der Gesellschaft schaden. Sie müssen Ihre Feinde nicht lieben. Das könnte den Schmerz, den das erlittene Unrecht Ihnen verursachte, noch vergrößern und ist völlig unnötig. Und Sie sollen eine Schuld, die jemand bei Ihnen hat, nicht einfach vergessen. Damit eine zivilisierte Gesellschaft funktioniert, müssen alle ihre Schulden begleichen, seien es finanzielle oder zwischenmenschliche. Taschendiebe, Betrüger und Mörder müssen die Konsequenzen ihrer Taten tragen.

Warum wir uns selbst zuliebe vergeben sollten

Der Zweck von Vergebung ist nicht, bessere Menschen oder Heilige aus uns zu machen oder uns weiter zu demütigen. Das Ziel des Verzeihens ist, dass wir eine neue Stärke erlangen, im Verhältnis zu denen, die uns zum Opfer machten, und auch darüber hinaus. Vergebung macht nicht schwach, sondern stark. Doch Vergebung muss klar definiert sein. Zum Beispiel sind verheerende Brände, Erdbeben oder Tsunamis in einem gewissen Sinne auch Übeltäter. Gibt es für Opfer solcher Naturkatastrophen auch einen Vergebungsprozess? Und was ist mit institutionalisierten Verbrechen wie dem Holocaust, für die es keine Wiedergutmachung gibt? In manchen Fällen lässt sich nicht einmal feststellen, wer für das Verbrechen verantwortlich ist. Man denke nur an den Schaden, den reiche und mächtige Manager anrichten, wenn sie loyale Angestellte um die Ersparnisse ihres ganzen Lebens bringen und sich hinter Unternehmenssatzungen und fragwürdigen juristischen Auslegungen verschanzen, die es den Geschädigten schwer oder unmöglich machen, Gerechtigkeit zu erlangen. Können wir in solchen Situationen ebenfalls vergeben?

Es gibt sehr unterschiedliche Auffassungen von Vergebung. Das Alte Testament lehrt uns Gerechtigkeit nach dem Prinzip »Auge um Auge, Zahn um Zahn«, während es im Neuen Testament heißt: »Halte die andere Wange hin« und »Die Rache ist mein, spricht der Herr«. Den meisten Menschen erscheint das erste Prinzip zunächst befriedigender, aber wenn man darüber nachdenkt, ist es auch beängstigend. Menschen, die zum ersten Mal hörten, dass im Irak Dieben die rechte Hand abgehackt wird, waren entsetzt. Wir wollen Gerechtigkeit, aber es soll eine zivilisierte Gerechtigkeit sein.

Die andere Wange hinzuhalten erscheint dagegen unfair gegenüber dem Opfer, besonders wenn es sich bei der Tat um ein schweres Verbrechen handelt. Der Papst mag fähig sein, dem Mann zu vergeben, der ein Attentat auf ihn verübte, aber nicht jeder vergibt so bereitwillig einem Mörder, der ihm einen geliebten Menschen genommen, oder einem Dieb, der ihm einen kostbaren Besitz gestohlen hat. Die meisten von uns empfinden Wut über das erlittene Unrecht und wollen sich rächen. Wenn wir Glück haben, können wir unseren Groll allmählich überwinden und uns wieder sinnvolleren Dingen zuwenden, die uns zufriedener und freier machen. Weniger Glück haben wir, wenn wir zulassen, dass unser Hass uns zerfrisst. Vielleicht nähren wir ihn sogar mit Rachefantasien und vergeuden so unser Leben oder zumindest einen großen Teil davon. Es ginge uns sehr viel besser, wenn wir uns von unserem Hass befreien könnten, und diese Freiheit erlangen wir durch Verzeihen.

Was Menschen unter den Begriffen »Vergebung« und »Versöhnung« verstehen, hängt davon ab, aus welcher Kultur sie kommen, welche persönlichen Erfahrungen sie machten und was ihre Eltern und andere Vorbilder oder Autoritätspersonen sie lehrten, sei es auf direkte oder indirekte Art, durch bewusstes oder unbewusstes Verhalten. Jedenfalls haben diese Begriffe für jeden eine ganz bestimmte Bedeutung.

Meistens ist diese Bedeutung sehr abstrakt. Die konkrete Bedeutung von Vergebung und Versöhnung im menschlichen Leben wird uns selten vermittelt. Man sagt uns vielleicht, dass Vergeben göttlich ist und dass es vernünftig ist, sich nach einem Streit wieder zu versöhnen. Aber man lehrt uns nicht, dass im Vergeben und Versöhnen Stärke und Freiheit liegen. Menschen brauchen Freiheit, um zu überleben. Ich meine hier nicht Freiheit von Not oder die Freiheit, eigene Ziele zu verfolgen, auch nicht die Freiheit, zu lieben, sondern die Freiheit, *menschlich zu sein und in Frieden mit uns selbst und der Welt zu leben, indem wir uns annehmen, wie wir sind.* Dazu müssen wir uns als Ganzes sehen und akzeptieren, auch die Stärken und Schwächen, die uns erst menschlich machen. Und wir müssen die Freiheit haben, unsere Eigenschaften zu entfalten, unsere Stärken zu fördern und unsere Schwächen, wenn nötig, im Zaum zu halten, um ein erfülltes und glückliches Leben führen zu können. Das bringt uns zu einer ausschließlich menschlichen Eigenschaft: der Fähigkeit, zu hassen. Hass, sei es kalter oder blindwütiger Hass, ist ein Gefühl, das nur Menschen kennen. Tiere hassen nicht. Sie mögen Furcht empfinden und töten, aber sie hassen nicht, denn Hass setzt die Fähigkeit zu abstraktem Denken voraus.

Menschen können dagegen lange Zeit hassen und Rachegedanken hegen, wenn es sein muss, sogar ihr ganzes Leben lang. Rache ist ihr Verständnis von Gerechtigkeit. Das soll nicht heißen, dass es falsch ist, Gerechtigkeit zu wollen. Aber der Maßstab für Gerechtigkeit muss unser spiritueller Gewinn sein. Eine größere Gerechtigkeit erfahren wir, wenn es uns gelingt, unseren Hass zu überwinden, indem wir uns von dem unterschwelligen Verlangen nach Rache befreien, das uns trieb. Gerechtigkeit verleiht uns eine spirituelle Freiheit, aber nur, wenn es eine ethische Gerechtigkeit ist – das Ergebnis eines inneren Befreiungsprozesses. Und um diese Art von Gerechtigkeit zu erfahren, müssen wir fähig sein, im *wahren* Sinne des Wortes zu vergeben.

Worum es in diesem Buch geht

Dieses Buch soll Ihnen Fertigkeiten vermitteln, die Ihnen den Weg zur Vergebung erleichtern. Ja, Sie brauchen gewisse Fertigkeiten, denn Vergeben kann schwierig sein. Mit Hilfe dieser Fertigkeiten werden Sie lernen, wie man die negativen Emotionen überwindet, die Sie auf schmerzliche Weise in der Vergangenheit und in der Opferrolle gefangen halten. Diese Fertigkeiten werden Ihnen auch helfen, mehr Mitgefühl zu entwickeln und Situationen anders zu sehen. Jeder kann sie erlernen.

Oft muss man eine große innere Stärke aufbringen, um vergeben zu können. Und Verzeihen erfordert immer Vernunft, denn im menschlichen Verstand manifestiert sich der menschliche Geist – unsere Seele.

Mindestens einmal im Leben geraten wir alle in eine Situation, in der wir uns mit dem Thema Vergebung auseinandersetzen müssen, vielleicht nach einem Verrat, einem Betrug oder einer Erfahrung von Gewalt. Vielen von uns fällt es schwer, solche Situationen zu bewältigen. Dieses Buch ist deshalb so wichtig, weil unsere Welt voller Konflikte ist. Es ist beängstigend, wie viel Gewalt und Hass in ihr herrschen. Wir müssen etwas tun, um der Menschheit zu helfen, menschlicher zu werden.

Wenn unser Herz von Zorn und Hass erfüllt ist, leidet unser ganzer Körper. Negatives Denken hat eine destruktive Wirkung. Es schwächt zum Beispiel das Immun- und Herz-Kreislauf-System und erhöht den Blutdruck. Die Energie, die wir darauf verwenden, Menschen zu bekämpfen und zu hassen, bewirkt hormonelle Veränderungen in unserem Körper, die Herz-Kreislauf-Erkrankungen begünstigen und möglicherweise auch die Nervenfunktion und das Gedächtnis beeinträchtigen. Beziehungen gehen in die Brüche, wenn unsere Gedanken ständig um die Tat kreisen, die unsere Wut hervorrief. Was ist mit den wirklich schlimmen Situationen in unserem Leben, von denen wir sagen, dass wie sie nie verzeihen können? Ironischerweise müssen wir gerade in solchen Situationen Vergebung üben, weil wir sonst auf doppelte Weise zum Opfer werden. Es ist bereits schlimm genug, einen geliebten Menschen durch eine sinnlose Gewalttat zu verlieren, aber wenn wir uns danach von Hass und Angst beherrschen lassen, machen wir unser Leben, das ohnehin bereits voller Schmerz ist, noch unglücklicher.

Wenn wir bereit sind, unser Herz zu öffnen und zu vergeben, so schwierig das auch sein mag, befreien wir uns aus der Opferrolle. Dann erfahren wir nicht nur Heilung von unserem seelischen Schmerz, sondern unser Leben kann auch einen neuen Sinn erhalten, der uns die Tragödie in einem neuen Zusammenhang sehen lässt. Und das kann uns helfen, über sie hinwegzukommen.

Dieses Buch enthält Geschichten von außergewöhnlichen Menschen – von solchen, die Ihre Nachbarn sein könnten, bis zu Seiner Heiligkeit, dem Dalai-Lama. Alle erzählen, wie sie schlimme Erlebnisse schließlich durch Verzeihen bewältigten. Diese sehr bewegenden und ermutigenden Geschichten veranschaulichen, wie ganz unterschiedliche Menschen vergeben lernten. Außerdem werden Sie mit den einzelnen Schritten des Vergebungsprogramms vertraut gemacht.

Wenn Sie sie in Ihrem Leben nachvollziehen, können auch Sie sich von Ihrer seelischen Last befreien. Dieses Programm wird Ihnen helfen, Ihre Haltung gegenüber anderen Menschen positiv zu verändern.

Auf den Seiten zwischen den Geschichten gehe ich näher auf die psychologischen und spirituellen Aspekte von Vergebung ein, verdeutliche sie am Beispiel der Geschichten und erkläre Ihnen, wie Sie das Gelernte selbst umsetzen können. Die Geschichten werden Sie inspirieren, denn sie zeigen, wie Menschen durch Verzeihen ihr Herz öffnen können.

Ein Gebet um Vergebung für die Nazis

Das folgende Gebet zeigt, welche große innere Freiheit wir nach dem tiefsten Leid erfahren können, wenn wir wirklich bereit sind, uns für Vergebung zu öffnen. Rabbi Leo Baeck, einer der wenigen Überlebenden des Konzentrationslagers Theresienstadt, schrieb dieses beeindruckende Gebet um Vergebung für die Nazis. Nach dem Krieg setzte er sich dafür ein, dass niemand an NS-Offizieren und KZ-Wachen Rache übte. Sein Gebet bezeugt die Tiefe seines Glaubens und seines Verständnisses von Vergebung:

»Friede sei den Menschen, die bösen Willens sind, und ein Ende sei gesetzt aller Rache und allem Reden von Strafe und Züchtigung …

Aller Maßstäbe spotten die Gräueltaten; sie stehen jenseits aller Grenzen menschlicher Fassungskraft, und der Blutzeugen sind gar viele …

Darum, o Gott, wäge nicht mit der Waage der Gerechtigkeit ihre Leiden, dass Du sie ihren Henkern zurechnest und von ihnen grauenvolle Rechenschaft forderst, sondern lass es anders gelten.

Schreibe vielmehr den Henkern und Angebern und Verrätern und allen schlechten Menschen zugut und rechne ihnen an all den Mut und die Seelenkraft der andern, ihr Sichbescheiden, ihre hochgesinnte Würde, ihr stilles Mühen bei alledem, die Hoffnung, die sich nicht besiegt gab, und das tapfere Lächeln, das die Tränen versiegen ließ, und alle Opfer, all die heiße Liebe … alle die durchpflügten, gequälten Herzen, die dennoch stark und immer vertrauensvoll blieben, angesichts des Todes und im Tode, ja auch die Stunden der tiefsten Schwäche …

Alles das, o mein Gott, soll zählen vor Dir für die Vergebung der Schuld als Lösegeld, zählen für eine Auferstehung der Gerechtigkeit – all das Gute soll zählen und nicht das Böse.

Und für die Erinnerung unserer Feinde sollen wir nicht mehr ihre Opfer sein, nicht mehr ihr Albdruck und Gespensterschreck, vielmehr ihre Hilfe, dass sie von der Raserei ablassen …

Nur das heischt man von ihnen – und dass wir, wenn nun alles vorbei ist, wieder als Menschen unter Menschen leben dürfen und wieder Friede werde auf dieser armen Erde über den Menschen guten Willens und dass Friede auch über die andern komme.«

(Leo Baeck zitiert in Theodor Bovet,
Angst, Sicherung, Geborgenheit, *Bielefeld 1975)*

Wie dieses Gebet zeigt, ist Verzeihen eine radikale Lebensweise, die in offenem Widerspruch zu den Überzeugungen steht, die auf dieser konfliktreichen Welt vorherrschen. Sie ist radikal, weil sie ein völliges Umdenken voraussetzt, bei dem das Prinzip »Auge um Auge« von Mitgefühl und Verständnis abgelöst wird. Verzeihen ist die Wissenschaft des Herzens, die der völligen Heilung einer seelischen Wunde dient. Sie ist ein Prozess, bei dem ein verletzter Mensch eine Situation, die ihn beinahe zerstörte, zuerst verdrängt, dann akzeptiert und schließlich bewältigt.

Paul Tillich schrieb, dass Vergebung die göttliche Antwort auf unsere Existenz ist. Sie stellt die frühere Unschuld unseres Herzens wieder her – eine Unschuld, die uns die Freiheit gibt, zu lieben. Sie ist das Werkzeug, mit dem wir etwas Zerbrochenes wieder ganz machen können. Vergebung ist eine der erstaunlichsten Fähigkeiten des menschlichen Geistes. Dieses Buch zeigt, wie man diese Fähigkeit entwickelt. Und es beschreibt die Schwierigkeiten und das mutige Handeln von Menschen, die beschlossen, in ihrem Leben Vergebung zu üben und Mitgefühl zu zeigen.

Die Menschheit steht vor einer neuen Entwicklungsstufe, und wenn wir bereit sind, die harte Arbeit der Vergebung zu leisten, und erkennen, welche große heilende Kraft Verzeihen besitzt, dann können wir eine liebevollere und friedlichere Welt schaffen. Angesichts der wachsenden Gewalt, die auf der Welt herrscht, können wir entweder den Weg der Selbstzerstörung gehen oder einen Weg wählen, der zu einer radikalen Veränderung führt. Verzeihen spielt die entscheidende Rolle bei dieser Veränderung, die nicht nur Frieden in unser persönliches Leben bringen wird, sondern auch in unsere Welt.

1 Wie vergeben wir?

*»Das Wissen, das erleuchtet, befreit dich nicht nur,
sondern zeigt auch klar, dass du frei bist.«*

EIN KURS IN WUNDERN

Was Verzeihen bedeutet

Die meisten von uns haben eine Vorstellung, was Verzeihen
bedeutet. Für manche zeugt es von einer hohen Moral, andere sehen darin eine emotionale Schwäche. Um vergeben
zu können, müssen wir zunächst verstehen, was Verzeihen
tatsächlich heißt.

Verzeihen ist ein Prozess, der uns zeigt, wie wir eine seelische Wunde heilen können, nämlich indem wir uns entscheiden, den Menschen, der sie uns zufügte, anders zu sehen.
Wir müssen unsere Meinung über uns selbst und unser Bild
von der Welt ändern. Vergebung ist ein wesentlicher Teil *unserer* Heilung, da sie uns befähigt, *unsere* Wut, *unseren* Schmerz
und *unser Leid* zu überwinden. Während wir vergeben lernen und unsere seelische Wunde heilen, finden wir inneren Frieden.

Vergebung heißt nicht, Leute, die schwere Verbrechen begingen, ungestraft davonkommen zu lassen. Vergebung bedeutet, dass wir bereit sein müssen, alle Seiten von uns zu betrachten, unsere Unzulänglichkeiten zu akzeptieren und die ganze Wahrheit über uns mit Mitgefühl, Verständnis und vorbehaltloser Liebe anzunehmen. Wenn wir uns mutig uns selbst stellen, dringen wir zu unserer Menschlichkeit und Verletzlichkeit vor. Und wenn wir uns selbst annehmen können, wie wir sind, wächst unser Verständnis und Mitgefühl für uns selbst und im Idealfall auch für andere.

Es herrschen viele falsche Vorstellungen über Vergebung, zum Beispiel die, dass wir vergeben, um die Beziehung zu dem Menschen, der uns etwas angetan hat, wieder in Ordnung zu bringen. Das kann zwar eine Folge sein, aber eigentlich bringen wir in erster Linie unsere Beziehung zu uns selbst in Ordnung. Wie wir noch sehen werden, geht es beim Vergeben vor allem darum, unsere innere Einstellung zu ändern, denn äußerlich tun wir vielleicht dasselbe, ob wir vergeben oder nicht. Wichtig ist aber die Motivation hinter dem, was wir tun.

Wenn wir vergeben, entscheiden wir uns, mit einem vergangenen Ereignis auf eine bestimmte Weise umzugehen. Indem wir beschließen, einem anderen Menschen eine als Unrecht empfundene Tat zu verzeihen, können wir unseren Zorn und Groll überwinden (Hope, 1987). Bei dieser Definition müssen einige wichtige Punkte geklärt werden. Erstens: Derjenige, der vergeben will, hat eine tiefe seelische Verletzung – zum Beispiel einen Verrat – erfahren, die Wut oder Groll erzeugte. Natürlich hat er ein Recht, solche Gefühle zu empfinden, doch er entscheidet sich, sie zu überwinden. Viele Gründe sprechen für diese Entscheidung. Vielleicht will der Betroffene die Vergangenheit hinter sich lassen, oder er erkennt, dass er dem Täter Macht einräumt, indem er ihn weiter hasst. Oder er begreift, dass er wie der Täter wird, wenn er auf Rache sinnt. Egal welcher Grund hinter seiner Entscheidung stehen mag, sie führt zu einer neuen Reaktionsweise und damit zu einer anderen Wahrnehmung, die auf Verständnis, Mitgefühl und Liebe beruht. Der verletzte Mensch reagiert anders, weil er sich entschieden hat, seine Wut, seinen Hass oder sein Verlangen nach Rache zu überwinden, und das nicht etwa, weil er sich dazu verpflichtet fühlt. Das Paradoxe ist, dass *er* dabei geheilt wird. Wenn er die Situation aus einer Perspektive des Verständnisses und Mitgefühls sieht und das Geschehene akzeptiert, kann er die Vergangenheit bewältigen und inneren Frieden erfahren.

Vergebung ist ein komplexes Thema, und es gibt viele Missverständnisse, die ausgeräumt werden müssen. Zunächst einmal muss man verstehen, dass Vergebung immer zwischen zwei Menschen stattfindet. Ein Mensch kann nicht eine Naturkatastrophe oder einen Krieg vergeben. Beim Vergeben geht es vielmehr um die Korrektur falscher Wahrnehmungen, die wir auf einen anderen Menschen projiziert haben, und um die Heilung einer tiefen seelischen Wunde, von der wir glauben, dass ein anderer Mensch sie uns zugefügt hat. Nur wenn wir selbst durch einen anderen Menschen Leid erfahren haben, können wir vergeben.

Ein schwieriger Aspekt der Vergebung sind unsere Wahrnehmungen. Darunter verstehe ich unsere selbst gewählten

Sichtweisen der Welt. Jeder sieht die Welt anders, je nachdem, welche »Brille« er gewählt hat. Die Ereignisse in unserem Leben, die eigentlich neutral sind, erhalten ihre Bedeutung durch die Art, wie wir sie wahrnehmen. Deshalb können zwei Menschen ähnliche »Verletzungen« erfahren, doch der eine bleibt in der Opferrolle gefangen, während der andere eine neue Stärke entwickelt und handelt. Unsere Reaktionen beruhen immer auf unbewussten Motiven wie Schuldgefühlen oder Ängsten. Diese unbewussten Motive werden von Gedanken über uns gefärbt, die zu schmerzlich sind, als dass wir sie zulassen könnten. Wir kehren die negativen Gedanken über uns selbst buchstäblich unter den Teppich und »sehen« diese Dinge nur an anderen und nicht an uns selbst. Diesen Vorgang nennt man in der Psychologie »Projektion«. Wir schreiben anderen das zu, was wir an uns selbst nicht sehen wollen. Unsere »Brille«, die auch als Filter für unsere unbewussten Bedürfnisse und Wünsche dient, verleiht den Ereignissen in unserem Leben Bedeutung. Es ist wichtig, diese Dynamik zu verstehen, weil sie erklärt, wie wir Feindbilder erschaffen. Sie erklärt auch, warum es vorkommen kann, dass wir in einer Hotellobby Leute sehen, die uns sofort unsympathisch sind, obwohl wir sie gar nicht kennen. Zum Vergebungsprozess gehört, dass wir unsere Projektionen erkennen und zurücknehmen. Wenn wir die Seiten von uns akzeptieren, die wir sonst ablehnen, beginnen wir, die Welt klarer zu erkennen. Die Ereignisse, die uns widerfahren, können wir nicht ändern, aber wir können unsere Sichtweise ändern. Das ist ein wichtiger Bestandteil des Vergebungsprozesses.

Es besteht ein enger Zusammenhang zwischen Verzeihen und der Bedeutung von Gerechtigkeit. Zunächst fordern wir meist Gerechtigkeit in Form einer Bestrafung des Täters. Doch wenn wir schließlich verstehen, was Verzeihen auf der tiefsten Ebene bedeutet, verstehen wir auch besser, was im Täter vorgeht. Wir erkennen, dass das Verhalten anderer Menschen, genau wie das unsere, auf Verletztheit, Ängsten und Schuldgefühlen basiert, und dass ein gestörtes Verhalten ein Ruf nach Hilfe ist. Wir müssen also helfen. Das heißt nicht, dass wir nicht die nötigen Schritte unternehmen sollen, um uns zu schützen, aber Gerechtigkeit erhält eine neue, positivere Bedeutung, wenn wir die Welt mit anderen Augen sehen.

Ein anderer schwieriger Aspekt der Vergebung ist die Entschuldigung. Viele glauben, dass eine Entschuldigung des Täters notwendig ist, um ihm die Tat verzeihen zu können. In Wirklichkeit jedoch hängt Verzeihen nicht davon ab, ob ein anderer Mensch uns um Verzeihung bittet. Die innere Heilung ist unabhängig vom Wort der Entschuldigung. Wenn wir auf eine Entschuldigung warten müssen, müssten wir vielleicht für immer in einem Zustand der Unversöhnlichkeit bleiben und unter unserem Zorn und Schmerz leiden (Enright et al., 1992). Die Macht der Vergebung besteht auch darin, dass wir keine Entschuldigung brauchen. Vergebung ist ein Geschenk, das jemand, der verletzt wurde, machen kann. Die Entscheidung, zu vergeben, ist Teil eines Heilungsprozesses von innen heraus.

Letztlich bedeutet Vergebung eine Veränderung in unserem Denken. Ihre verwandelnde Kraft lässt uns von einem hilflosen Opfer unserer Umstände zu einem starken Mitgestalter unserer Wirklichkeit werden. Wir lernen, andere Personen aus einer neuen Perspektive wahrzunehmen, sie jeden Tag im Lichte ihrer künftigen Möglichkeiten statt ihrer vergangenen Taten neu zu sehen. Indem wir uns zu liebevollen, mitfühlenden und verständnisvollen Menschen entwickeln, sind wir zu einer tieferen Beziehung zu uns selbst und zu den wichtigen Menschen in unserem Leben fähig.

Was Verzeihen *nicht* bedeutet

Um eine klarere Vorstellung von Vergebung zu gewinnen, sollten wir zunächst ein paar weit verbreitete Missverständnisse über Vergebung ausräumen. Viele haben falsche Vorstellungen von Verzeihen, weil sie es mit »Begnadigung«, »Versöhnung« oder »Duldung« gleichsetzen (Mawson und Whiting, 1923).

Verzeihen bedeutet *nicht* Begnadigung. Eine Begnadigung ist ein formeller öffentlicher Akt, an dem eine juristische Instanz beteiligt ist, die für jeden Gesetzesverstoß ein Strafmaß festlegt. Sie kann einen Gesetzesbrecher begnadigen, indem sie seine Strafe verringert oder aussetzt. Wenn sie das tut, bestätigt sie damit immer, dass ein Unrecht begangen wurde. In der jüdisch-christlichen Tradition wurde Vergebung einst in diesem Sinne verstanden (Frost, 1991). Indem man dem Übeltäter die Strafe für seinen Verstoß gegen die Normen ganz oder teilweise erließ, bekräftigte man gleichzeitig die Gültigkeit dieser Normen. Darin liegt vielleicht der Grund für einige falsche Vorstellungen von Vergebung. *Vergebung bedeutet nicht, dass auf eine Bestrafung des begangenen Unrechts verzichtet wird.*

Vergebung bedeutet nicht Duldung. Gewisse Verhaltensweisen wie etwa willkürliche Gewalttaten oder Missbrauch sind völlig untragbar, und es ist unbedingt erforderlich, dass wir alles unternehmen, um solche Taten zu verhindern. Vergeben bedeutet nicht, dass man Verhaltensweisen toleriert, die einem selbst oder anderen Schmerz zufügen. Verzeihen ist, wie gesagt, ein innerer Prozess, der sich auf einer persönlichen Ebene vollzieht. *Wir müssen das Verhalten eines anderen Menschen nicht akzeptieren, um vergeben zu können.*

Vergebung bedeutet nicht Versöhnung. Vergebung ist eine persönliche innere Befreiung, an der niemand beteiligt ist außer uns selbst. Sie kann zwar eine notwendige Voraussetzung für die Versöhnung von Menschen sein und schließt auch eine Bereitschaft zur Aussöhnung mit ein, aber sie findet allein in unserem Herzen statt, während Versöhnung zwischen zwei oder mehreren Menschen stattfindet. Man kann jemandem vergeben und das durch sein Verhalten zeigen, aber man braucht sich nicht mit ihm zu versöhnen, solange er sein Verhalten nicht ändert. *Wenn man jemandem vergibt, heißt das nicht, dass man sich mit ihm versöhnen muss.*

Manche glauben, dass vergebungsbereite Menschen schwach sind und nicht den Mut haben, das »Richtige« und »Notwendige« zu tun. Sie meinen, dass man nicht gleichzeitig stark und vergebungsbereit sein kann. Doch in Wirklichkeit sind es gerade die Menschen, die nicht vergeben können, die in Angst leben. Vergebung hat nichts mit Schwäche zu tun und ist kein Nachgeben gegenüber »Stärkeren«. Beim Vergeben geht es darum, in uns selbst die Kraft zu finden, über das unmittelbare Leid hinauszusehen, das andere Menschen oder sogar wir selbst uns zufügten, die Schwächen zu erkennen, die Schmerz verursachen, und diese Schwächen zu verzeihen. Es geht darum, das Menschliche in anderen zu sehen, hinter ihr äußeres Verhalten zu blicken und ihren Kummer zu erkennen, der der Grund für ihr Verhalten ist.

Wir müssen mehr sehen als nur uns selbst, um verstehen zu können, dass Menschen uns meistens nicht vorsätzlich verletzen. Oft haben sie nicht mehr Kontrolle über ihr Handeln als wir, ihre »Opfer«. Nur aus unserem wissenden Mitgefühl heraus können wir erkennen, dass Menschen, die uns verletzen, von ihrer Schwäche dazu getrieben werden. Sie greifen uns aus Furcht an, um sich selbst zu schützen. Furcht bringt Menschen dazu, sich einen Panzer zuzulegen. Sie blockiert die Fähigkeit, zu verstehen, Mitgefühl zu empfinden und zu lieben, und fördert Misstrauen und Feindseligkeit, die verhindern, dass die »Außenwelt« uns berührt. In Wahrheit verbirgt sich hinter der Geißel von Gewalt und Krieg Verwirrung über uns selbst, gemischt mit quälenden Schuldgefühlen wegen unserer Schwächen. Um dieses negative Selbstbild zu kompensieren, »verhärten« wir uns oft, damit andere keinen Zugang zu unserem inneren Selbst finden und unsere Fehler nicht erkennen können.

Dass wir gegen unsere eigenen unbewussten Gefühle der Unzulänglichkeit und Minderwertigkeit kämpfen, macht uns noch verzweifelter und destruktiver und schließlich auch selbstzerstörerisch. Die Furcht vor der Auseinandersetzung mit allzu erschreckenden Aspekten unseres Selbstbilds führt manchmal sogar zu exzessiver äußerer Gewalt. Aus dieser Verletztheit heraus begehen manche wahllos Straftaten bis hin zu Kindesmisshandlungen oder Kriegsverbrechen. So ein destruktives Verhalten zeigen nicht nur einzelne Menschen; es lässt sich auch bei Auseinandersetzungen zwischen (ethnischen, religiösen oder anderen) Gruppen und in jedem Krieg beobachten.

Vergebung ist ein Prozess, bei dem wir nach der Wahrheit hinter dem äußeren Anschein suchen. Wenn wir beginnen, unter die Oberfläche zu schauen, entwickeln wir ein Verständnis für verborgene Kräfte, die wir vorher nicht erkannten. Wir begreifen, dass in uns allen »verborgenes Schlechtes« und »verborgenes Gutes« schlummert, und beides müssen wir an die Oberfläche bringen und uns damit auseinandersetzen. Uns wurde so oft gepredigt, dass wir alle Sünder sind, dass wir das Gute in uns übersehen: unsere angeborene Göttlichkeit. Tatsächlich sind die Absichten der meisten Menschen überwiegend gut.

Beim Vergeben geht es darum, das einzigartige Gute in uns und anderen zu entdecken und Vorurteile aufzugeben, die uns andere in einem negativen Licht sehen lassen. Wenn wir aufhören, über andere zu richten und die Welt über Gegensätze zu definieren, erfahren wir die Einheit des Lebens. Vergebung gibt uns die Chance, zu erkennen und zu werden, was wir von Natur aus sind – gute und mitfühlende Menschen.

Der Vergebungsprozess

Vergebung ist ein längerer Prozess. Nach der Verletzung empfinden wir erst einmal Schmerz oder Wut. Oder wir erleben einen Kontrollverlust. Manchmal spielen wir das Geschehene im Geiste immer wieder durch, sodass der Schmerz sich vertieft. Dann vergleichen wir unsere Situation mit der des Täters, der im Gegensatz zu uns nicht zu leiden scheint, und gelangen zu dem Schluss, dass das Leben unfair und die Welt ungerecht ist. Wenn wir uns mit unserer Wut auseinandersetzen und allmählich Einsicht in das Verhalten des Täters gewinnen, geben wir dem Ereignis einen Sinn. Und wenn es uns schließlich gelingt, unseren Schmerz zu überwinden, beginnen wir uns selbst zu heilen.

Bevor wir wirklich vergeben können, müssen wir begreifen, dass es dabei um unsere innere Heilung geht und nicht um eine Verhaltensänderung. Sonst kostet es uns vielleicht unnötig viel Überwindung, jemandem zu vergeben.

Wir heilen uns selbst, indem wir uns erinnern, indem wir uns alles ins Bewusstsein zurückrufen, was wir vor uns selbst verborgen hielten. Es braucht Zeit, alle Bruchstücke zusammenzubringen. Dieser Prozess beginnt damit, dass wir unsere Geschichte erzählen und unsere Erfahrungen bestätigen. Allzu oft beschönigen wir ein traumatisches Erlebnis, während es stattfindet, weil es zu sehr schmerzt und uns zu tief verletzt. Der Schmerz wird dabei durch psychologische Abwehrmechanismen abgespalten. Das Erzählen unserer Geschichte kann uns helfen, wieder an diesen Schmerz heranzukommen, sodass wir uns schließlich von ihm befreien können.

Wahrscheinlich kommt beim Erzählen der Schmerz, den wir verzweifelt verleugnen, wieder hoch, zum Beispiel in Form von Wut und Hass auf die Menschen, die uns verletzten. Um ihnen vergeben zu können, müssen wir in uns hineinhorchen und verstehen lernen, was unsere Wut und andere Emotionen uns sagen wollen. Wenn wir uns bewusst werden, dass alle unsere Gefühle etwas über unser Sozialverhalten aussagen, dann hat unsere Heilung begonnen. Und wenn ein anderer bereit ist, uns zuzuhören und unseren Schmerz und Kummer zu teilen, dann wird die Last leichter und sogar erträglich.

Nachdem wir unsere Gefühle erforscht und insbesondere die Bedeutung unserer Wut verstanden haben, müssen wir herausfinden, wie wir mit unserem Schmerz umgehen und ob wir unseren Schmerz vielleicht in irgendeiner Art aufrechterhalten. Falls wir das tun, müssen wir uns klarmachen, dass wir selbst dafür verantwortlich sind, wie wir mit einer Verletzung zurechtkommen, auch wenn eine andere Person sie verursacht hat. Wir müssen die Verantwortung für unsere emotionalen Reaktionen auf unsere Verletzung übernehmen. Wir müssen die Gefühle aus der Vergangenheit überwinden, die uns daran hindern, unseren Schmerz zu vergessen. Nur dann erfahren wir die Kraft, die die Befreiung von diesen Gefühlen uns verleiht.

Die Voraussetzung für dieses innere Wachstum ist, dass wir die Hindernisse beseitigen, die unsere Wut und unsere Schuldgefühle schufen, dass wir sie bewältigen, indem wir uns ihnen stellen, so schmerzlich und schwierig das auch sein mag. Dabei erkennen wir möglicherweise, dass wir das, was wir an anderen verurteilten, tatsächlich an uns selbst verurteilten. Weil es zu schmerzlich sein kann, uns unsere Unzulänglichkeiten einzugestehen, sehen wir sie nur an anderen und nicht an uns selbst. So lenken wir unsere Aufmerksamkeit von der wahren Ursache des Problems ab, von unseren Schuldgefühlen.

Schuldgefühle aufgrund eigener Unzulänglichkeiten sind normal. Ungesunde Schuldgefühle führen jedoch dazu, dass wir uns wertlos fühlen und uns aus dem Leben zurückziehen, anstatt mit Liebe im Herzen an ihm teilzunehmen. Unsere Fehler und Ängste drängen alles Positive in den Hintergrund. Wir fühlen uns wertlos, und nicht selten verletzen wir andere aus diesem Gefühl heraus.

Schuldgefühle und Verantwortung schließen sich gegenseitig aus. Schuldgefühle lassen die Wunde nicht heilen. Aber wir können uns entscheiden, nicht länger an der Schuld festzuhalten. Wir müssen diese Veränderung wollen und bereit sein, auf sie hinzuarbeiten. Indem wir unsere Schuldgefühle überwinden und aufhören, uns selbst zu verurteilen, werden wir zu mehr Mitgefühl für andere fähig. Wenn es uns gelingt, uns von unseren Schuldgefühlen zu befreien, sind wir so weit, dass wir Verzeihen als eine Alternative zu unserem bisherigen Verhalten in Erwägung ziehen können. Der Vergebungsprozess kann erst beginnen, *wenn wir es wollen*. Wir müssen uns bewusst für Vergebung entscheiden.

Wenn wir allmählich verstehen, was Wut und Schuldgefühle mit uns anstellen, entwickeln wir neue Perspektiven. Wir begreifen, dass Menschen durch die Wunden und den Schmerz in ihnen zu schrecklichen Taten getrieben werden können. Es wird leichter, jemandem zu vergeben, wenn wir erst verstehen, wie *unsere* Wunden und *unser* Schmerz *unsere* Welt gefärbt haben.

Dieses Wissen hilft uns, das Leid von anderen zu sehen, und dies kann uns zu einer tieferen Selbsterkenntnis verhelfen, die zu einer tieferen persönlichen Heilung führt. Wenn wir beginnen, die Situation mit diesem Wissen neu zu betrachten, verstehen wir sie und den Täter allmählich besser. Dann können wir uns folgende Fragen stellen: »Bist du bereit, diese Person als ein Mitglied der menschlichen Gemeinschaft zu betrachten?«, »Bist du bereit, in ihr einen Menschen zu sehen, der einen Wert besitzt?« und »Bist du fähig, ihre Schwächen, Ängste und Seelenqualen zu sehen, die zu dem Ereignis führten?«. Wenn wir lernen, uns in einen anderen Menschen hineinzuversetzen, können wir seine Situation »nachempfinden« und erkennen möglicherweise, dass wir unter ähnlichen Umständen vielleicht nicht anders gehandelt hätten. Diese Erkenntnis ist der Augenblick *unserer* Befreiung.

Wenn wir an diesem Punkt des Vergebungsprozesses angelangt sind, sind einige unserer Erfahrungen so tief, dass in uns eine Veränderung stattfindet. In dieser Phase können wir mehr Mitgefühl entwickeln, indem wir uns in das Leben eines anderen Menschen hineinversetzen und seinen Schmerz erfahren, als ob es unserer wäre. Mitgefühl heißt, dass wir fähig sind, *alles,* was wir über einen anderen Menschen wissen, in unser Herz aufzunehmen, und dass wir bereit sind, ihn neu zu sehen. Mitgefühl zu haben, heißt nicht, über das begangene Unrecht hinwegzusehen. Mitgefühl hilft uns vielmehr, den Schmerz oder die Angst hinter dem Verhalten eines anderen Menschen zu erspüren. Die eigene Verletzung erhält so eine neue Dimension.

Vergebung beendet den Teufelskreis des Schmerzes, sodass er nicht an die nächste Generation weitergegeben wird.

Zur Bewältigung unseres Schmerzes ist es wichtig, dass wir seinen Sinn erkennen. Durch unser eigenes Leid lernen wir das Leid anderer verstehen. Seltsamerweise hilft uns das, unseren Schmerz zu überwinden. Wir können unserem Schmerz einen Sinn verleihen, indem wir uns zum Beispiel dafür einsetzen, dass anderen unser Leid erspart bleibt. Oder wir erlangen durch unseren Schmerz ein spirituelles Verständnis. Wenn wir unser Leben positiv verändern können, weil wir bereit waren, unser Herz zu öffnen und zu vergeben, dann haben wir erkannt, dass unser Schmerz nicht sinnlos war.

Wenn wir unser Herz geöffnet haben, sind wir fähig, zu vergeben. Durch die Entscheidung, anderen zu verzeihen, bereichern wir unser eigenes Leben. Wir öffnen uns allem, was das Leben zu bieten hat, und gestatten es uns, mit der Situation oder mit dem ganzen Leben einig zu sein. Wenn wir uns für etwas jenseits von uns selbst öffnen, sprechen manche vom »dritten Faktor« im Vergebungsprozess (Müller-Fahrenholz, 1989). Dazu müssen wir es wagen, dem Unbekannten und Unerklärlichen zu vertrauen. Der »dritte Faktor« ist jenes besondere Element der Stärke, des Glaubens oder des Vertrauens, das uns so weit von Schuldgefühlen, Scham, Wut oder Misstrauen befreit, dass wir unabhängig handeln und den Schritt zur Vergebung und Versöhnung machen können. Der transzendierende Funke des Mutes, der mit dem »dritten Faktor« hinzukommt, macht uns offen für den Augenblick furchtlosen Vertrauens, in dem unser Herz den Sprung in den Glauben macht. Seine überraschende Energie löst die Mauern auf, die uns von anderen trennen, und macht Gemeinschaft möglich. Im Augenblick der Gnade werden wir fähig, die Wirklichkeit ohne Vorurteile und verblendenden Hass zu sehen. Nun können wir in einer Welt voller Furcht Liebe annehmen.

Der letzte Schritt im Vergebungsprozess besteht darin, dass wir uns überlegen, was wir über seelisches und spirituelles Wachstum gelernt haben, und das gewonnene Wissen in unser Leben integrieren. Nun äußert sich die innere Veränderung allmählich durch ein verständnisvolles, freundliches und hilfsbereites Verhalten gegenüber anderen Menschen. Viele Geschichten in diesem Buch zeigen, wie erlittenes Leid und die Fähigkeit, zu vergeben, Menschen motivierten, das Leid anderer lindern zu helfen.

2 Vergeben lernen: Das 7-Schritte-Vergebungs- programm

»Irren ist menschlich, vergeben göttlich.«

ALEXANDER POPE

Vergebung kann zwar von einem Augenblick auf den andern geschehen, aber viele Menschen brauchen Wochen, Monate, Jahre oder sogar ein ganzes Leben, um verzeihen zu können. Der Vergebungsprozess verläuft bei jedem Menschen anders, doch es gibt bestimmte vorhersehbare Phasen, die alle gleichermaßen durchmachen. Dieses Programm erklärt, wie Sie diese Phasen Schritt für Schritt bewältigen können. Einige Schritte werden Ihnen schwerer fallen als andere, und manche werden für Sie wichtiger sein als andere; das hängt von Ihren persönlichen Umständen ab. Vielleicht stellen Sie fest, dass Sie sich zwischen zwei Schritten vor- und zurückbewegen. Das ist in Ordnung. Konzentrieren Sie sich auf das, was für Sie wichtig ist. Das Schritte-System soll Ihnen während des Vergebungsprozesses als Orientierungshilfe dienen. Vielleicht meinen Sie, beim zweiten Schritt sehr viele Gefühle durchgearbeitet zu haben, und stellen beim dritten fest, dass noch mehr Gefühle hochkommen. Dann sollten Sie sich zuerst diesen Gefühlen widmen. Bei der Auseinandersetzung mit schmerzlichen Situationen können Sie von so vielen Gefühlen überwältigt werden, dass Sie vielleicht nicht in der Lage sind, alle auf einmal durchzuarbeiten. Möglicherweise müssen Sie mehrmals einen Schritt zurückgehen, bis Sie das Gefühl haben, alles freigelegt zu haben, was nötig war, um den nächsten Schritt zu tun. Die Übergänge zwischen den Schritten sind fließend, daher stellen Sie zwischendurch möglicherweise fest, dass Sie an mehreren Schritten gleichzeitig arbeiten. Denken Sie immer daran, dass jeder auf seine eigene Weise vergibt, und dass der Vergebungsprozess nicht nach einem starren Schema abläuft.

Die Vorbereitung

Wie bei jeder schwierigen emotionalen Arbeit ist es wichtig, ein intaktes und tragfähiges Netz aus sozialen Kontakten zu haben, das einem emotionalen Rückhalt gibt. Sie brauchen Menschen um sich, die Sie lieben und auf eine konstruktive Weise unterstützen. Und Sie brauchen jemanden, der Sie während des Vergebungsprozesses begleitet, der Sie tröstet und Ihnen durch Ihren Schmerz hindurchhilft. Wenn es in Ihrem Leben niemanden gibt, den Sie in diese Arbeit einbeziehen möchten, dann arbeiten Sie mit einem Therapeuten. Auf jeden Fall sollten Sie sich in die Obhut eines Therapeuten begeben, wenn Sie ein Trauma, Depressionen, Ängste und/oder Selbstmordgedanken haben.

Das erste Hilfsmittel, das Sie brauchen, ist ein Tagebuch oder Notizbuch. Es wird Ihnen eine große Hilfe sein und ist nur für Sie bestimmt. Alles aufzuschreiben, was Ihnen in den Sinn kommt, ist eine Möglichkeit, zum Ausdruck zu bringen, was in Ihnen vorgeht. Sie können in nachdenklichen Augenblicken Ihre Gedanken festhalten oder sich einfach Dinge von der Seele schreiben. Führen Sie regelmäßig Tagebuch, und zensieren Sie sich dabei nicht. Lassen Sie sich von Ihrem Bewusstseinsstrom dorthin treiben, wo Sie hinmüssen, selbst wenn Sie denken: »Das ist albern!« oder »Ich will das nicht tun«. Wenn Sie das Gefühl haben, nicht weiterzukommen, fragen Sie sich, was Sie im Augenblick empfinden, und schreiben Sie alles nieder, was Ihnen einfällt. Was es auch ist, schreiben Sie weiter. Schließlich wird Ihnen etwas in den Sinn kommen, das Sie überraschen wird. Indem Sie Dinge niederschreiben, verleihen Sie Ihren Gefühlen Ausdruck und nehmen ihnen ihre Energie. Sie werden merken, wann Sie fertig sind, und wahrscheinlich ein Gefühl der Befreiung empfinden.

Ein Tagebuch zu führen, ist eine wunderbare Methode, in tiefere Bereiche Ihrer Seele vorzudringen und Zugang zu Gedanken und Gefühlen zu erhalten, die in Unterhaltungen mit anderen Menschen normalerweise nicht zur Sprache kommen. Es ermöglicht Ihnen, Dinge freizulegen, die tiefer verborgen sind, und verdrängte Gefühle bewusst zu machen. Sie können Ihre Geschichte erzählen, ohne dass sie sonst jemand zu erfahren braucht.

Schreiben Sie jeden Tag ein paar Minuten lang Tagebuch, solange Sie an diesem Programm arbeiten. Manche schreiben gerne morgens nach dem Aufwachen, wenn ihr Kopf noch frei vom Tagesgeschehen ist. Andere schreiben lieber abends, wenn wieder Ruhe einkehrt. Wählen Sie die Zeit, die Ihnen am besten passt, und gewöhnen Sie sich an, jeden Tag um dieselbe Zeit zu schreiben. Die folgenden Tipps werden Sie vielleicht hilfreich finden:

- Suchen Sie sich zum Schreiben einen ruhigen und bequemen Platz, an dem Sie ungestört sind.
- Schreiben Sie immer am gleichen Platz.
- Sorgen Sie dafür, dass nichts und niemand Sie stört, auch nicht das Telefon.
- Atmen Sie ein paar Mal tief durch, bevor Sie anfangen, um Körper und Geist zu entspannen.
- Schreiben Sie am Anfang alles nieder, was Ihnen in den Sinn kommt. Es muss heraus, auch wenn es Ihnen völlig verrückt erscheint. Folgen Sie dem Bewusstseinsstrom. Er wird Sie dorthin bringen, wo Sie hinmüssen. Lassen Sie sich von dem leiten, was Sie niedergeschrieben haben. Wenn Sie an einer bestimmten Situation in Ihrem Leben oder an einem bestimmten Schritt im Vergebungsprozess arbeiten, können Sie sich bestimmte Fragen stellen, um sich darüber klar zu werden, was Sie empfinden und was Sie tun müssen. Nach jedem Schritt dieses Programms finden Sie gezielte Fragen zum jeweiligen Thema.

Machen Sie mindestens einmal am Tag ein paar Entspannungsübungen. Wenn Sie keine beherrschen, nehmen Sie einfach eine Entspannungs-CD zu Hilfe. Es ist wichtig, Entspannungstechniken zu erlernen und anzuwenden, besonders wenn Sie spüren, dass Sie von Ihren Gefühlen überwältigt werden. Wenn das geschieht, also wenn so viele Gefühle in Ihnen hochkommen, dass Sie glauben, nicht mehr mit ihnen umgehen zu können, dann beenden Sie Ihre Tagebuchsitzung mit einer Entspannungsübung.

Eine weitere Technik, die Sie sehr hilfreich finden werden, ist die Visualisierung, bei der man sich etwas bildlich vorstellt. Mit Hilfe von Visualisierungstechniken können Sie lernen, zu entspannen und einen tieferen Einblick in Ihre Gedankenwelt und Ihr Verhalten gewinnen. Im Schlusskapitel »Was Sie für sich selbst tun können« finden Sie zu jedem Schritt des Vergebungsprozesses Visualisierungsübungen. Das Visualisieren kann jeder lernen. Mit etwas Übung wird Ihr Konzentrationsvermögen sich verbessern, und Ihre Visualisierungen werden sich vertiefen. Es ist wichtig, sich daran zu erinnern, dass Bilder Symbole aus dem Unbewussten sind. Aufgrund des Symbolcharakters der Bilder, die Sie beim Visualisieren entstehen lassen, ist diese Technik völlig risikolos, denn Sie verstehen die Bedeutung der Bilder erst, wenn Sie dazu bereit sind. Das Wunderbare am Arbeiten mit Bildern ist, dass ein Heilungsprozess einsetzt, sobald Sie beginnen, Ihre Symbole zu erfahren, selbst wenn Sie nicht verstehen, was die Bilder bedeuten.

Sie können durch das Visualisieren auch bestimmte Verhaltensweisen fördern. Wenn Sie zum Beispiel etwas verstärkt tun wollen, dann stellen Sie sich bildlich vor, wie Sie das tun. Das wird Ihren Wunsch verstärken und Sie aktivieren! Falls diese Technik Ihnen neu ist, gebe ich Ihnen folgende Tipps:

- Suchen Sie sich einen ruhigen Ort, an dem Sie nicht abgelenkt werden, bevor Sie mit einer Visualisierungsübung beginnen.
- Tragen Sie weite Kleidung, die Sie nicht beengt, und setzen oder legen Sie sich bequem hin.
- Machen Sie zur Entspannung ein paar tiefe Atemzüge, bis Sie spüren, dass Ihr Körper und Ihre Gedanken ruhiger werden. Das ist sehr wichtig! Je entspannter Sie sind, desto leichter ist es, Bilder zu erfahren.
- Lassen Sie sich nicht beirren, wenn Sie anfangs das Gefühl haben, dass Sie Dinge erfinden. Diese »erfundenen« Bilder kommen von irgendwoher und sind sehr wichtig. Machen Sie einfach weiter. Entwerfen Sie Ihre eigenen Szenen. Das gehört dazu.
- Versuchen Sie, Ihre Bilder so lebendig wie möglich zu machen. Registrieren Sie Farben oder Klänge, wenn Sie welche wahrnehmen usw.
- Halten Sie nach der Sitzung in Ihrem Tagebuch fest, was Sie visualisierten. Fragen Sie sich: »Warum kam mir jetzt dieses Bild oder diese Szene in den Sinn?«, »Was geschieht zur Zeit in meinem Leben, das mit diesem Bild oder dieser Szene in Zusammenhang stehen könnte?«.
- Und, was am wichtigsten ist, haben Sie Spaß dabei!

Fragebögen

Fragebögen mit Bewertungsskalen sollen Ihnen helfen, Ihre Fortschritte zu dokumentieren. Sie werden gebeten, Fragen zu beantworten, bevor Sie mit diesem Programm beginnen, immer wenn Sie sich für den nächsten Schritt bereit fühlen und am Ende des Programms. Mit Hilfe der Fragebögen erkennen Sie die Fortschritte, die Sie im Vergebungsprozess gemacht haben, wo Sie sich verbessert haben und wo möglicherweise noch weitere Arbeit zu leisten ist.

Viele von Ihnen werden Fortschritte sehen, andere vielleicht nicht. Lassen Sie sich nicht entmutigen, wenn Sie nicht die erhofften Fortschritte machen. Veränderungen brauchen Zeit, besonders wenn sie eine ganz neue Weltsicht erfordern. Gratulieren Sie sich dazu, dass Sie bereit und bemüht sind, zu vergeben. Das allein ist schon ein gewaltiger Fortschritt. Beantworten Sie jetzt die Fragen, indem Sie auf den Skalen jeweils die Zahl einkreisen, die am ehesten angibt, wo Sie stehen. Es gibt einen Fragebogen für jeden Schritt des Vergebungsprogramms. Notieren Sie sich die Zahlen in Ihrem Tagebuch, damit Sie sie später vergleichen können.

Schritt 1: Die Startphase

Wie klar ist Ihr Verständnis von Vergebung?

1	2	3	4	5	6	7

sehr klar   völlig unklar

Wie oft denken Sie darüber nach, mit dem Täter abzurechnen?

1	2	3	4	5	6	7

gar nicht   ständig

Wie bereit sind Sie, zu vergeben?

1	2	3	4	5	6	7

absolut bereit   überhaupt nicht bereit

Schritt 2: Gefühle freilegen

Wie viel emotionalen Schmerz empfinden Sie am Anfang dieses Programms?

1	2	3	4	5	6	7

keinen   der Schmerz ist überwältigend

Wie schwer fällt es Ihnen am Anfang des Vergebungs-programms, über Ihre emotionalen Erfahrungen zu spre-chen?

1	2	3	4	5	6	7

überhaupt nicht schwer   sehr schwer

Schritt 3: An der Wut arbeiten

Wie wütend sind Sie am Anfang des Vergebungsprogramms auf die Person, die Sie verletzte?

1	2	3	4	5	6	7

nicht wütend   sehr wütend

Wie gut verstehen Sie die tiefere Bedeutung Ihrer Wut?

1	2	3	4	5	6	7

völlig   gar nicht

Sind Ihnen Verhaltensweisen bewusst, durch die Sie Ihren Schmerz aufrechterhalten?

1	2	3	4	5	6	7

ja, sehr bewusst   nein

Sind Sie bereit, aus Ihrer Wut zu lernen und Ihr Verhalten entsprechend zu ändern?

1	2	3	4	5	6	7

absolut bereit   überhaupt nicht bereit

Schritt 4: Schuldgefühle bewusst machen

Wie bewusst sind Ihnen Ihre Schuldgefühle?

1	2	3	4	5	6	7

voll bewusst   nicht bewusst

Sind Sie bereit, einen anderen Standpunkt einzunehmen
und zu akzeptieren, dass Sie nicht die ganze Situation
sahen, die Vergebung erforderte?

1	2	3	4	5	6	7

absolut bereit   nicht bereit

Erkennen Sie Ihre Schuld an, und übernehmen Sie die
Verantwortung für Ihr Handeln?

1	2	3	4	5	6	7

übernehme volle Verantwortung   bestreite jede Schuld

Schritt 5: Die Situation neu betrachten

Sind Sie bereit, Ihre Aufmerksamkeit von sich selbst auf den anderen Menschen zu richten, der Vergebung braucht?

1	2	3	4	5	6	7

absolut bereit   überhaupt nicht bereit

Wie schwer fällt es Ihnen, sich in den Täter hineinzuversetzen?

1	2	3	4	5	6	7

gar nicht schwer   sehr schwer

Wie bereit sind Sie, Ihre Situation anders zu sehen?

1	2	3	4	5	6	7

absolut bereit   überhaupt nicht bereit

Schritt 6: Schmerz bewältigen

Wie schwer fällt es Ihnen am Anfang des Programms, Ihren Schmerz zu akzeptieren?

1	2	3	4	5	6	7

nicht schwer   extrem schwer

Wie viel Trauerarbeit haben Sie schon geleistet?

1	2	3	4	5	6	7

sie ist abgeschlossen   sie hat noch nicht begonnen

Waren Sie fähig, Ihrem Schmerz einen Sinn zu verleihen?

1	2	3	4	5	6	7

ja, einen besonderen Sinn   nein

War Vergebung Ihnen bereits ein Anliegen, bevor Sie mit diesem Programm begannen?

1	2	3	4	5	6	7

ja, ein großes Anliegen   nein

Schritt 7: Inneren Frieden finden

Wie weit hatten Sie der Person, die Ihnen Leid zufügte, bereits vergeben, bevor Sie mit diesem Programm begannen?

1	2	3	4	5	6	7

völlig vergeben   überhaupt nicht vergeben

Waren Sie fähig, in ihr einen Menschen zu sehen, der es wert ist, geliebt zu werden, und die Situation in diesem Licht zu betrachten?

1	2	3	4	5	6	7

ja, aus einer völlig spirituellen Sicht   nein

Hatte Vergebung schon vor dem Beginn dieses Programms Ihr Leben irgendwie verändert?

1	2	3	4	5	6	7

sehr verändert   nicht verändert

Das 7-Schritte-Programm zum Verzeihen

Das 7-Schritte-Vergebungsprogramm ist ein Ergebnis der Arbeit mit vielen Klienten, die vergeben lernen wollten. Mit der Zeit wurde ein Schema erkennbar, nach dem sich ihr Heilungsprozess vollzog. Sie machten bestimmte vorhersehbare Phasen durch und mussten je nach ihren persönlichen Umständen bestimmte Probleme und Aufgaben bewältigen. Trotz der fließenden Übergänge zwischen den einzelnen Schritten dieses Programms finden viele es hilfreich, weil es ihnen eine Vorstellung davon vermittelt, was sie auf ihrem Weg zur Vergebung erwartet. Es folgt eine Beschreibung des Prozesses, der vielen half, vergeben zu lernen.

Für jeden Schritt gibt es Arbeitsfragen und Tagebuchübungen. Es ist wichtig, dass Sie jeden Tag Tagebuch schreiben. Dabei können Sie alles in sich hochkommen lassen, selbst wenn es mit Ihrer Vergebungsarbeit nichts zu tun zu haben scheint. Was es auch ist, es muss zum Ausdruck gebracht werden. Sie können sich auch auf den Schritt konzentrieren, an dem Sie gerade arbeiten, und alles, was Ihnen dabei durch den Kopf geht, niederschreiben. Vielleicht wollen Sie manche Tagebuchübungen ein paar Mal wiederholen, oder Sie stellen fest, dass mehr als eine Sitzung nötig ist, um alles hochkommen zu lassen, was zum Ausdruck gebracht werden muss. Das ist in Ordnung. Wenn Sie das Gefühl haben, mit Ihren Übungen fertig zu sein, dann füllen Sie den Fragebogen aus. Am Ende des Buchs haben Sie erneut die Möglichkeit, einen letzten Fragebogen auszufüllen.

Schritt 1: Die Startphase

Bevor wir mit der Vergebungsarbeit beginnen können, müssen wir uns vorbereiten. Eines der größten Hindernisse beim Vergebenlernen ist ein falsches Verständnis von Vergebung. Wenn Sie das Buch bis hierher gelesen haben, verstehen Sie hoffentlich schon besser, worum es beim Vergeben geht und dass es Ihnen selbst mehr hilft als anderen. Machen Sie sich klar, was Verzeihen für Sie bedeutet. Erinnern Sie sich, dass es beim Vergeben in erster Linie um Ihre innere Heilung geht und nicht unbedingt um äußere Verhaltensweisen. Verzeihen bedeutet nicht, dass Sie jemanden ungestraft davonkommen lassen. Verzeihen befreit Sie von Ihrem emotionalen Schmerz, damit Sie ein glücklicheres und erfüllteres Leben führen können. Zum Vergebungsprozess gehört auch, dass wir unser Verlangen nach Rache zugeben. Es geht auf das alte »Auge-um-Auge-Prinzip« zurück und entspricht dem Denken, zu dem wir von Natur aus neigen. Wenn uns jemand angreift, finden wir, dass er um der Gerechtigkeit willen dafür büßen muss. Auf dieses Thema werden wir später noch ausführlicher zu sprechen kommen. Vorerst beschränken wir uns auf die Feststellung, dass Vergeltung nur eine mögliche Reaktion auf ein Unrecht ist, und dass sie uns nie das verschafft, was wir wirklich wollen.

Das letzte wichtige Thema, über das Sie in dieser Phase nachdenken sollten, ist Ihre Motivation. Es kann viel emotionale Heilung nötig sein, um wirklich vergebungsbereit zu werden. Das ist verständlich und normal. Erst wenn Sie die wahre Bedeutung von Vergebung verstehen und erkannt haben, dass Rache Ihnen nicht das verschafft, was Sie wirklich wollen, haben Sie die Voraussetzungen für Vergebung geschaffen. Am Beginn dieses Prozesses sollten Sie nur bereit sein, Verzeihen als eine mögliche Alternative in Erwägung zu ziehen und dem Vergebungsprozess seinen Lauf zu lassen, so lange er auch dauern mag. Und Sie sollten Ihre Rachegedanken beiseiteschieben und sich auf Ihre Heilung konzentrieren. Wenn Sie dazu bereit sind, wird es Ihnen leichter fallen, zu vergeben, wenn Ihr Heilungsprozess abgeschlossen ist.

Aufgaben für Schritt 1
- Machen Sie sich klar, was Vergebung wirklich bedeutet,
- Geben Sie Ihr urmenschliches Verlangen nach Rache zu.
- Seien Sie bereit, Vergebung als mögliche Alternative in Erwägung zu ziehen.

Tagebuchübung für Schritt 1
Beim ersten Schritt sollen Sie sich darüber klarwerden, was Vergebung bedeutet und warum Sie jetzt über Vergebung nachdenken. Schreiben Sie in Ihr Tagebuch, was Sie unter Vergebung verstehen und was gerade in Ihrem Leben geschieht, das Sie möglicherweise dazu veranlasst, über Vergebung nachzudenken. Einige von Ihnen wollen vielleicht eine Rachefantasie niederschreiben. Wenn Sie das tun, fragen Sie sich anschließend, was Sie durch Rache gewinnen. Würde Rache etwas zum Abschluss bringen und welche Folgen hätte sie? Fragen Sie sich, was Ihr Rachebedürfnis Ihnen sagt. Überlegen Sie sich, wie Rache Ihnen schaden würde und wie Sie die Bereitschaft aufbringen können, Vergebung als mögliche Alternative in Erwägung zu ziehen.

Arbeitsfragen für Schritt 1

- Welche heilende Wirkung wird Vergebung auf mein Leben haben?
- Kann ich mir aus irgendeinem Grund nicht vorstellen, zu vergeben, und wenn dem so ist, was müsste ich tun, um vergebungsbereit zu werden?

Fragebogen für Schritt 1

Wie klar ist Ihr Verständnis von Vergebung nach dem ersten Schritt des Programms?

1	2	3	4	5	6	7
sehr klar						völlig unklar

Wie oft denken Sie nach dem ersten Schritt an Rache?

1	2	3	4	5	6	7
gar nicht						ständig

Wie vergebungsbereit sind Sie nach dem ersten Schritt?

1	2	3	4	5	6	7
absolut bereit						überhaupt nicht bereit

Schritt 2: Die Geschichte erzählen

Wenn Sie erkannt haben, welche heilende Wirkung Verzeihen in Ihrem Leben haben kann und dass Rache Sie nicht von Ihrem Schmerz befreit, dann sind Sie bereit für den nächsten Schritt im Vergebungsprozess. Der zweite Schritt besteht darin, dass Sie Menschen, denen Sie vertrauen, Ihre Geschichte erzählen. Sie beginnen mit dem, was Sie gerade bewegt. Das ist meistens mit starken Gefühlen verbunden, hinter denen vielleicht noch das Verlangen nach Rache lauert. Erzählen Sie Ihre Geschichte so vollständig und detailliert wie möglich. Vielleicht möchten Sie zuerst kurz Ihr Leben und die Umstände schildern, die zu dem Ereignis führten. Reden Sie über wichtige Beziehungen und alles, was sonst noch wichtig ist, um einen Zusammenhang herzustellen, in dem die besondere Bedeutung des Ereignisses (oder der Ereignisse) verständlich wird. Dann beschreiben Sie ausführlich, was geschah, wie Sie reagierten und wie die wichtigen Menschen in Ihrem Leben reagierten. Wenn es Ihnen schwerfällt, darüber zu reden, schreiben Sie Ihre Geschichte nieder oder malen Sie sie. Bilder malen kann bei der Auseinandersetzung mit schmerzlichen Erlebnissen äußerst heilsam sein. Erzählen Sie Ihre Geschichte, als würden Sie einen Film ansehen, so anschaulich wie möglich. Was sehen, empfinden, hören, riechen und denken Sie?

Wenn Sie Ihre Geschichte zum ersten Mal erzählen, ist sie vielleicht noch bruchstückhaft. Es ist wichtig, so viele Bruchstücke wie möglich zusammenzubringen. Zu der Geschichte gehören auch Gefühle und die Bedeutung des Ereignisses für Sie und für die wichtigen Menschen aus Ihrem Umfeld. Reden Sie über die Frage von Schuld und Verantwortung. Das kann Ihnen später beim Aufbau eines Glaubenssystems helfen, das unverschuldetem Leid einen Sinn verleiht.

Wenn beim Erzählen Ihrer Geschichte viel Angst in Ihnen hochkommt, hören Sie auf und benutzen Sie Entspannungstechniken, die Ihnen helfen, mit starken Gefühlen umzugehen. Wenn Sie glauben, Ihre Gefühle wieder im Griff zu haben, können Sie weitererzählen, wo Sie aufgehört haben, entweder gleich oder an einem anderen Tag.

Aufgaben für Schritt 2

• Erzählen Sie Ihre Geschichte Menschen, denen Sie vertrauen und die Sie unterstützen.

• Reden Sie über Ihre emotionalen Erfahrungen.

Tagebuchübung für Schritt 2

Schreiben Sie Ihr »Drehbuch«. Schildern Sie das Ereignis in allen Einzelheiten, die Fakten und die Gefühle, auch seinen Zusammenhang und seine Bedeutung. Wenn es mehrere Ereignisse waren, schreiben Sie für jedes ein separates Drehbuch. Wundern Sie sich nicht, wenn neue Erinnerungen hochkommen, während Sie alte niederschreiben. Halten Sie alles fest, was Ihnen über die Situation und die Person, die Ihnen Leid zufügte, einfällt. Lassen Sie einen Bewusstseinsstrom über die Seiten Ihres Tagebuchs fließen, und lassen Sie nichts weg. Denken Sie daran, dass es Ihr privates Tagebuch ist, das sonst niemand zu sehen bekommt. Wenn Sie alles niedergeschrieben haben, fragen Sie sich: »Was würdest du sagen, wenn du diesem Menschen von Angesicht zu Angesicht gegenüberstehen würdest?« Schreiben Sie sich die Wut und den Schmerz von der Seele, und hören Sie erst auf, wenn Ihnen nichts mehr einfällt.

Arbeitsfragen für Schritt 2

• Warum bin ich in diese Situation geraten?
• Warum ist er (oder sie) in diese Situation geraten?

Fragebogen für Schritt 2

Wie viel emotionalen Schmerz empfinden Sie am Ende von Schritt 2?

1	**2**	**3**	**4**	**5**	**6**	**7**
keinen			der Schmerz ist überwältigend			

Wie schwer fällt es Ihnen nach Schritt 2, über Ihre emotionalen Erfahrungen zu sprechen?

1	**2**	**3**	**4**	**5**	**6**	**7**
überhaupt nicht schwer					sehr schwer	

Schritt 3: An der Wut arbeiten

Wut sagt uns, dass unsere Lebensumstände sich ändern müssen, und wenn wir unsere Wut nicht überwinden können, sagt sie uns auch, dass *wir* uns ändern müssen. Dann müssen wir unseren Gefühlen auf den Grund gehen und uns fragen, was genau geschah und wie wir auf eine Weise damit umgehen können, die uns hilft, uns selbst zu heilen. Wir müssen aktiv werden und wirklich ehrlich zu uns sein. Oft würden wir lieber in der Opferrolle verharren und uns weiter bemitleiden. Doch wenn wir uns als das »arme Opfer« fühlen, ma-

59

chen wir uns schwach und setzen das »Spiel von Schuld und Unschuld« fort, ohne in unserem Leben die Initiative und Verantwortung zu übernehmen. Statt die Situation als einen Konflikt zwischen einem guten und einem bösen Menschen zu betrachten, sollten wir lieber verstehen lernen, was unsere Gefühle uns sagen wollen und was den anderen Menschen dazu trieb, sich so zu verhalten.

Das ist eine schwierige Phase, denn sie erfordert, dass wir in uns hineinschauen und unser Gewissen prüfen. Wir glauben vielleicht, dass wir wütend auf jemand anderen sind, wenn wir unsere Wut nicht überwinden können, aber diese Unfähigkeit ist ein Zeichen, dass wir heilungsbedürftig sind. Haben Sie keine Angst, sich mit der Wut in Ihnen auseinanderzusetzen. Versuchen Sie, zu verstehen, was Ihre Wut Ihnen sagen will. Sie können Ihre Wut verstehen lernen, indem Sie niederschreiben, was Ihnen in den Sinn kommt, und/oder einem Menschen, dem Sie vertrauen, erzählen, was in Ihnen vorgeht. Hören Sie auf das, was Ihre Wut Ihnen sagt. Möglicherweise müssen Sie sich beim Tagebuchschreiben mehrmals mit Ihrer Wut auseinandersetzen. Sie können sie auch malen. Ihre Wut kann vieles bedeuten. Es könnte sein, dass Ihre Wut Sie schützt. Sie könnte Ihnen auch sagen, was Sie tun müssen, um sich zu heilen.

Aufgaben für Schritt 3

- Akzeptieren Sie Ihre Gefühle als Übermittler wichtiger Botschaften.
- Geben Sie Ihre Wut zu.
- Untersuchen Sie die Ursachen Ihres Schmerzes.

- Fühlen Sie, wie tief Ihre Wut sitzt.
- Übernehmen Sie die Verantwortung für Ihr eigenes Verhalten.
- Fragen Sie sich, ob Sie Ihren Schmerz auf irgendeine Weise aufrechterhalten.
- »Hören Sie auf Ihre Wut, um Ihre tiefere Bedeutung zu verstehen.
- Blicken Sie nach innen, und ändern Sie, was nötig ist.

Tagebuchübung für Schritt 3

Schreiben Sie Ihre Geschichte neu. Konzentrieren Sie sich auf Ihre Wut, und bringen Sie sie zum Ausdruck. Fragen Sie sich, was Ihre Wut Ihnen sagen will. Wie schützt Sie Ihre Wut? Wenn Sie Schwierigkeiten haben, Ihre Wut zu überwinden, fragen Sie sich, was Sie dem Täter vorwerfen, denn tief in Ihrem Innern werfen Sie sich insgeheim dasselbe vor. Die Form mag anders sein, aber der Inhalt ist derselbe. Wenn Sie zum Beispiel jemandem vorwerfen, Sie betrogen zu haben, dann haben Sie wahrscheinlich niemanden auf dieselbe Art betrogen, aber vielleicht haben Sie sich selbst oder andere auf irgendeine andere Art betrogen. Fragen Sie sich: Habe ich je das getan, was ich dem Täter vorwerfe, wenn auch auf eine andere Art? Und schreiben Sie alles, was Ihnen dazu einfällt, nieder. Setzen Sie sich mit Ihrer Wut auseinander, bis Sie erkennen, was sich in Ihnen ändern muss. Möglicherweise möchten Sie dann auch äußere Veränderungen vornehmen. Überprüfen Sie, wie Sie Ihre Wut auf eine heilsame Art nutzen können.

Arbeitsfragen für Schritt 3

- Was versucht meine Wut mich zu lehren?
- Was empfinde ich, während ich meine Geschichte erzähle?

Fragebogen für Schritt 3

Wie wütend sind Sie nach Schritt 3 auf die Person, die Sie verletzte?

1	2	3	4	5	6	7

nicht wütend   sehr wütend

Wie gut verstehen Sie nach diesem Schritt die tiefere Bedeutung Ihrer Wut?

1	2	3	4	5	6	7

völlig   gar nicht

Wurden Ihnen Verhaltensweisen bewusst, durch die Sie Ihren Schmerz aufrechterhielten?

1	2	3	4	5	6	7

ja, sehr bewusst   nein

Waren Sie nach Schritt 3 bereit, aus Ihrer Wut zu lernen und Ihr Verhalten entsprechend zu ändern?

1	2	3	4	5	6	7

absolut bereit   überhaupt nicht bereit

Schritt 4: Schuldgefühle bewusst machen

Unter Ihrer Wut werden Sie Schuldgefühle finden. Niemand will sich seiner Schuld und der oft mit ihr verbundenen Scham bewusst sein. Arbeiten Sie auf die gleiche Weise an diesen Gefühlen wie an Ihrer Wut. Es ist besonders schwierig, Schuldgefühle aufzudecken und sich mit ihnen auseinanderzusetzen. Schuld umfasst all die negativen Gefühle und Vorstellungen über uns selbst, die wir für wahr halten. Das sind Dinge, die wir gar nicht über uns wissen wollen. Schon der Gedanke an eine Schuld kann uns Magenkrämpfe verursachen. Wir würden lieber so tun, als würde sie nicht existieren. Das Problem ist, dass wir unsere Schuldgefühle auf andere Leute projizieren müssen, solange wir sie verdrängen und uns nicht mit ihnen auseinandersetzen. Immer wenn wir jemanden angreifen, selbst wenn wir glauben, in Notwehr zu handeln, sollten wir uns nach unseren Motiven fragen. Oft stecken Schuldgefühle oder Furcht hinter unserem Verhalten und nicht die Sorge um uns selbst oder andere. Sobald uns etwas widerfährt, beurteilen wir die Situation aus dem negativen Denken heraus, das unsere Schuldgefühle erzeugen. Solange wir nicht erkennen, was wir tun, geben wir anderen die Schuld und haben eine verzerrte Sicht des Geschehens. Wir müssen lernen, unsere Ablenkungsmanöver zu durchschauen und unsere Schuld anzuerkennen. Wir heilen uns selbst, indem wir die Verantwortung für unsere Entscheidungen übernehmen. Denken Sie daran, dass auch das Bestehen auf einer Schuld und das Verharren in einer Opferrolle eine Entscheidung ist. Wenn wir anfangen, unsere Schuldgefühle zu überwinden, bröckeln die Gefängnismauern um unser Herz weg. Die Heilung, die in dieser Phase stattfindet, befähigt uns schließlich, unseren Schmerz zu akzeptieren und zu bewältigen. Wenn Ihnen klar wird, dass Sie zu ähnlichen Dingen fähig sind wie der Mensch, der Sie verletzte, auch wenn sie bei Ihnen andere Formen annehmen, dann beginnen Sie zu verstehen, dass wir alle imstande sind, Dinge zu tun, die uns und andere verletzen. In mancher Hinsicht sind wir eher gleich als verschieden, und wenn wir in einer ähnlichen Situation in der Rolle des Täters gewesen wären, hätten wir uns vielleicht nicht viel anders verhalten als er. Wenn wir uns eingestehen, dass wir alle zu ähnlichen Dingen fähig sind, sehen wir die Situation allmählich anders. Es kann sein, dass wir uns in dieser Phase des Heilungsprozesses selbst etwas vergeben müssen, was wir in der Vergangenheit taten. Während wir lernen, uns selbst zu vergeben, beginnt sich unsere Wahrnehmung der Wirklichkeit zu verändern. Wenn wir unsere Schuldgefühle allmählich überwinden, sehen wir die Situation anders, nicht mehr durch den Filter von Schuld, sondern mit den Augen des Mitgefühls. Sobald wir die Verantwortung für unser Handeln übernehmen, können wir entscheiden, ob wir an der Schuld festhalten wollen oder nicht. Wir haben die Wahl. Wir müssen uns bewusst machen, was *wir* getan haben, die Verantwortung dafür übernehmen und andere Entscheidungen treffen. Das soll nicht heißen, dass schädliche Verhaltensweisen anderer nicht unterbunden werden müssen. Aber hier geht es um *unsere* Motive. Wird unser Verhalten von Schuldgefühlen beeinflusst oder von Mitgefühl bestimmt? Es gibt etwas viel Größeres in uns, das wir unter unseren Schuldgefühlen begruben. Je mehr Schuld wir heilen können, desto näher kommen wir der Wahrheit über uns selbst, und desto deutlicher hören wir die Stimme unserer höheren Natur. Wenn wir die Wahrheit in uns erkennen, während wir uns selbst heilen, können wir auch die »Wahrheit« in anderen sehen. Das ist das Ziel von Schritt 4.

Aufgaben für Schritt 4

- Erkennen Sie, dass Sie das, was Sie anderen vorwerfen, an sich selbst verurteilen.
- Seien Sie bereit, Ihre Sicht der Wirklichkeit zu ändern.
- Machen Sie sich klar, dass das Festhalten an einer Schuld ebenfalls eine Entscheidung ist.
- Akzeptieren Sie, dass Sie für Ihre emotionalen Reaktionen verantwortlich sind.
- Hören Sie in sich hinein.

Tagebuchübungen für Schritt 4

Um anderen vergeben zu können, müssen wir uns selbst vergeben können. Beginnen Sie diese Tagebuchübung, indem Sie sich fragen: »Was *empfinde* ich in dieser Situation oder anderen Situationen in meinem Leben als meine Schuld?« Setzen Sie sich mit allem auseinander, was Ihnen einfällt, ohne ein Urteil zu fällen. Haben Sie keine Angst, in Ihre Vergangenheit zurückzugehen, um Schuldgefühle aufzudecken. Das ist Teil Ihres Heilungsprozesses. Lassen Sie die Gefühle zu, die in Ihnen hochkommen, und seien Sie offen für das, was sie Ihnen sagen wollen. »Gibt es in meinem jetzigen Leben oder in meiner Vergangenheit etwas, das geheilt werden muss, und wenn ja, was kann ich tun, um es zu heilen?« Selbst wenn klar ist, dass Sie dem Täter nichts getan haben, können Sie trotzdem Schuldgefühle haben. Falls es etwas gibt, für das Sie sich schämen, setzen Sie sich damit auseinander, um die Ursachen *Ihrer* Verletztheit zu erkennen. Dabei werden Sie auf etwas stoßen, das Sie sich selbst vergeben müssen. Schreiben Sie alles nieder, was Ihnen dazu einfällt. Wahrscheinlich müssen Sie die Tagebuchübung für diesen Schritt mehrmals wiederholen, bis Sie fähig sind, einen Teil Ihrer Schuldgefühle aufzudecken und zu überwinden. Schuldgefühle sitzen so tief, dass wir ein Leben lang an ihnen arbeiten könnten und immer neue finden würden! Wichtig ist, dass Sie während dieser Arbeit nachsichtig mit sich selbst sind. Nachdem Sie sich Ihre Schuldgefühle bewusst gemacht haben, fragen Sie sich: »Wie habe ich meine Schuldgefühle auf andere projiziert? Habe ich andere zum Beispiel aufgrund von eigenen Schuldgefühlen beschuldigt oder verurteilt? Was kann ich jetzt anders machen?« Horchen Sie tief in sich hinein.

Arbeitsfragen für Schritt 4

- Wie haben meine verdrängten Schuldgefühle mein Leben beeinflusst?
- Auf welche Weise hielten Schuldgefühle mich in der Opferrolle gefangen?
- Auf welche Weise haben Schuldgefühle mich daran gehindert, mir selbst und anderen zu vergeben?

Fragebogen für Schritt 4

Wie bewusst waren Ihnen nach Schritt 4 Ihre eigenen
Schuldgefühle?

1	2	3	4	5	6	7

voll bewusst   nicht bewusst

Waren Sie nach Schritt 4 bereit, einen anderen Standpunkt einzunehmen und zu akzeptieren, dass Sie nicht
die ganze Situation sahen, die Vergebung erforderte?

1	2	3	4	5	6	7

absolut bereit   nicht bereit

Waren Sie nach Schritt 4 fähig, Ihre Schuld anzuerkennen
und die Verantwortung für Ihr Handeln zu übernehmen?

1	2	3	4	5	6	7

übernahm volle Verantwortung

bestreite weiter jede Schuld

Schritt 5: Die Situation neu betrachten

Bei diesem Schritt geht es darum, unsere Sicht der Situation
zu ändern. Wir haben uns von viel Wut und vielen Schuldgefühlen geheilt. Das hilft uns, die Dinge anders zu sehen.
Sobald wir verstanden haben, was unsere Gefühle uns sagen
wollen, lässt unser Schmerz nach. In dieser Phase des Ver-

gebungsprozesses sind wir so weit, dass wir über den Menschen nachdenken können, der Vergebung braucht, statt über das Geschehnis oder den Schmerz, den es uns verursachte. Wir beginnen die Situation in einem neuen Denkzusammenhang zu betrachten, um sie und den anderen Menschen besser zu verstehen. Wir begreifen, dass wir nicht die ganze Geschichte kennen, weil die äußere Erscheinung wenig darüber aussagt, was in einem Menschen vorgeht. Diese Erkenntnis hilft uns, unsere Aufmerksamkeit von uns selbst auf den Täter zu richten. Wir beginnen uns zu fragen: »Warum tat dieser Mensch das? Welche Erfahrungen in seinem Leben brachten ihn dazu, sich in dieser Situation so zu verhalten? Wenn wir uns diese Fragen stellen, erkennen wir schließlich, dass ein gesunder und glücklicher Mensch anderen kein Leid zufügen würde. Das tun nur Menschen, die selbst verletzt sind. Deshalb ist *unsere* Heilung so wichtig, damit wir nicht aus unserer Verletztheit heraus anderen ebenfalls Leid zufügen.

Dabei erkennen wir vielleicht, dass wir uns eigentlich glücklich schätzen können, weil unsere Lebensumstände viel besser waren als seine. Je mehr Mitgefühl wir entwickeln, desto besser können wir mit schmerzlichen Situationen umgehen, und desto eher sind wir fähig, sie positiv zu verändern. Mitgefühl wird zu einer Quelle innerer Stärke. Wenn wir mitfühlender werden und auf einer spirituellen Ebene verstehen lernen, dass ein äußeres Verhalten nichts an der wahren inneren Natur eines Menschen ändert, wächst unsere Bereitschaft, zu vergeben.

Aufgaben für Schritt 5

- Richten Sie Ihre Aufmerksamkeit auf den anderen Menschen, der Vergebung braucht.
- Versetzen Sie sich in den anderen hinein.
- Seien Sie bereit, die Situation anders zu sehen.

Tagebuchübung für Schritt 5

Schreiben Sie Ihre Geschichte neu, sodass aus ihr eine »heilende« Geschichte wird, die Verständnis für den Täter erkennen lässt. Versetzen Sie sich in ihn hinein, und ergänzen Sie Ihre Geschichte, indem Sie ihn beschreiben und mögliche Gründe für sein Verhalten nennen. Wo lagen seine wunden Punkte? Wie sah sein Leben aus? Welche verletzenden Erfahrungen trieben ihn möglicherweise zu seinem Verhalten? Wenn so viel Wut oder Widerwillen in Ihnen hochkam, dass Sie sich nicht in den Täter hineinversetzen konnten, setzen Sie sich mit diesen Gefühlen auseinander. Hat sich Ihre Sichtweise verändert, und wenn ja, wodurch? Wenn nicht, fragen Sie sich, was Sie daran hindert, Ihre Sichtweise zu ändern. Beschreiben Sie, inwiefern Sie die Situation jetzt anders sehen.

Arbeitsfragen für Schritt 5

- Was können Sie tun, um mitfühlender zu werden?
- Welche spirituellen Überzeugungen haben Sie in Bezug auf die Natur des Menschen?
- Können diese spirituellen Überzeugungen Ihre Vergebungsbereitschaft fördern?
- Sind Sie bereit, Vergebung als Möglichkeit in Betracht zu ziehen, und wenn nicht, was hält Sie davon ab?

Fragebogen für Schritt 5

Waren Sie am Ende von Schritt 5 bereit, Ihre Aufmerksamkeit von sich selbst auf den anderen Menschen zu richten, der Vergebung braucht?

1	2	3	4	5	6	7

absolut bereit   überhaupt nicht bereit

Wie schwer fiel es Ihnen nach Schritt 5, sich in den Täter hineinzuversetzen?

1	2	3	4	5	6	7

gar nicht schwer   sehr schwer

Wie bereit sind Sie nach Schritt 5, die Situation anders zu sehen?

1	2	3	4	5	6	7

absolut bereit   überhaupt nicht bereit

Schritt 6: Schmerz bewältigen

Schmerz kann überwältigend sein. Wir mögen versuchen, ihn zu leugnen oder zu verbergen oder mit Alkohol oder Drogen zu betäuben, doch wenn wir vergeben wollen, müssen wir schließlich lernen, auf eine konstruktive Art mit ihm fertigzuwerden. Sie haben bereits begonnen, Ihren Schmerz zu lindern, indem Sie Ihre Wut und Ihre Schuldgefühle freilegten und durcharbeiteten. In der nächsten Phase des Prozesses geht es um Trauerarbeit.

Um den Schmerz und den Verlust, den wir durch die Tat erlitten, zu bewältigen, müssen wir trauern. Nur dann können wir uns heilen und die Vergangenheit hinter uns lassen. Aber wir scheuen uns davor. Manchmal weigern wir uns, zu trauern, um den Täter um seinen Sieg zu bringen. Je schwerer es Ihnen fällt, zu trauern, desto weiter sind Sie von Ihrer vollständigen Heilung entfernt. Wenn Sie es sich gestatten, zu trauern, entdecken Sie, dass Ihre innere Stärke unzerstörbar ist. Trauern bedeutet, dass wir in Zukunft anders leben müssen als früher. Meistens bleibt eine Lücke zurück, die gefüllt werden muss. In dieser Phase sollten wir es uns gestatten, zu weinen. Für manche mag es das erste Mal sein. Besonders Opfer, die zur Zeit der Tat noch Kinder waren, mussten die Gefühle, die sie in ihnen auslöste, oft für sich behalten oder verleugnen, um zu überleben. Nun müssen wir das nicht mehr. Nur wenn wir es uns gestatten, den Schmerz zu spüren, können wir ihn schließlich bewältigen.

Die Bewältigung des Schmerzes ist der schwierigste Teil des Vergebungsprozesses. Paradoxerweise lässt der Schmerz nach, wenn wir ihn zulassen. Dadurch akzeptieren wir ihn; und statt Opfer zu bleiben, werden wir Überlebende. Wenn wir ihn akzeptieren, merken wir, dass wir immer besser mit ihm umgehen können, und werden stärker. Das ist ein entscheidender Schritt im Vergebungsprozess. Während wir unseren Schmerz akzeptieren lernen, öffnet sich unser Herz, und unser Mitgefühl für uns selbst und andere wächst.

Zur Heilung gehört auch, dass wir einen Sinn in unserem Schmerz erkennen. Es ist ein großer Trost, wenn aus einer Tragödie etwas Gutes erwächst. Viele soziale Einrichtungen wurden nach einem geliebten Menschen benannt, gewöhnlich in der Hoffnung, dass dessen Arbeit das Leben anderer Menschen positiv verändern wird. Indem wir anderen helfen, erwerben wir »geistige Währung«. Das hat großen Einfluss auf unseren Heilungsprozess. Indem wir anderen etwas geben und mithelfen, eine bessere Welt zu schaffen, verleihen wir unserem Leben einen Sinn. Das hilft uns, die Lücke zu füllen, die viele Tragödien hinterlassen. Wenn wir beschließen, anderen zu helfen, findet oft eine spirituelle Veränderung in uns statt. Wir müssen nicht unbedingt etwas Neues beginnen. Alles Positive, das wir schaffen, und sei es auch noch so klein, wird uns Trost spenden.

Aufgaben für Schritt 6

- Akzeptieren Sie Ihren Schmerz, und lassen Sie ihn zu.
- Trauern Sie um Ihre Verluste.
- Verleihen Sie Ihrem Schmerz einen Sinn.
- Erwerben Sie geistige Währung.

Tagebuchübung für Schritt 6

Gestatten Sie es sich für diese Übung, Ihren Schmerz und Kummer und alles, was in Ihnen gärt, zu spüren. Setzen Sie sich mit diesen Gefühlen auseinander, und fragen Sie sich, was sie Ihnen sagen wollen. Was braucht Ihr Kummer, um geheilt zu werden? Was braucht Ihr Schmerz, um geheilt zu

werden? Wie können Sie Ihrem Schmerz einen Sinn ver-
leihen? Wie wird Ihr Leben aussehen, wenn Sie fähig sind,
Ihren Schmerz zu bewältigen? Wenn es Ihnen schwerfällt,
Ihren Schmerz zu akzeptieren, fragen Sie sich, warum. Führen Sie ein Zwiegespräch mit dem rebellierenden Teil von
Ihnen. Fragen Sie ihn, was er von Ihnen will und braucht.
Setzen Sie sich mit Ihrem inneren Widerstand auseinander,
bis er nachlässt, und beschreiben Sie, wie Ihr Leben aussehen würde, wenn Sie Ihren Schmerz akzeptieren, Ihren
Kummer heilen und Ihrem Leben einen neuen Sinn verlei-
hen könnten.

Arbeitsfragen für Schritt 6

- Was bedeutet es für Sie, Ihren Schmerz zu akzeptieren?
  Können Ihre Überzeugungen Ihnen bei diesem Prozess
  helfen?
- Halten Sie an Gefühlen fest, die Ihren Schmerz aufrecht-
  erhalten? » Wie können Sie Ihrem Schmerz einen Sinn
  verleihen?
- Wie könnten Sie geistige Währung erwerben, die Ihnen
  hilft, mit der Situation fertigzuwerden?
- Wie könnten Sie symbolisch zum Ausdruck bringen, dass
  Sie Ihren Schmerz akzeptieren?

Fragebogen für Schritt 6

Wie schwer fiel es Ihnen nach Schritt 6, Ihren Schmerz zu akzeptieren?

1	2	3	4	5	6	7

nicht schwer   extrem schwer

Wie viel Trauerarbeit haben Sie bis zum Ende von Schritt 6 geleistet?

1	2	3	4	5	6	7

sie ist abgeschlossen   sie hat noch nicht begonnen

Waren Sie nach Schritt 6 fähig, in Ihrem Schmerz einen Sinn zu erkennen?

1	2	3	4	5	6	7

ja, einen besonderen Sinn   nein

Schritt 7: Inneren Frieden finden

Mit Schritt 7 im Vergebungsprozess erreichen wir einen ganz besonderen Ort. Wir haben inzwischen gewisse Erkenntnisse über unseren Geist und unsere Denkweise gewonnen. Vielleicht haben wir auch bereits erkannt, dass wir gewissermaßen von zwei verschiedenen Ebenen unseres Geistes aus handelten. Die eine ist das Ego, das wir das niedrigere Selbst nennen, die andere ist ein spirituelles Selbst oder der

Ort unserer Göttlichkeit. Aus der Sicht unseres niedrigeren Selbst liegt die Verantwortung für alles, was geschah, nicht bei uns, sondern außerhalb von uns. Wenn wir uns von unserer höheren oder spirituellen Natur leiten lassen, hilft uns unsere Göttlichkeit, unsere Illusionen und falschen Wahrnehmungen zu durchschauen. Unsere spirituelle Essenz ist der Teil von uns, der mit der schöpferischen Kraft in Verbindung steht und uns daran erinnert, dass diese Kraft immer in uns ist. Dieser Teil sagt uns, dass es eine andere Art gibt, auf dieser Welt zu leben und zu handeln. In Schritt 7 wird das spirituelle Selbst geweckt. Das ist die Voraussetzung für eine innere Veränderung, die nur Vergebung bewirken kann.

Dieser Schritt verlangt von uns, dass wir nicht nur verstehen, was im Leben eines anderen Menschen geschah, sondern auch erkennen, dass wir nur seine äußere Fassade sahen und nicht sein wahres inneres Wesen. Wenn wir ungeachtet seines äußeren Verhaltens sein inneres Licht sehen können, sehen wir ihn aus spiritueller Sicht. Wir sind alle unterschiedlich gekleidet, doch im Grunde unserer Seele sind wir gleich. Daher suchen wir nach dem Licht in anderen, statt uns auf ihre äußere Erscheinung zu konzentrieren. Wenn wir fähig sind, selbst unter widrigen Umständen unser Herz für andere zu öffnen und *ihre* spirituelle Essenz zu sehen, findet in uns eine Verwandlung statt. Unser Leben erhält einen neuen Sinn, der es verändert, und wir werden mit den wundervollen Früchten unserer Arbeit belohnt. Bei manchen vollzieht sich diese Veränderung ganz allmählich; vielleicht merken sie gar nicht, wie sehr sie sich verändert haben. Bei anderen kann diese Verwandlung so plötzlich erfolgen und so tiefgreifend sein, dass sie nicht nur ihr eigenes Leben verändert, sondern sie zu einem Handeln motiviert, das zu einem unschätzbaren Dienst an der Menschheit wird.

Wenn wir uns entscheiden, anderen zu vergeben, erhalten wir manchmal ein Geschenk. Wenn wir feststellen, dass es uns schwerfällt, zu vergeben, obwohl wir von Herzen vergeben wollen, greift manchmal eine geheimnisvolle Kraft ein. Wir können diese Kraft als einen Energieschub oder als ein Gefühl unerklärlicher Liebe erfahren. Manche nennen sie Gnade, andere einen »dritten Faktor«, der alles transzendiert, was sie je erlebten. In diesem Augenblick findet eine tiefe Heilung statt. An diesem Punkt des Vergebungsprozesses öffnen wir uns allem, was ist. Wir erlauben es uns, mit einer Situation oder dem ganzen Leben einig zu sein. Diese Erfahrung können wir nur machen, wenn wir uns sagen: »Ich übernehme die Verantwortung für meine Wut, meine Schuld und meinen Schmerz und übergebe sie der Macht, die größer ist als ich.« Wenn wir von Herzen um Hilfe bitten, werden wir die Hilfe erhalten, die wir brauchen. Es kann einer der bewegendsten Augenblicke unseres Lebens sein, wenn unsere Gebete erhört werden.

Wenn Sie den Vergebungsprozess abgeschlossen haben, ist es wichtig, dass Sie zurückschauen und sehen, wie weit Sie gekommen sind und was sich verändert hat, besonders an Ihrem Denken. Sie haben erkannt, dass Vergebung ein besserer Weg ist, die Herausforderungen des Lebens zu meistern, und diese Erkenntnis wurde beim letzten Schritt zur festen Gewissheit. Indem Sie lernten, nicht nur nach dem äußeren

Anschein zu urteilen, entwickelten Sie eine Offenheit, die Ihre spirituelle Sicht schärfte.

Vergebung wird zu etwas viel Größerem, als wir anfangs dachten. Durch sie erlangen wir »wahre« Weisheit, da sie uns befähigt, unsere falschen Vorstellungen voneinander zu korrigieren. Mit dieser Veränderung unserer Wahrnehmung ist der Heilungsprozess abgeschlossen. Wenn wir zu »echter« Wahrnehmung und spiritueller Sicht fähig sind, verstehen wir auf einer viel tieferen Ebene, dass die Welt, die wir sehen, so aussieht, weil wir uns entschieden haben, sie so zu sehen.

Durch Verzeihen wird die Vergangenheit nicht vergessen, aber sie verfolgt und belastet uns nicht mehr. Stattdessen haben wir ein Gefühl neuer Ganzheit und innerer Führung und ein offeneres Herz für andere. Wir sehen, dass ihr Verhalten menschlich ist, dass sie aus ihren Ängsten, Bedürfnissen und Wahrnehmungen heraus handeln. Und wir können zugeben, dass wir nicht anders sind als sie. Dieses Verständnis ermöglicht uns ein neues, erfüllteres Leben.

Hinzu kommt die spirituelle Dimension von Verzeihen. Verzeihen verwandelt uns, umso mehr, wenn wir spüren, dass dabei mehr im Spiel ist als unser eigener Wille. Wenn wir Vergebung auf dieser tieferen Ebene erfahren, sehen wir die Verletzung in einem größeren Zusammenhang und erkennen ihre tiefere Bedeutung. Das Gefühl der Erlösung von unserem Schmerz ist nur ein Aspekt, vielleicht sogar ein zweitrangiger im Vergleich zu der Freiheit, die wir durch Verzeihen erlangen. Sie eröffnet uns erstaunliche neue Perspektiven und Möglichkeiten. Wir empfinden eine stärkere

Verbundenheit mit anderen Menschen und gleichzeitig eine tiefe Dankbarkeit für ein Glück, das uns offenbar nur Vergebung schenken kann.

Aufgaben für Schritt 7

- Betrachten Sie die Situation aus spiritueller Sicht.
- Seien Sie offen für Gnade.
- Denken Sie über das Gelernte und über Ihr seelisches und spirituelles Wachstum nach.

Tagebuchübung für Schritt 7

Schreiben Sie Ihre Vergebungsgeschichte neu, diesmal mit dem tieferen Verständnis, das Sie durch den Vergebungsprozess erlangten. Ergänzen Sie sie durch neue Erkenntnisse über sich selbst und den Täter. Wie hat die Erkenntnis, dass Sie selbst entscheiden, wie Sie die Welt sehen, Ihr Denken verändert? Fiel es Ihnen schwer, Ihre Wut und Ihre Schuldgefühle zu überwinden? Erlebten Sie einen Augenblick der Gnade, und wenn ja, wie hat er Sie verändert? Überlegen Sie sich zum Schluss, welche Dinge, zu denen Sie bisher vielleicht nicht fähig waren, Sie gerne tun oder sagen würden.

Arbeitsfragen für Schritt 7

- Was lernten Sie, indem Sie die Welt aus spiritueller Sicht sahen?
- Was lernten und gewannen Sie durch den Vergebungsprozess?

Fragebogen für Schritt 7

Wie weit haben Sie dem Täter am Ende von Schritt 7 vergeben?

1	2	3	4	5	6	7

völlig vergeben   überhaupt nicht vergeben

Waren Sie am Ende von Schritt 7 fähig, die Situation aus »spiritueller Sicht« zu sehen?

1	2	3	4	5	6	7

ja, aus einer völlig spirituellen Sicht   nein

Hat das Üben von Vergebung Ihr Leben inzwischen irgendwie verändert?

1	2	3	4	5	6	7

sehr verändert   nicht verändert

Auch wenn Sie bereits das ganze Vergebungsprogramm durchgearbeitet haben, werden Sie es bei der Lektüre der folgenden Geschichten noch einmal nachvollziehen wollen. Denken Sie während des Vergebungsprozesses daran, dass die Veränderungen sich ganz allmählich vollziehen, dass es eine Weile dauert, bis unsere Gefühle heilen und unser Denken sich verändert. Was von Ihnen verlangt wird, ist sehr schwierig, und oft ist Disziplin nötig, um ein Denken zu überwinden, das uns in unserem Leid gefangen hält.

Verzeihen ist die Wissenschaft des Herzens. Sie schenkt uns eine neue Weisheit, die auf Mitgefühl beruht. Alle, die den Mut haben, den Weg der Vergebung zu gehen, erinnert sie daran, wie man in einer Welt voller Furcht und Schuld Mitgefühl lebt. Gregg Braden beschreibt in seinem Buch *Zwischen Himmel und Erde. Der spirituelle Weg des Mitgefühls* (2005) die Möglichkeiten, die Verzeihen uns eröffnet:

>*»Jedes Ereignis, jede Beziehung, jede Liebe … und jeder Betrug haben dir ausnahmslos wesentliche Gefühle und Emotionen für deinen Weg zu höheren Ebenen der Weisheit vermittelt. Wie du diese Gefühle und Emotionen wahrnimmst, wie du sie in deinem Leben definierst, ist deine Art, dich selbst zu lehren und auszubilden, ist deine Art, dich an die Verheißung von Mitgefühl zu erinnern.«*

Es liegt an uns, wie viel Wut und Hass wir in unserem Leben empfinden, wie viel Mitgefühl wir mit anderen haben, und wie vergebungsbereit wir sind. Wir erhielten Gelegenheiten, zu hassen, und die Weisheit, unseren Hass zu überwinden. Es erfordert persönliche Stärke, alte Einstellungen aufzugeben und mit spiritueller Weisheit auf das Leben zu reagieren. Durch unser Leid und unseren Schmerz haben wir die Chance, vergeben zu lernen und unsere wahre und schönste Natur zu erfahren. Verzeihen ist die uns verliehene Fähigkeit, unsere Dunkelheit zu überwinden. Wie durch Alchemie verwandelt sie die Dunkelheit in Licht.

3 Der Kampf mit der »süßen« Rache

*»Keine Rache ist so vollkommen
wie die Vergebung.«*

JOSH BILLINGS

Ich las in der *Newsweek* eine Geschichte über einen Mann, der in Indien aufwuchs und von dem Leid erzählte, das die älteren Mitglieder seiner Familie durchmachten, als nach einem britischen Plan, der am 14. August 1947 in Kraft trat, Britisch-Indien in zwei Staaten – das mehrheitlich hinduistische Indien und das mehrheitlich muslimische Pakistan – aufgeteilt wurde. Diese Teilung führte zu einem beispiellosen Gewaltausbruch, bei dem fast zwei Millionen Menschen umkamen. Die Morde, Brandstiftungen und Vergewaltigungen gingen bis November jenes Jahres weiter. Mehrere Millionen Menschen wurden zu Flüchtlingen, auch die Angehörigen dieses Mannes.

Unglücklicherweise lag das Heimatdorf seiner Familie an der unsichtbaren Grenze, die die Grenzkommission gezogen hatte. Plötzlich lebte seine hinduistische Familie in einem islamischen Staat. Viele seiner Onkel und Großonkel wurden von Muslimen ermordet. Tanten von ihm wurden vergewaltigt und verschleppt. Alle, die das Glück hatten, zu überleben, mussten fliehen.

Es herrschte ein solches Chaos, dass die Familie auf der Flucht vor der eskalierenden Gewalt in alle Richtungen versprengt wurde. Der Mann wuchs in einem Flüchtlingslager in Indien auf. Die älteren Mitglieder seiner Familie hatten so viel Gewalt mit ansehen oder am eigenen Leib erfahren müssen, dass seine ganze Familie seither einen tiefen Hass gegen Muslime hegte.

Nach sechzehn Jahren in den USA besuchte der Mann seine Verwandten in Indien. Dort erfuhr er zu seiner Überraschung von einem hässlichen Familiengeheimnis. Sein Vater nahm ihn zu einem Großonkel mit, den er seit der Teilung von Britisch-Indien vor vierundfünfzig Jahren nicht mehr gesehen hatte. Der Großonkel erzählte noch einmal, was an jenem Tag geschah, als mehrere Onkel und zwei Tanten des Mannes auf der Flucht von Muslimen ermordet wurden, und wie er mit knapper Not entkam, indem er den Fluss Ravi durchschwamm, um auf die indische Seite zu kommen. Dort angelangt, musste er auf seinem Weg in die nächste Stadt über Felder voller toter Flüchtlinge laufen.

In Indien schloss sich sein Großonkel einer Bande junger Männer an, die muslimische Flüchtlingskarawanen auf dem Weg nach Pakistan angriff. Der Mann fragte seinen Großonkel: »Wie viele Menschen habt ihr getötet?« Der Großonkel wusste es nicht, rechtfertigte das Geschehene jedoch mit dem Argument, dass niemand sich vorstellen könnte, was damals los war, und dass sie nur Vergeltung geübt hätten, da Muslime ganze Kolonnen fliehender Hindus niedergemetzelt hatten.

Schockiert sagte der Mann zu seinem Großonkel: »Viele aus unserer Familie wurden in Pakistan von Muslimen getötet. Sie versuchten verzweifelt, zu fliehen, und mussten ihre Häuser und ihr Land zurücklassen. Meinst du nicht, dass die Leute, die du getötet hast, auch nur unschuldige Flüchtlinge waren, die nach Pakistan zu entkommen versuchten?«

Der Großonkel schwieg eine Weile. Dann sagte er: »Ja, das waren größtenteils auch arme unschuldige Menschen. Aber sicher waren auch ein paar Sünder darunter.«

Der Mann argumentierte vergeblich gegen diese falsche Logik an. Dann stellte er fest: »Plötzlich war die moralische Sicherheit weg, die die Geschichte meiner Familie als Opfer und Überlebende eines brutalen Massakers mir vermittelt hatte. Ich war nie auf den Gedanken gekommen, dass unter uns auch Mörder sein könnten. Mein Großonkel war wahrscheinlich nicht das einzige Mitglied meiner Familie, das mit solchen Banden durch den Punjab streifte. Wie Tausende, die sich damals auf beiden Seiten an solchen Massakern beteiligten, lebte er danach ein normales Leben und musste sich nie vor Gericht für seine Taten verantworten.«

Auf der Rückreise dachte der Mann darüber nach, wie leicht Opfer von Verbrechen ihr moralisches Empfinden verlieren und selbst zu Verbrechern werden können. Er dachte auch darüber nach, wie oft wir uns darauf konzentrieren, die Schuldigen zu bestrafen, und die Opfer ihrem Leid überlassen, anstatt sie zu unterstützen, besonders bei der Bewältigung traumatischer Erlebnisse. Er sah ein, dass das ein Grund ist, warum der Teufelskreis der Gewalt sich fortsetzt.

Obwohl er sich vorstellen konnte, wie sehr seine Familie gelitten hatte, gelangte er zu dem Schluss, dass Rache kein Weg ist, Gerechtigkeit zu erlangen. Er wusste, dass die Racheakte seines Großonkels seiner Familie nichts gebracht hatten, auch keine Genugtuung. Die Familie konnte nicht in ihre Heimat zurückkehren, und es machte ihre toten Verwandten nicht wieder lebendig, dass Hindus Muslime töteten, um die Rechnung zu begleichen. Nach dem ganzen Leid, das er und seine Familie durchgemacht hatten, erkannte er, dass nur Vergebung und Mitgefühl der Gewalt ein Ende setzen können. (*Newsweek* vom 3. Mai 2004)

Wir reden oft von »süßer Rache«. Wenn jemand uns etwas angetan hat, ist unser erster Gedanke, wie wir ihn dafür büßen lassen können. Warum ist das so? Weil wir finden, dass die Person, die uns verletzte, die Strafe erhalten sollte, die sie verdient. Das ist schließlich nur gerecht, oder? Rache ist der Impuls, anderen ein Unrecht, das sie uns antaten, heimzuzahlen. Im Geiste führen wir Listen darüber, wer was getan hat, um stets zu wissen, ob noch Rechnungen offen sind. Diese Denkweise entspricht dem Prinzip »Auge um Auge«. Aber wie Gandhi richtig sagte, würde die Anwendung dieses Prinzips uns alle blind machen.

Wenn wir unserem Verlangen nach Rache nachgeben, werden wir von Opfern zu Tätern und heizen den Konflikt und die Gewalt weiter an. Leider haben wir gar nicht erst versucht, unsere Verletzung heilen zu lassen oder unseren

Schmerz irgendwie zu überwinden, sondern nur weiteres Leid verursacht.

Rache bringt noch mehr Probleme mit sich. Wir bleiben in einem Denken befangen, das wir nicht ändern wollen. Wir entscheiden uns, nur die Stimme unserer Wut zu hören, und verstehen nicht, was unsere Wut uns wirklich sagt. Wir sind alle fähig, aus Wut sehr gemein zu werden. Sogenannte Rosenkriege zwischen Ehepartnern sind ein Beispiel dafür. Rache kann Fehden auslösen, die über Generationen weiterbestehen. Auf einer gesellschaftlichen Ebene kann Rache unzähligen Menschen den Tod bringen oder das Leben zerstören. In jedem Fall kann sie verheerende Folgen haben.

Was geschieht mit Opfern, wenn sie Rache üben? Die Psychologin Judith Lewis Herman erklärt in ihrem Buch *Die Narben der Gewalt* (1993), dass Rache traumatisierten Menschen nicht die Erleichterung verschafft, die sie sich von ihr versprechen, sondern das Gegenteil bewirkt. Möglicherweise empfinden sie im ersten Augenblick eine gewisse Genugtuung, aber danach verschlimmern sich ihre posttraumatischen Symptome. Auch wenn wir nicht unter posttraumatischen Belastungsstörungen leiden, verändert Rache unsere Situation nicht und kann auch keinen geliebten Menschen zurückbringen. Im ersten Augenblick empfinden wir vielleicht Erleichterung, aber dieses Gefühl verfliegt rasch, und danach geht es uns oft schlechter denn je. Das macht hoffentlich deutlich, dass es gesünder und klüger ist, auf Rache zu verzichten, weil sie einen hohen emotionalen Preis fordert.

Das gilt auch auf gesellschaftlicher Ebene. Besonders bei kollektiver Gewalt und Völkermord, wo Empörung und Hass berechtigt sind, sind Besonnenheit und Zurückhaltung zwingend notwendig. In solchen Situationen müssen wir nicht nur aus moralischen und emotionalen Gründen eine Alternative zur Rache finden, sondern um zu überleben. Dann wird Verzeihen besonders wichtig.

Warum Menschen nach Rache dürsten

Die Konfliktlösungsspezialistin Olga Botcharova (2001) beschrieb einen Prozess, den sie »Entwicklungsstadien des Opfers« nannte. Er zeigt, wie das Verlangen nach Rache entsteht. Der Prozess beginnt mit der Verletzung, auf die der Schock, der Schmerz und die Verleugnung folgen. Wenn wir eine schmerzliche Situation erleben, reagieren wir oft mit einem Schock. Das ist in gewisser Weise eine Schutzreaktion, die uns Zeit gibt, das Geschehene zu erfassen. Wenn der Schock allmählich nachlässt, setzt oft die Verleugnung ein, die uns ebenfalls schützt, denn sie ist ein erster Versuch, uns den Anblick der hässlichen, klaffenden Wunde, die ein schwerer Verlust verursacht, zu ersparen. Im zweiten Stadium beginnt das Opfer, den Verlust zu erkennen. Oft wird es von der schrecklichen Wahrheit völlig überwältigt. Deshalb verleugnet es die neue Wirklichkeit weiter und distanziert sich von ihr. Das führt zum dritten Stadium, der Verdrängung von Schmerz und Angst.

Unsere Wut, unser Schmerz und unsere Furcht können so überwältigend sein, dass wir versuchen, uns gegen diese Gefühle zu wehren, indem wir uns abschotten. Die Verdrängung von Schmerz ist gleichzeitig ein Weg, Scham zu vermeiden, die unser Selbstbild negativ beeinflusst. Die Verdrängung der Gefühle kann anfangs den Umgang mit der Tragödie erleichtern, aber das wird zu einem zweischneidigen Schwert, weil man trauern muss, um das Trauma zu bewältigen und das seelische Gleichgewicht wiederzuerlangen. Die verdrängten Gefühle verschwinden leider nicht, sondern äußern sich früher oder später auf eine schmerzliche Weise, zum Beispiel in Form von Albträumen oder Flashbacks. Möglicherweise fühlen wir uns zunehmend erschöpft oder entwickeln psychosomatische Krankheiten, die behandelt werden müssen.

Verdrängung führt zum vierten Stadium, in dem die Wut hochkommt. Diese ist in vielerlei Hinsicht berechtigt. Niemand verdient es, in einer ungerechten Situation ausharren zu müssen, die Schmerz verursacht und vielleicht sogar lebensgefährlich ist. Doch die verdrängte Wut muss irgendwo hin. Gewöhnlich projiziert das Opfer sie auf den Täter und auf jede Person oder Sache, die mit ihm zu tun hat. Manche Opfer fragen sich voller Wut: »Warum gerade ich?« In dieser Frage liegen Schmerz, Verzweiflung, die Überzeugung von der Schuld des Täters und der eigenen Unschuld und ein Verlangen nach Gerechtigkeit. Mit der Wut wächst das Opferbewusstsein, und das Opfer beginnt zu glauben, dass Rache am Täter und allem, was mit ihm zu tun hat, es heilen kann. Rache, Heilung, Strafe und Gerechtigkeit werden ein und dasselbe. Damit erreicht das Opfer das fünfte Stadium.

Es ist der Wunsch, Schmerz zuzufügen und manchmal sogar zu töten, der Opfer Rachepläne schmieden lässt. Sie glauben, dass die Anwendung des »Auge-um-Auge-Prinzips« ihnen helfen wird, ihren Schmerz zu heilen. Doch selbst wenn sie ihre Rachepläne durchführen oder dafür sorgen, dass der Täter seine verdiente Strafe erhält, erscheint ihnen das nie genug im Vergleich zu ihrem Leid, weil keine Rache oder Strafe den Schmerz über den erlittenen Verlust heilen kann. Doch um die schmerzliche Lücke zu füllen, die das Unrecht erzeugte, wird der Teufelskreis der Rache aufrechterhalten.

Viele Opfer sind erst fähig, Rache zu üben, wenn sie nicht nur selbst das Gefühl haben, dass sie im Recht sind, sondern auch andere davon überzeugt haben. Sie müssen ihre »Unschuld« bekräftigen. Deshalb erzählen sie ihre Geschichten immer wieder und sprechen dem Täter alles Menschliche ab, damit er von niemandem Sympathien erhält. So wird ein Schwarz-Weiß-Denken verstärkt, das keine anderen Standpunkte zulässt. Selbst wenn das Opfer Racheakte verübt, erhält es das Bild vom leidenden Opfer aufrecht. Es manipuliert andere, ohne sich dessen bewusst zu sein, und fordert Gerechtigkeit. In diesem Stadium verzichtet das Opfer nur dann auf Rache, wenn ihm Zweifel kommen, oder wenn es den Täter anders zu sehen beginnt. Doch wenn andere sich seinen Forderungen nach Gerechtigkeit anschließen, betrachtet es seine Racheakte als »gerechtfertigte Aggression«. Das ist das letzte Stadium des Prozesses.

An diesem Punkt des Teufelskreises haben sich die Rollen von Opfer und Täter umgekehrt. Nun fühlt sich der Aggressor als Opfer, will Rache und fordert Gerechtigkeit, und das einst »unschuldige« Opfer ist in der Machtposition. Im Laufe des Konflikts können sich die beiden Rollen ständig umkehren. Jede Seite fühlt sich von der anderen terrorisiert, und manchmal ist nicht mehr klar, wer in der Defensive und wer in der Offensive ist. Solange die Beteiligten nicht die Verantwortung für ihre Taten übernehmen, ihre Wut an einem geeigneten Ort zum Ausdruck bringen, um ihre Verluste trauern und sich differenzierter mit dem Thema Gerechtigkeit auseinandersetzen, können sie ihren Konflikt nicht beilegen.

Eine weitere wichtige Voraussetzung für eine dauerhafte Konfliktlösung ist die Veränderung unserer Wahrnehmungen und Denkweisen. Wir werden nur fähig, Dinge anders zu sehen, wenn wir an das Gute in jedem Menschen, an unsere göttliche Essenz zu glauben bereit sind. Dieses Gute in uns verleiht uns die Fähigkeit, zu lieben und unsere Verbundenheit mit allen Menschen zu erkennen.

Wie man den Teufelskreis der Rache durchbricht

Bevor wir dazu kommen, wie Vergebung uns helfen kann, den Teufelskreis der Rache zu durchbrechen, müssen wir uns klarmachen, was mit dem Opfer geschieht, nachdem es Rache geübt hat. Zunächst mag es sich besser fühlen, aber dann kehrt der Schmerz zurück. Die Angst, den Verlust nicht bewältigen zu können, ist immer noch da, und der Zorn brennt weiter. Ein Gefühl der Leere löst das kurze Gefühl der Erleichterung ab. Das Opfer kann sich in seinen Handlungen nicht mehr erkennen und erlebt einen Identitätsverlust. Sein früheres Selbstverständnis wurde zerstört, und es muss erst ein neues, anderes Selbstverständnis entwickeln. Ohne eine innere Veränderung wird es keine heilende Gerechtigkeit erfahren. *Wir müssen unseren inneren Frieden finden und unsere innere Stärke entdecken, um mit der neuen Wirklichkeit fertig zu werden.* Dazu müssen wir die Verantwortung für uns selbst übernehmen und uns unserem Schmerz und Leid stellen. Es ist ein Irrtum, zu glauben, dass es uns wieder gut geht, wenn wir nur dafür sorgen, dass der Täter seine gerechte Strafe erhält. Kein äußerer Faktor kann uns zu innerer Heilung und spirituellem Wachstum verhelfen. Wir müssen die Bedeutung des Ereignisses aus einer spirituellen Perspektive verstehen. Und die Krönung eines erfolgreichen Heilungsprozesses ist Verzeihen. Durch Vergebung kann sich das Opfer aus seiner Opferrolle befreien und die Vergangenheit hinter sich lassen, indem es die Gegenwart mit offenem Herzen annimmt und eine ungewisse Zukunft akzeptiert. Eine tiefe innere Veränderung kann erst stattfinden, wenn wir die erlebte Tragödie und das Leid anders sehen lernen, aber zunächst müssen wir um unsere Verluste trauern und unsere schmerzlichen Erfahrungen verarbeiten.

Um einen Verlust zu bewältigen, müssen wir den Schmerz über diesen Verlust zulassen und spüren. Das hilft uns, ihn zu überwinden. Bereits die Erkenntnis, dass wir dazu neigen, den Schmerz zu verleugnen, kann dazu führen, dass wir uns öffnen und den Schmerz herauslassen. Dann verliert er seine Macht über uns. Wir sollten uns Zeit zum Trauern lassen. Damit beginnt ein Heilungsprozess, der uns ein neues Leben ermöglicht.

Mit dem Trauern beginnt auch die Auseinandersetzung

mit unseren Ängsten. Gewöhnlich haben wir mehr Angst vor den Gefühlen, die mit der Angst hochkommen, als vor der Angst selbst. Das Ausdrücken dieser Gefühle hilft dem Opfer, die Wut freizusetzen, die sich oft hinter seinen Ängsten verbirgt.

Erst wenn wir unsere Wut und Angst durchgearbeitet haben, können wir den nächsten Schritt machen, der darin besteht, das Menschliche in der Person oder den Personen, die wir so sehr hassen, sehen zu lernen. Dieser Schritt kann sehr schwierig sein und viel Überwindung kosten, denn Opfer sehen in Tätern gewöhnlich Unmenschen ohne irgendwelche positiven Eigenschaften. Wenn wir erkennen, dass die tieferen Gründe für das Verhalten der Person ihre eigenen Ängste und Bedürfnisse sind, wissen wir etwas über sie, das sie uns ähnlicher macht. Wir beginnen, in ihr einen Menschen zu sehen. Wenn wir etwas besser verstehen, wer der Täter ist, können wir anfangen, über Vergebung nachzudenken. Verzeihen ist vor allem eine Wahl, eine bewusste Entscheidung. Verzeihen ist die absolute Freiheit des Opfers.

Wenn wir fähig werden, zu vergeben, entwickeln wir ein anderes Verständnis von Gerechtigkeit. Wahre Gerechtigkeit bedeutet dann nicht Vergeltung, sondern Heilung. Das Ziel dieser Gerechtigkeit ist nicht die Wiederherstellung des früheren Zustands, sondern der Aufbau einer neuen Beziehung zwischen Opfer und Täter auf eine sichere und konstruktive Weise durch beide Parteien. Wenn das Opfer bereit ist, sich auf den Vergebungsprozess einzulassen, öffnet es sich für eine Erfahrung, die es innerlich verwandelt. Das ist eines der Mysterien von Vergebung. In diesem Augenblick geschieht etwas Mystisches. Jeder erlebt es anders, aber die meisten sagen, wenn sie diese Erfahrung beschreiben, sie hätten die Macht der Liebe erlebt.

Wenn die Konfliktparteien schließlich die Verantwortung für die Vergangenheit übernehmen und beginnen, gemeinsam etwas Neues zu schaffen, können sie eine sichere Zukunft aufbauen. Das kann ein langer und schmerzlicher Prozess sein, bei dem jede Seite sich klarmachen muss, was in der Vergangenheit wirklich geschah, um zu einem neuen, tieferen Verständnis zu gelangen, das Respekt vor dem durchlittenen Leid einschließt. Erst dann kann ein Versöhnungsprozess beginnen, bei dem praktische Konfliktlösungen erarbeitet werden und, im Idealfall, eine neue Beziehung zwischen den Beteiligten aufgebaut wird.

Was von den Opfern verlangt wird, ist manchmal sehr schwierig. Sie sollen nicht durch Rache selbst zu Tätern werden, sondern diesen Teufelskreis durchbrechen, indem sie den Menschen, die ihnen großes Leid zufügten, vergeben und damit den Konflikt beenden, der durch die Tat entstand. Von uns wird verlangt, dass wir unsere gemeinsame Menschlichkeit erkennen und durch Vergebung bekräftigen. Außerdem müssen wir aufhören, uns ständig mit der Vergangenheit zu beschäftigen, denn das kann uns lähmen. Wie der Mann, mit dessen Geschichte dieses Kapitel begann, richtig erkannte, kann nur Verzeihen der Gewalt ein Ende setzen. Wenn wir verstehen, dass in dieser Geschichte alle aus Angst reagierten und dass Vergebung das beste Mittel ist, um Angst zu heilen, dann wissen wir, wie solche Konflikte zu lösen sind. Gewalt gebiert Gewalt. Um diesen Teufelskreis zu durchbrechen, müssen wir die Angst verringern. In unserer Geschichte befanden sich die Hindus und die Muslime in der gleichen Situation. Beide Gruppen mussten viel Leid erfahren. Hätte jemand aus einer der beiden Gruppen erkannt, dass auf beiden Seiten Angst und Leid herrschten, und dass alle Blut an den Händen hatten, hätte er den Teufelskreis der Gewalt durchbrechen können. Hätten die Gruppen sich zusammengeschlossen, um die schwierige Situation gemeinsam zu bewältigen, hätte niemand mehr sinnlos sterben müssen. Hätten sie einander nicht als Feinde gesehen, sondern als Opfer der Umstände, hätten sie mit Mitgefühl reagieren können. Das hätte den Lauf der Geschichte geändert.

Es folgen acht Merksätze über Vergebung. Wenn Sie von Rachegedanken gequält werden, hilft diese Liste Ihnen hoffentlich, sich daran zu erinnern, dass es beim Vergeben letztlich um *Ihre innere Heilung* geht.

Acht Merksätze über Vergebung

1. **Vergebung ist keine Pflicht, sondern ein freiwilliger Akt.**
   Niemand kann uns zwingen, zu vergeben. Nur *wir* können uns – mit dem Kopf und dem Herzen – für Vergebung entscheiden. Verzeihen ist vielleicht die großzügigste Geste, die wir machen können, nicht nur denen gegenüber, die uns ein Unrecht zufügten, sondern auch uns selbst gegenüber.

2. **Vergebung ist ein Geisteszustand.** Wenn wir vergeben, befreien wir uns von der Last der Erinnerung an die Verlet-

zung und verringern so unseren Schmerz. In diesem Sinne ist Vergeben Vergessen.

3. **Vergebung heißt nicht, den Täter zu entschuldigen.** Wenn jemand uns verletzte, müssen wir nicht so tun, als wäre nichts gewesen. Die Entscheidung für Vergebung bedeutet, dass wir nicht länger auf die Begleichung der Schuld bestehen, die durch die Tat entstand. Wenn wir jemandem eine Schuld erlassen, dann heißt das nicht, dass wir sie verleugnen, sondern dass wir unsere kostbare Energie nicht länger damit vergeuden wollen, sie vergeblich einzufordern. Das ist besonders wichtig, wenn die Schuld gar nicht beglichen werden kann, beispielsweise bei Taten, die Menschenleben zerstörten.

4. **Vergebung erleichtert.** Wenn wir einem Menschen vergeben, der uns ein Unrecht zufügte, oder das Unrecht selbst verzeihen, fühlen auch wir uns erleichtert, weil wir uns nicht mehr damit auseinandersetzen müssen. Wir haben alle schon Leute kennengelernt, die ein Fehlverhalten eines Partners oder eines Elternteils nicht vergessen konnten. Oft beeinflussen ihre nicht verheilten seelischen Verletzungen alle Entscheidungen, die sie in ihrem Leben treffen. Das ist ebenso belastend wie Schuldgefühle wegen eines eigenen Fehlverhaltens, oft sogar belastender. Es ist klüger, sich von dieser Last zu befreien, indem man das erlittene Unrecht vergibt.

5. **Vergebung befreit.** Wenn wir schließlich fähig sind, uns für Vergebung zu entscheiden, fällt auch die Last der Wut von uns ab, und wir fühlen uns frei und unbeschwert. Versuchen Sie es. Das Gefühl ist geradezu berauschend.

6. **Vergebung verpflichtet uns nicht, unsere Feinde zu lieben.**
Niemand muss seine Feinde lieben. Aber ein verzehren-
der Hass kostet Energie, und wenn wir ihn nähren, raubt
er uns nicht nur Energie, sondern auch Zeit. Selbst nach
einem Krieg ist es vernünftiger, seinen Feinden zu vergeben, als den während des Krieges empfundenen Hass zu
kultivieren. Die verheerenden Folgen des harten Versail-
ler Vertrages nach dem Ersten Weltkrieg zeigten, dass es
für die Alliierten besser gewesen wäre, Deutschland die
Hand zu reichen, anstatt es dafür zu bestrafen, dass es
Krieg führte. Viele Historiker sind sich einig, dass Hitler
dann niemals an die Macht gekommen wäre.

7. **Vergeben ist nie leicht, aber die Mühe lohnt sich.** Da Verzeihen im Kopf beginnt, erfordert es ein tieferes Verständnis der Situation. Zu diesem Verständnis gelangen
wir nicht, indem wir uns einreden, dass durch das Unrecht keine Schuld entstand, sondern indem wir uns klarmachen, dass unsere Versuche, den Täter dafür büßen zu
lassen, uns mehr kosten als das Vergeben der Schuld. Bei
so willkürlichen und unfassbaren Gewalttaten wie den An-
schlägen vom 11. September fällt das Vergeben besonders
schwer. Es ist wirklich schwierig, eine rationale Erklärung
für etwas zu finden, das wir gefühlsmäßig nicht begreifen
können. Aber das müssen wir, um uns von der Last des
Schmerzes zu befreien, den dieses unglaubliche Verbrechen uns zufügte.

8. **Vergebung macht stark.** Man könnte meinen, Vergebung
sei ein Zeichen von Schwäche. Wenn wir das glauben, sprechen wir dem Täter Macht zu und schwächen uns selbst.

Tatsächlich ist Verzeihen ein Beweis von Stärke. Nur wir können der Person vergeben, die uns Leid zufügte. Das verleiht uns eine große Macht, die wir noch vergrößern, indem wir sie ausüben. Mit der Demonstration dieser Macht wächst auch unsere Selbstachtung.

4 Die Notwendigkeit von Geduld – Die Geschichte eines heiligen Mannes

»Vergeben zu lernen ist sehr viel nützlicher als nur einen Stein aufzuheben und ihn auf das Objekt seines Hasses zu schleudern. Denn in der größten Not bestehen die größten Möglichkeiten, Gutes zu tun.«

SEINE HEILIGKEIT, DER DALAI-LAMA

In diesem Kapitel begegnen wir einem Menschen von tiefer Weisheit und Spiritualität, dem Dalai-Lama. Er ist der geistige und politische Führer des tibetischen Volkes, doch er selbst betrachtet sich als einfachen buddhistischen Mönch. Er gehört zu den wenigen Menschen, die jeden Tag ihres Lebens Vergebung praktizieren und die Welt mit den Augen des Mitgefühls sehen. Er verkörpert das Gegenteil von Rache. Seine Heiligkeit, der Dalai-Lama, wird uns zeigen, wie man Rachegedanken in Gedanken des Mitgefühls verwandelt, indem man die Wut analysiert und Geduld entwickelt. Er hätte wahrlich allen Grund, nach Rache zu streben, denn er und das tibetische Volk leben im Exil, und die Tibeter, die in Tibet blieben, leben seit über fünfzig Jahren unter chinesischer Besatzung. Doch der Dalai-Lama sieht auch diese Situation mit den Augen des Mitgefühls und der Vergebung. Hier ist seine Geschichte.

Meine Reise nach Dharamsala (Indien)

Manchmal beschert das Leben uns außergewöhnliche Erfahrungen, an die wir stets mit Freude und Dankbarkeit zurückdenken. Die Begegnung mit dem Dalai-Lama von Tibet war für mich so eine Erfahrung. Ich werde nie jenen regnerischen Sommertag vergessen, an dem ich auf dem Weg zur Residenz Seiner Heiligkeit Pfützen auswich und so trocken wie möglich zu bleiben versuchte. Was ich auf meiner mühsamen Reise durch das arme Indien sah, wühlte mich auf. Der Anblick von Menschen, die nicht einmal ein primitives Dach über dem Kopf haben, sondern auf den Straßen leben und um Feuer kauern, um sich etwas zu kochen und sich zu wärmen, kann für Besucher aus dem Westen schockierend sein. Diese Reise hatte nichts von einem Erholungsurlaub. In Indien hinterfragte ich mein ganzes Leben und meine Werte. Die Auseinandersetzung mit den dortigen Verhältnissen und mit mir selbst war schwierig, aber fruchtbar. Ich wusste, dass ich einem weisen und edlen Menschen begegnen würde, auch wenn mir die Zeit mit ihm wie ein flüchtiger Augenblick vorkommen sollte.

Dharamsala, eine schöne Stadt in den Vorbergen des nordindischen Himalaya, wurde für viele Tibeter zur inoffiziellen Heimat. Nach dem Einmarsch der chinesischen Volksbefreiungsarmee in Tibet im Jahre 1949 gingen viele Tibeter ins Exil, auch der Dalai-Lama, der seit 1959 in Dharamsala lebt. So schön der Ort ist, er hat auch etwas Trauriges, denn er entstand wegen der Besetzung Tibets. Wie jeder Tibeter hofft und betet auch der Dalai-Lama, noch vor seinem Tod nach Tibet zurückkehren zu können, aber wahrscheinlich wird er Tibet nie wiedersehen.

Trotz dieses traurigen Hintergrunds spürt man, wenn man Dharamsala besucht und mit den Tibetern und Seiner Heiligkeit redet, dass es ein ganz besonderer Ort ist. Er ist von der Spiritualität des tibetischen Volkes durchdrungen, dessen Entschlossenheit, zu überleben, überall spürbar ist. In dieser besonderen Atmosphäre sprach ich mit Seiner Heiligkeit, einem erstaunlichen Menschen voller Liebe und Mitgefühl.

Für das tibetische Volk ist Tenzin Gyatso, der XIV. Dalai-Lama, der lebende Buddha, die Reinkarnation von Avalokiteshvara, dem Bodhisattva des Mitgefühls. Doch Seine Heiligkeit sieht sich als einen ganz gewöhnlichen Menschen, als einen Tibeter, als einen buddhistischen Mönch. Im Alter von drei Jahren wurde er durch ein traditionelles Prüfungsverfahren als die Reinkarnation des vorherigen Dalai-Lama erkannt und aus seinem Elternhaus weg nach Lhasa gebracht. Dort erhielt er eine strenge Erziehung und eine umfassende religiöse und akademische Ausbildung und lebte in fast völliger Isolation. Mit fünfzehn Jahren, drei Jahre früher als üblich wegen der chinesischen Invasion, wurden ihm alle

Befugnisse des Staatsoberhauptes von Tibet übertragen. Er führte Gespräche mit Mao Tse-tung und Jawaharlal Nehru, um seinem Volk die Unabhängigkeit zu bewahren. Doch 1959 war er gezwungen, ins Exil zu gehen. Er floh über den Himalaya nach Nordindien. Über hunderttausend tibetische Flüchtlinge folgten ihm. Seither widmet er sein Leben dem Wiederaufbau des zerstörten Lebens des tibetischen Volkes, dem Kampf um die Unabhängigkeit und der Förderung des Weltfriedens durch eine konsequente Politik des Mitgefühls und der Gewaltlosigkeit.

1989 erhielt der Dalai-Lama den Friedensnobelpreis, was die Aufmerksamkeit der freien Welt auf die verzweifelte Lage seines Volkes lenkte. Nach dem Einmarsch der Chinesen in Tibet durchlebte er eine krisenreiche Zeit. Sein Einfluss als geistiger Führer wurde im Exil viel größer, als er es gewesen wäre, wenn er in der Abgeschiedenheit Tibets geblieben wäre. Der Dalai-Lama ist beispielhaft dafür, wie man gewaltlos nach den Prinzipien des Mitgefühls gegen Unterdrückung kämpft. Er ist der Hoffnungsträger des tibetischen Volkes. Die Tibeter fürchten, dass sie ohne ihn ihren Kampf verlieren würden. Er verleiht ihnen den Mut, den Weg der Gewaltlosigkeit weiterzugehen. Man lauscht aufmerksam seiner vollen, sonoren Stimme und lässt sich von seinen weisen Worten inspirieren.

Nach meiner Ankunft in der Residenz des Dalai-Lama wurde ich in ein Wartezimmer geführt. Dort warteten bereits andere Gäste aufgeregt auf eine Privataudienz. Ich war nervös und gespannt, wie es sein würde, Seine Heiligkeit persönlich kennenzulernen. Als ich an der Reihe war, führte mich der

Privatsekretär des Dalai-Lama in ein wunderschönes Zimmer, in dem ich von Seiner Heiligkeit empfangen wurde. Als ich mich umschaute, sah ich kunstvolle tibetische Thangkas und Artefakte, und mir fiel auf, welche Ruhe und Harmonie der Raum ausstrahlte. Ich versuchte, mich zu beruhigen, und Seine Heiligkeit nahm mir sofort die Befangenheit.

Ich begann unser Gespräch, indem ich den Dalai-Lama nach seinen Gedanken über Vergebung fragte. Ich war neugierig, ob auch ein so außergewöhnlicher buddhistischer Mönch Gefühle der Wut und Rachegedanken kennt, und wenn ja, wie er mit ihnen umgeht. Wenn es stimmt, dass es ein uns allen gemeinsames Denksystem gibt, das Teil der menschlichen Natur ist, wie löst sich ein heiliger Mann mit einer buddhistischen Philosophie von diesem Denksystem und gelangt zu einem anderen, das auf Mitgefühl beruht? Ich fragte ihn, ob er selbst schon einer Person oder Gruppe, die ihm durch ihr Handeln Schmerz verursachte, vergeben musste. Was Seine Heiligkeit mir daraufhin erzählte, war erschütternd:

»Es war in den frühen Morgenstunden des 4. Februar 1997, als drei Mönche, die ein paar hundert Meter von meinen Wohnräumen entfernt schliefen, erstochen wurden. Die Art und Weise, wie sie getötet wurden, ließ auf Ritualmorde schließen. Einer der Mönche, mein bester Freund und Vertrauter, der siebzig Jahre alte Lobsang Gyatso, wurde tot in seinem Bett aufgefunden. Die zwei jüngeren Mönche, Ngawang Lodoe und mein Chinesisch-Dolmetscher Lobsang Ngawang, waren mit fünfzehn oder zwanzig Messerstichen niedergemetzelt worden. Die Wände der kleinen Klosterzelle waren mit Blut bespritzt. Ich habe den Verdacht, dass es fünf bis acht Täter gewesen sein könnten. Die Mörder übermittelten eine sehr klare Botschaft. ›Wer wäre fähig, so ein abscheuliches Verbrechen zu begehen?‹, fragte ich mich. Es wurde nichts gestohlen. Das Geld und die buddhistischen Statuen wurden nicht angerührt. Wer würde sanftmütige buddhistische Mönche umbringen wollen?«

Während Seine Heiligkeit mir diese Geschichte erzählte, wurde mir ganz schwach und übel. In den Tagen nach den Morden erhielten weitere vierzehn Leute aus dem Umfeld des Dalai-Lama Morddrohungen. Die indische Polizei vermutete, dass die obskure tibetische Shugden-Sekte für die Morde verantwortlich sein könnte. Die Mitglieder dieser Sekte, die die zornige tibetische Gottheit Dorje Shugden verehren, betrachten sich als die Wächter des tibetischen Buddhismus, besonders der Gelug-Schule, deren Anhänger auch als Gelbmützen bezeichnet werden. Ihrer Meinung nach verriet der Dalai-Lama die Gelbmützen, weil er sich anderen Schulen des Buddhismus zuwandte. Der Dalai-Lama verurteilte besonders einen bestimmten Shugden-Kult als aggressiv und extrem kommerziell. Das war möglicherweise das Motiv für die brutalen Morde an Mönchen, die Seiner Heiligkeit besonders nahestanden. Da niemand sah, wer diese Morde in der kalten Nacht des 4. Februar beging, gab es nur einen Verdacht, aber keine Tatverdächtigen.

Vergeben lernen durch das Analysieren der Wut

Der Dalai-Lama

»Als ich die Nachricht erhielt, war ich schockiert. Mein erster Gedanke war: Wie konnten Leute im Namen der Religion so schreckliche Dinge tun? Ich wurde sehr zornig. Um diesen Zorn zu überwinden, musste ich mich mit ihm auseinandersetzen. Dabei stellte ich fest, dass ausnahmslos alle Erfahrungen, negative wie positive, auch ein Verrat wie dieser, das Mitgefühl in uns vertiefen können. Ich dachte daran, dass die Gräueltat bereits geschehen war. Nichts würde das mehr ändern. Ich musste mir also überlegen, wie ich in Zukunft damit umgehen wollte.

Als ich meinen Zorn zu analysieren begann, erkannte ich, dass wir den Zorn irrtümlich für unseren Freund halten, der uns in Schlachten hilft oder an Leuten Rache übt, die uns Leid zugefügt haben. Zorn und hasserfüllte Gedanken scheinen uns zu schützen, aber in Wirklichkeit ist das nicht so. Wir halten es sogar für gerechtfertigt, auf Gewalt mit Vergeltung zu reagieren, weil wir meinen, dadurch Leid verhindern oder verringern zu können.

Doch das Unrecht ist bereits geschehen. Wenn wir negativ reagieren, hat das nicht nur keinen unmittelbaren Nutzen, sondern in unserer negativen Einstellung liegt der Keim zu weiterem Unglück. Danach müssen wir die Konsequenzen unserer Racheakte tragen. Der erste Schritt ist daher, den eigentlichen Grund des Zorns aufzuspüren. Wir müssen ein tiefes Verständnis für die negativen zerstörerischen Auswirkungen von Zorn entwickeln. Wir müssen uns bemühen, einen entschiedenen Standpunkt einzunehmen, um weitere Verletzungen zu verhindern, aber ohne dabei Wut und Hass zu erzeugen. Wenn wir unseren Zorn analysieren, sehen wir, dass er eine direkte negative Wirkung auf uns hat. Wir können uns entscheiden, zornig zu bleiben, oder wir können uns für etwas anderes entscheiden. Das Grundprinzip im Umgang mit unseren Gefühlen ist die Erkenntnis, dass der Geist die Fähigkeit besitzt, sich immer weiter zu verbessern. Diese Philosophie des Geistes betont die Bedeutung einer genauen Analyse menschlicher Gefühle.

Der Geist wird als ein komplexes dynamisches System begriffen, in dem unsere denkende und unsere fühlende Natur eine Einheit bilden. Zum Prozess des Verstehens unserer Gefühle gehört auch, dass wir untersuchen, welche Gedanken konstruktiv und nützlich für uns sind und welche nicht. Dabei werden wir schnell merken, dass wir zwei Arten von Gedanken haben. Die einen machen uns ruhiger und schenken uns Seelenfrieden, die anderen erzeugen noch mehr Zorn und Angst. Es ist wichtig, zwischen nützlichen und schädlichen Geisteszuständen zu unterscheiden, damit man die guten Zustände und ihre Vorzüge klar vor Augen hat und sie fördern kann. Zorn ist also wirklich nutzlos. Deshalb analysiere ich zuerst meine tieferen Gefühle, insbesondere Zorn.

Wenn ich das getan habe, übe ich Mitgefühl, denn andere möchten genau wie ich glücklich sein und haben das Recht, Leid zu überwinden. Erst wenn wir Mitgefühl in uns entwickeln und dann ein aufrichtiges Interesse am Wohl anderer, können wir wirklich vergeben.«

Karma und Vergebung

Im weiteren Verlauf meines Gesprächs mit Seiner Heiligkeit äußerte ich einige meiner Gedanken über Vergebung: Dass Vergebung für mich das Bewusstsein ist, dass es keinen vernünftigen Grund gibt, Rachegedanken oder einen Hass zu hegen, und dass die Gründe, die wir dafür zu haben glauben, auf Selbsttäuschungen beruhen. Gibt es ein größeres Verdienst, als wenn wir aufgrund dieses Wissens beschließen, die Wut und den Hass auf jene, von denen wir meinten, dass sie uns Unrecht zufügten, zu überwinden? Verzeihen ist ein sehr kostbares Geschenk. Wir müssen unser Wissen und unsere Stärke nutzen, um vergeben zu können. Auch Liebe und Respekt sind nötig, um das Verlangen nach Rache zu überwinden.

Ich sagte zu Seiner Heiligkeit, dass der Sinn von Vergebung für mich darin besteht, negatives Karma zu beenden, für uns selbst und, wenn möglich, auch für andere. Die Buddhisten glauben, dass alle unsere negativen Erfahrungen Folgen von schlechten Taten sind, die wir in der Vergangenheit begingen. Karma ist ein aktiver Prozess. Für viele Tibeter steht ihre Fähigkeit, zu vergeben, in direktem Zusammenhang mit ihrem Glauben an Karma. Tibeter führen alles, was ihnen im Leben zustößt, auf ihre früheren negativen Handlungen zurück. Ihrer Auffassung nach zahlen sie ihr ganzes Leben lang eine karmische Schuld zurück. Was ihnen widerfährt, ist demnach die Folge von etwas, das sie bereits getan haben. Sie können niemandem als sich selbst die Schuld dafür geben. Andererseits löst jeder, der heute anderen Leid zufügt, damit großes Leid in seiner eigenen Zukunft aus. Das ist nach der buddhistischen Philosophie das karmische Ergebnis seines Handelns. Für das Opfer einer Tat endet die karmische Wirkung. Es bereinigt sein Karma, das durch frühere negative Handlungen entstand, und häuft kein weiteres negatives Karma an. Den Täter wird die Gewalt, die er anderen antat, irgendwann einholen. Er wird ernten, was er gesät hat. Ihn erwarten Schmerz und Leid, daher braucht er unser Mitgefühl. Er wird irgendwann in der Zukunft seine Schuld zurückzahlen müssen. Er wird zu leiden haben, und deshalb braucht er jetzt unsere Vergebung.

Buddhisten glauben auch, dass das Leid, das jemand verursacht, sich in einem gewissen Sinne seiner Kontrolle entzieht. Er wird gewöhnlich von Kräften wie negativen Gefühlen, Selbsttäuschungen und so weiter dazu getrieben. Wenn wir tiefer blicken, stellen wir fest, dass negative Gefühle wie Hass durch das Zusammenwirken vieler Faktoren und aus Bedingungen heraus entstehen, auf die wir wenig Einfluss haben. Das Gesetz des Karmas kann einem Menschen helfen, die Wahrnehmungen, die ihn vielleicht sogar gegen seinen Willen zu seinem Handeln treiben, zu erkennen und solche negativen Kräfte aufzulösen und zu überwinden, wenn er die dazu nötige Disziplin und Bereitschaft aufbringt. Das gilt auch für Verzeihen. *Verzeihen ist ein Prozess der Veränderung von Wahrnehmungen, bei dem wir erkennen, dass diese Wahrnehmungen keine Tatsachen, sondern selbst erzeugt sind.* Der Vergebungsprozess verändert uns auf einer tieferen Ebene. Er macht uns Seiten bewusst, die uns so große Schuldgefühle verursachen, dass wir sie verleugnen und nur an anderen sehen. Wenn wir uns wegen etwas schuldig fühlen, glauben wir unbewusst, dass wir dafür bestraft werden sollten. In der tibetischen Sprache gibt es kein Wort für »Schuld«, aber die psychologische Dynamik, die durch Schuldgefühle entsteht, ähnelt vielleicht der Wirkung von Karma. Für Tibeter ist die beste Umschreibung des Begriffs Schuld, dass Schuld eine Art Sünde ist, die man nicht auslöschen kann. Unbewusste Schuldgefühle führen zu unbewussten Verhaltensweisen, die negative Folgen haben. Das entspricht im Grunde den Gesetzen des Karmas. Wenn man angegriffen wird und in böser Absicht zurückschlägt, löst man dadurch negatives Karma aus. Wenn man jedoch angegriffen oder auf irgendeine andere Art verletzt wird und sich entscheidet, weder nach Rache zu streben noch sonst irgendetwas Böswilliges zu tun, dann entstehen keine negativen Folgen. Wenn man zudem andere von negativen Taten abhält, bewahrt man auch sie davor, negatives Karma anzuhäufen. Und man durchbricht die Teufelskreise der Schuld.

Ich erwähnte dem Dalai-Lama gegenüber auch den Gedanken, dass Vergebung oft nötig ist, um eine Verletzung zu heilen. Ängste, Wut, Schmerz und Hass sind nur einige von vielen Formen der Dunkelheit, und wenn wir aus solchen Gefühlen heraus handeln, fügen wir anderen meistens Leid zu. Der Teil von uns, den wir am wenigsten mögen oder am meisten fürchten, ist das, was wir als unsere Dunkelheit wahrnehmen. Unser Herz schreit nach Liebe, Fürsorge und Mitgefühl, während unsere Überzeugungen von Vorurteilen, Ablehnung und Abgrenzung bestimmt werden. Wir haben

107

große Angst vor unserem Schatten, vor dem unannehmbaren Teil von uns, und werden gleichzeitig von ihm angetrieben. Das Paradoxe ist, dass wir unsere Dunkelheit erleben müssen, um unser Licht zu erfahren. Unsere Dunkelheit gibt uns die Chance, unsere höchste und schönste Natur kennenzulernen. Wenn wir uns in Situationen, in denen Hass gerechtfertigt wäre, für Liebe entscheiden, oder wenn wir eher tolerant und geduldig reagieren als intolerant und ungehalten, dann zeigen wir Mitgefühl. *Mitgefühl bedeutet, dass wir uns entscheiden, andere mit den Augen der Liebe zu sehen statt mit denen des Hasses oder der Furcht, dass wir das Licht wählen statt der Dunkelheit.* Wenn wir die Ereignisse des Lebens ohne Vorurteile betrachten können, führen wir ein Leben des Mitgefühls.

Als Antwort auf meine Ausführungen sprach Seine Heiligkeit über Eigenschaften, Einstellungen und spirituelle Überzeugungen in der tibetischen Kultur, die die Fähigkeit, zu vergeben, fördern und die Menschen auch helfen können, mit Verrat, Gewalt und Unterdrückung umzugehen.

Vergebung verstehen

Der Dalai-Lama über Mitgefühl

»Wenn ich über Eigenschaften nachsinne, die uns helfen, zu vergeben, muss ich an einen Freund von mir denken. Er war Abt eines Klosters und verbrachte zwanzig Jahre seines Lebens im Gefängnis und in chinesischen Arbeitslagern in Tibet. Dort herrschten damals schlimme Verhältnisse, und er machte viel Leid durch. Er sagte, dass er im Gefängnis vielen Gefahren ausgesetzt war. Ich fragte ihn, was für Gefahren das waren. Da erklärte er mir, dass es nicht die Folterungen oder andere Schikanen im Gefangenenlager waren, die ihm Angst machten. Er befürchtete, dass er durch all das Leid, das er durchmachen musste, sein Mitgefühl verlieren könnte. Er ist ein außergewöhnlicher Mensch. Wie können wir diese Art von Liebe und Mitgefühl entwickeln, und was hat sie mit Vergebung zu tun?

Mitgefühl beruht auf dem Verständnis, dass wir, wie alle anderen, ein natürliches Verlangen haben, glücklich zu sein und Leid zu überwinden. Wir haben alle ein Recht, nach der Erfüllung dieses Verlangens zu streben. Wenn wir dieses Grundrecht verinnerlichen, entwickeln wir ein Gefühl der Verbundenheit. Und wenn wir zudem aus unserer Quelle der Weisheit schöpfen, stärkt und vertieft das unsere Fähigkeit, Mitgefühl zu entwickeln und vergeben zu lernen.

Mitgefühl ist nicht nur der Wunsch, dem Leiden anderer ein Ende zu setzen. Es beinhaltet auch, dass wir ein Gefühl der Verantwortung für leidende Menschen entwickeln. Dieses Verantwortungsgefühl bedeutet, dass wir bemüht sind, Möglichkeiten zu finden, anderen in ihrer Bedrängnis zu helfen. Verzeihen trägt durch die Erkenntnis, dass die Taten eines Menschen auf Illusionen beruhen, dazu bei, sein Leid zu beenden. So schädlich seine Taten für uns auch sein mögen, letzten Endes schaden sie ihm selbst, weil er durch sie Karma und Schuld anhäuft. Sein Verhalten ist ein Zeichen seines Schmerzes. Wenn wir zu Mitgefühl fähig sind, verstehen wir das.

Wir lernen, was Mitgefühl heißt, indem wir Mitgefühl üben. In öffentlichen Gesprächen fragen Leute mich oft nach dem leichtesten Weg, Mitgefühl zu entwickeln. Solche Fragen frustrieren mich. Es erfordert Zeit und große Anstrengungen, sich zu verändern. Doch in materialistisch ausgerichteten Gesellschaften, wo niemand Zeit hat, soll alles schnell gehen und so gut, billig und einfach wie möglich sein. Diese Haltung lässt sich nicht auf den spirituellen Bereich übertragen. Wenn ich von Mitgefühl rede, gewinnen die Leute vielleicht den Eindruck, dass es etwas Einfaches ist. In Wirklichkeit muss man es jahrelang üben. Das Problem ist, dass viele Menschen sehr individualistisch sind und sich nur auf das konzentrieren, was für sie selbst am besten ist. Ich halte das für sehr kurzsichtig. Viele haben ein künstliches Gefühl von Unabhängigkeit. Leute mit Geld meinen, sie hätten es nicht nötig, einander zu helfen. Das mag anders sein, wo Leute, so wie Bauern, aufeinander angewiesen sind. Bis wir in diese Situation kommen, vergessen wir unsere elementarste menschliche Fähigkeit.

Wenn wir unsere Verbundenheit auf einer emotionalen Ebene verstehen und spüren, dann können wir Mitgefühl entwickeln. Manchmal habe ich den Eindruck, dass diese Fähigkeit in Kindern lebendiger ist. Erwachsene entwickeln, gewöhnlich durch eine akademische Ausbildung und Einflüsse der Umgebung, Verhaltensweisen, die sie von ihren Gefühlen und von der Erfahrung ihrer Menschlichkeit trennen. Je isolierter wir werden, desto weniger Zuversicht empfinden wir und desto entfremdeter werden wir. Am Ende leidet unsere Gesundheit darunter. Und umgekehrt erfährt ein liebevollerer Mensch eine echtere Liebe und fühlt sich weniger einsam. Je mitfühlender ein Mensch ist, desto aufgeschlossener ist er, und desto besser ist seine Gesundheit.

Aus buddhistischer Sicht gibt es verschiedene Arten von Mitgefühl. Mitgefühl ist mehr als nur ein Gefühl der Nähe oder Mitleid. Ich glaube vielmehr, dass wir mit echtem Mitgefühl nicht nur den Schmerz und das Leid anderer nachfühlen können, sondern auch das Bestreben haben, dieses Leid zu überwinden. Daher ist ein weiterer Aspekt von Mitgefühl die Bereitschaft, Verantwortung zu übernehmen. Mitgefühl schenkt uns auch Gelassenheit und innere Stärke. Und innere Stärke ist die eigentliche Quelle von Erfolg.

Warum ist Mitgefühl so wichtig? Jemand muss die Initiative ergreifen, um den Kreislauf alter Entscheidungen und Reaktionen, die noch mehr Schmerz und Leid bringen, zu überwinden und die Möglichkeit einer heilenden Reaktion auf das Leben zu erkennen. Das gilt auch für Vergebung, die aus einem mitfühlenden Herzen kommt. Wir stehen heute vor vielen Problemen, und für uns ist die Zeit gekommen, auf einer tieferen menschlichen Ebene zu denken, auf der wir die Menschlichkeit eines jeden verstehen und respektieren. Selbst wenn wir jemanden als einen Feind betrachten, ist auch dieser Feind ein menschliches Wesen, das von seinen eigenen Dämonen beherrscht wird und ein Recht auf Glück hat.

Zorn gebiert Zorn. Doch wenn man seinen Zorn beherrscht und Mitgefühl zeigt, ist man nicht nur mit sich im Frieden, sondern der Zorn des anderen lässt auch nach. Zorn oder Hass lösen keine Probleme oder schmerzliche Situationen. Nur durch Mitgefühl und echte Freundlichkeit findet eine Heilung statt. Die Verantwortung liegt in unseren Gedanken. Wir können Mitgefühl für andere entwickeln, gerade weil sie so sind wie wir. Veränderung beginnt in uns selbst. Es ist zwar schwierig, durch solch eine innere Veränderung Frieden zu schaffen, doch das ist der einzige Weg, einen dauerhaften Weltfrieden zu erreichen.«

Geduld entwickeln

Während Seine Heiligkeit sprach, erkannte ich, dass Mitgefühl nur eine Voraussetzung für Vergebung ist. Ob wir ein spirituelles Leben führen können, in dem Verzeihen eine wichtige Rolle spielt, hängt davon ab, ob es uns gelingt, unseren Geist zu schulen. Die innere Veränderung kann erst stattfinden, wenn wir ein tieferes Verständnis der Dinge entwickeln, also Weisheit erlangen. Um zu Vergebung fähig zu werden, müssen wir die dafür notwendigen Eigenschaften in uns fördern und die Faktoren ausschalten, die uns hemmen. In diesem Zusammenhang sind Toleranz und Geduld wichtige Tugenden. Nur durch sie können wir die Hindernisse überwinden, die dem Mitgefühl im Wege stehen. Alle großen Religionen betonen, wie wichtig Geduld und Toleranz sind, denn diese Eigenschaften sind die Grundvoraussetzungen, um einen spirituellen Weg einschlagen zu können.

Das tibetische Wort *soe-pa* oder »Geduld« hat verschiedene Bedeutungen. Wörtlich übersetzt bedeutet *soe-pa* »standhalten« oder »etwas ertragen«, zum Beispiel Not. Doch wenn das Wort verwendet wird, um eine menschliche Eigenschaft zu beschreiben, bedeutet es »Toleranz«. Geduld ist nach buddhistischem Verständnis die bewusste Entscheidung, auf Unglück nicht negativ zu reagieren, sondern äußerlich wie innerlich ruhig zu bleiben. Indem wir Geduld und Toleranz üben, bekämpfen wir Hass und Zorn. Da diese Eigenschaften uns befähigen, auch in schwierigen Lebenslagen standhaft und ruhig zu bleiben, sind sie, nicht wie oft angenommen, ein Zeichen von Schwäche, sondern von Stärke. Wer so Hass und Zorn besiegt, ist ein wahrer Held. Vergebung ist das Resultat aus Geduld und Toleranz. Wenn man im Innersten geduldig und tolerant ist, fällt das Vergeben leicht.

Nach der buddhistischen Lehre gibt es drei Arten von Geduld: 1. Geduld, die Leid annimmt, 2. Geduld, die durch Reflexion über das Wesen der Wirklichkeit die Fähigkeit zu Geduld und Toleranz erhöht, und 3. Geduld, die von anderen zugefügte Verletzungen erträgt. Alle drei Arten von Geduld sind notwendig für Vergebung. Zum Beispiel öffnet das Annehmen von Leid unser Herz und macht es uns leichter, andere leidende Menschen zu verstehen. Wenn wir in einem Vergebungsprozess Leid annehmen und bewältigen, werden wir nicht nur mitfühlender, sondern verhindern auch, dass die Teufelskreise von Zorn und Hass sich weiter fortsetzen.

Wenn wir das Wesen der Wirklichkeit verstehen, also Weisheit erlangen, wie es in der zweiten Form von Geduld gefordert wird, erkennen wir, wie viele Faktoren unsere Wahrnehmungen trüben können und dass es viele Umstände gibt, die andere zu einem schädlichen Verhalten veranlassen können, über das sie keine Kontrolle haben. Shantideva vergleicht in

Die Lebensführung im Geiste der Erleuchtung: das Bodhisattvachary-avatara Wut mit einer Krankheit. So wie wir krank werden, ohne es zu wollen, werden wir oft wütend, ohne es zu wollen.

Dieser Art von Geduld, bei der wir die Realität erkennen sollen, liegt das buddhistische Grundprinzip des Karmas zugrunde. Nach diesem Prinzip entsteht nichts von selbst. Alles kommt durch das Zusammenwirken vieler Ursachen und Bedingungen zustande. Ein tieferes Verständnis der Wirklichkeit führt zu einer größeren Toleranz im Umgang mit Ereignissen und mit Taten anderer, denn je besser wir die komplexen Zusammenhänge und Ursachen eines Ereignisses verstehen, desto eher sind wir fähig, auf dieses Ereignis ruhig und tolerant zu reagieren. Wir sollen uns immer vor Augen halten, dass andere oft ohne eigenes Zutun zu schädlichen Verhaltensweisen getrieben werden. Könnten wir eine Weile über die Faktoren im Leben eines Täters nachdenken, die zu der Tat führten, wären wir eher fähig, zu vergeben.

Die dritte Art von Geduld, das Ertragen von Verletzungen, die andere uns zufügten, ist vielleicht die wichtigste und am schwersten aufzubringen. Gewöhnlich richtet sich unsere Wut und Frustration gegen einen anderen Menschen, meistens gegen jemanden, der uns nahesteht. Allzu oft lassen wir zu, dass Wut unser Verhalten gegenüber anderen Menschen bestimmt. Wenn Wut die Situation beherrscht, können wir keine Geduld entwickeln. Ohne Geduld sind wir von unserer inneren Weisheit abgeschnitten, die der heilende Aspekt in uns ist. Menschen, die aus Wut Leid verursachen, sind in ihrem Gefängnis aus Schmerz und Selbsttäuschung eingeschlossen. In ihrer Verblendung können sie vieles nicht sehen und verstehen. Aus diesem Grund sollten wir Mitgefühl mit Menschen haben, die uns verletzen, statt gegen sie Groll zu hegen. Shantideva fordert uns auf, noch weiter zu gehen und Menschen, die uns verletzen, als wertvoll zu betrachten, denn nur sie geben uns Gelegenheit, Toleranz zu üben. Shantideva schreibt:

> *»Auf der Welt gibt es viele Bettler,*
> *aber die, die einen schädigen, sind selten.*
> *Wenn man niemanden verletzt hat,*
> *wird man auch selbst nur von wenigen verletzt.*
> *Dementsprechend sollte ich mich,*
> *weil ein Feind wie ein Schatz ist,*
> *der im Hause ohne ermüdende Anstrengung gefunden wird,*
> *und weil er ein Helfer für eine Lebensführung*
> *im Geiste der Erleuchtung ist,*
> *über einen Feind freuen. «*

Dieser spirituellen Sichtweise entspricht die oft zitierte Aussage des Dalai-Lama, dass unser Feind unser bester Lehrer ist. Für Seine Heiligkeit ist Hass ein Gift und Geduld die Medizin, die die Gifte aus unserem Geist entfernt.

Die Macht unserer Gedanken

Seine Heiligkeit sagte zu diesem Thema, dass Menschen, die eine schwere Zeit durchmachen, mit Apathie und Mutlosigkeit reagieren können, was natürlich sehr traurig ist, aber dass die schwierige Situation ihnen auch die Augen für die wirkliche Situation, für die Wahrheit, öffnen kann. Tatsächlich bestimmen wir selbst, mit wie viel Wut oder Hass wir auf Ereignisse reagieren. Wir bestimmen den Verlauf der Geschichte durch unsere Reaktionen auf die Geschichte. Die Tragödien und Kriege sowie die größten Errungenschaften sind Beispiele für negatives und positives Denken. In unserem Kopf sind immer positive und negative Gedanken. Das Beste, was wir tun können, ist deshalb, das positive Denken zu fördern, um seine Macht oder Kraft zu vergrößern und den Einfluss des negativen Denkens zu verringern. Wenn wir das tun, werden menschliche Liebe, Vergebung und Güte uns mehr Hoffnung und Entschlossenheit verleihen. Und Hoffnung und Entschlossenheit führen uns in eine bessere Zukunft. Wenn wir uns unserem Zorn und Hass hingeben, verirren wir uns und führen ein Leben voller Schmerz. Kein vernünftiger Mensch kann im Sog so negativer Gefühle leben wollen.

Das ist keine spirituelle Lehre, keine Moralvorschrift, sondern eine Tatsache, die das Leben Tag für Tag bestätigt. Vergebung und Mitgefühl stärken unser Gefühl der Verbundenheit mit unseren Mitmenschen und sind die Voraussetzungen für unser Glück. Aus diesem Grund betont jede spirituelle Lehre der Welt die Bedeutung bedingungsloser Liebe und Vergebung, denn sie öffnen unser Herz für uns selbst und die Menschheit, sodass wir uns mit uns und der Welt einig fühlen können.

Vergebung zum Wohle der Menschheit

Seine Heiligkeit betont immer wieder, dass wir ein stärkeres Gefühl universeller Verantwortung entwickeln müssen. Er erinnert uns daran, dass wir lernen müssen, nicht nur für uns selbst, unsere Familie oder unser Land zu arbeiten, sondern für das Wohl der ganzen Menschheit. Universelle Verantwortung ist die beste Grundlage für persönliches Glück und für den Weltfrieden.

Das Leben ist grenzenlos. Es hat einen unendlichen Ursprung und ist ein ewiges Werden und Vergehen. Die menschliche Entwicklung ist kein Zufallsprozess, sondern zielt auf einen Zustand der Erleuchtung. Durch die Entwicklung von Weisheit, Liebe und Glück, das unsere kühnsten Träume übertrifft und für uns im Augenblick unvorstellbar ist, wird alles Trennende überwunden. Wir erkennen die unauflösbare Verbundenheit aller Menschen und erfahren Frieden, auf gesellschaftlicher wie auf persönlicher Ebene.

Auf einer bestimmten Entwicklungsstufe erkennen wir die Einheit allen Seins. Wenn jemand, der uns nahesteht, glücklich ist, fühlen wir sein Glück. Unsere Einstellung zu anderen Menschen ändert sich, und wir entdecken allmählich immer mehr Gemeinsamkeiten mit ihnen. Wenn wir unsere Verbundenheit mit allen Menschen nicht mehr verleugnen, sind wir auf dem Weg zum Frieden. Zunächst müssen wir uns aber den Tatsachen stellen. Wir müssen bereit sein, unseren Kopf zu »entrümpeln«, um uns weiterentwickeln zu können, und unseren Nachbarn helfen, das ebenfalls zu tun. Darum geht es bei Vergebung, und sie fängt bei uns selbst an.

Wir haben eine Verantwortung, Katastrophen zu verhindern, und wir können eine grundlegende Veränderung bewirken, indem wir uns unsere Gedanken und Gefühle bewusst machen und beginnen, unsere Denkstrukturen zu ändern. Die Menschheit kann nur überleben, wenn sie Vergebungsbereitschaft entwickelt.

Wir brauchen eine neue Sichtweise auf uns und die Welt, die uns befähigt, das alte, ichbezogene Denken zu überwinden, unsere Rolle als Hüter der Erde und unserer Mitmenschen anzunehmen und im Bewusstsein unserer Verbundenheit den Kräften entgegenzuwirken, die uns in den Untergang treiben.

Der Dalai-Lama betont zu Recht, dass all unsere Handlungen und Entscheidungen auf Mitgefühl und gegenseitigem Respekt beruhen müssen. Die Vision, dass alle Menschen zusammenarbeiten, um gemeinsam Lösungen für die Probleme unserer Welt zu finden, machte mir Hoffnung. Wie das tibetische Volk stehen wir alle mit dem Rücken zur Wand. Und es muss uns gelingen, diese große Veränderung in uns selbst und auf unserer kostbaren Welt herbeizuführen, denn wir haben keine andere Wahl. Unser Leben hängt davon ab.

5 Wie man lernt, kein »armes Opfer« mehr zu sein

*»Menschliches Leid wird weniger aus Dummheit
als aus Unwissenheit verursacht, insbesondere aus
unserer Unwissenheit über uns selbst.«*

CARL SAGAN

Larry Mathis ist der Sohn eines Gangsters aus Phoenix. Er
war vier Jahre alt, als sein Vater ermordet wurde. Bis ins Er-
wachsenenalter konnte er seinem Vater nicht verzeihen, dass
er ihn so früh im Stich gelassen hatte. Larrys Geschichte veranschaulicht die verschiedenen Phasen des Vergebungsprozesses und zeigt Aspekte auf, die dabei eine wichtige Rolle
spielen können, zum Beispiel das Gefühl, ungerecht behandelt worden zu sein, das das Opferbewusstsein verstärkt, und
die Frage, wer die »Autorität« in unserem Leben ist. Zum
Schluss erklärt Larry, wie Verzeihen sein Denken und seine
Sicht der Welt veränderte.

Larrys Geschichte

»Mein Vater ist tot. Ich werde nie erfahren, ob es Mord oder Selbstmord war. Jedenfalls forderte er das Schicksal heraus. Mein Vater war ein Krimineller. Ich war vier, als er starb, doch erst als junger Mann erfuhr ich die ganze Geschichte. Das war egal, denn wahrscheinlich hätte ich ohnehin nicht damit umgehen können.

Mein Vater war erst siebenunddreißig, als er erschossen wurde. Er hinterließ eine Frau und sieben Kinder. Wir hatten ein Hamburger-Restaurant namens Bills, das früher meinem Großvater gehört hatte. Es war das beliebteste Schnellrestaurant der Stadt, bis McDonald's und Wendy's kamen. Als mein Vater starb, verloren wir das Restaurant. Das war ein schwerer Schlag für uns. Meine Mutter, eine Hausfrau mit sieben Kindern, musste nun das Geld verdienen. Die nächsten dreißig Jahre ihres Lebens betrieb sie eine Poststelle auf einem Luftwaffenstützpunkt.

Manchmal frage ich mich, ob ich je die genauen Umstände vom Tod meines Vaters erfahren werde. Ich weiß, dass ich ihn als kleiner Junge abgöttisch liebte. Für mich war er ein Held, denn er wurde mit dem Purple Heart und dem Silver Star ausgezeichnet. Er setzte sein Leben für andere Menschen aufs Spiel.

Ich habe nicht viele Erinnerungen an meinen Vater, abgesehen von dem, was meine Brüder und Schwestern mir erzählten. Für Vater war ich der »kleine Mann«. Ich war sein ganzer Stolz. Ich bewunderte ihn so sehr, dass ich genauso sein wollte wie er. Wenn Vater einen Zigarrenstummel im

Mund hatte, tat ich so, als hätte ich einen Zigarrenstummel im Mund. Wenn er Zeitung las, las ich auch Zeitung. Als Dreijähriger lief ich ihm den ganzen Tag hinterher und tat so, als wäre ich er. Meine schönste Erinnerung ist die an einen Pfadfinderausflug, auf den Vater mich mitnahm. Da fing ich meinen ersten Fisch. Mein Herz klopfte, und ich kreischte vor Freude! Ich werde immer gern an diesen schönen Augenblick mit ihm zurückdenken, denn eine Zeit wie diese kam nie wieder.

Dann plötzlich starb mein Vater. Mir wurde erzählt, er sei ermordet worden, weil er versuchte, eine Frau aus der Nachbarschaft zu beschützen, die von ihrem Mann ständig geschlagen wurde. Als mein Vater hinüberging, um ihr zu helfen, erschoss ihn der rabiate Ehemann. Ich war stolz auf meinen Vater, weil er jemanden beschützen wollte. Diese Geschichte glaubte ich bis in meine Teenagerzeit. Erst später erfuhr ich, was wirklich geschehen war.

Sie war für mich kaum zu verkraften. Der Nachbar hatte versucht, seine Frau vor meinem Vater zu beschützen. Auf meiner Suche nach der Wahrheit erfuhr ich noch mehr: Dass mein Vater ein Spieler war, dass er mit den schlimmsten Verbrechern der Stadt Geschäfte machte, dass er sich mit anderen Frauen herumtrieb. Ich fand auch heraus, dass es nicht der Nachbar war, der seine Frau schlecht behandelte, sondern mein Vater. Er war brutal zu meiner Mutter, und er betrog und belog sie ständig.

Als ich die Wahrheit erfuhr, konnte ich meine Wut kaum im Zaum halten. Der Mythos um meinen Vater war zerstört, und ich wusste nicht, was ich mit den Trümmern anfangen sollte. Ich war regelrecht besessen von meinem Hass. Zwei Jahre lang verging kein Tag, an dem ich nicht daran dachte, wie sehr ich meinen Vater verabscheute. Diese Gedanken verfolgten mich. Nur die Arbeit in meinem Geschäft konnte mich zeitweilig davon ablenken. Aber sobald ich nach Hause kam, brachen die Gefühle wieder mit aller Macht über mich herein. Ich legte mich mit jedem an. Es war unmöglich, mit mir zusammenzuleben.

Dann geschah etwas sehr Seltsames. Als ich etwa dreiunddreißig war, überfiel mich plötzlich eine große Angst, zu sterben. Ich bekam Atembeklemmungen. Zu dieser Zeit war mein Sohn Trent etwa so alt wie ich beim Tod meines Vaters. Ich begann mir Gedanken darüber zu machen, was aus Trent werden würde, wenn ich starb. Sein Leben sollte anders verlaufen als meines. Und was würde aus meiner Frau werden? Wie würde es ihr ergehen? Würde sie ebenso zu kämpfen haben wie meine Mutter? Nacht für Nacht wachte ich schweißgebadet und zitternd vor Angst auf. Ich hatte Angst vor dem Tod und die Leere danach. Ich rang mit Gott. Ich hatte schon als Kind große Angst vor dem Schlafengehen gehabt. Ich schlief so gut wie gar nicht mehr, arbeitete oder sah die ganze Nacht fern.

Gefühle freilegen

Als ich kurz davor war, alles zu verlieren, suchte ich Hilfe. Mir fiel nur ein Ort ein, wo ich hingehen konnte: die Kirche. Also traf ich mich mit den Kirchenältesten und schilderte ihnen mein Problem. Da fragte mich einer von ihnen: ›Wie ist dein Verhältnis zu deinem Vater?‹ Ich stutzte. Was hatte das damit zu tun? Aber dann schrie ich mit einem Mal los: ›Ich hasse ihn! Ich hasse ihn! Er ist tot, und ich bin froh, dass er tot ist!‹ Die Kirchenältesten waren betroffen. Gemeinsam beteten wir, und ich wurde ruhiger.

Heute weiß ich, dass in diesem Augenblick eine Heilung stattfand, aber nach einer Weile kamen die Zweifel und Ängste wieder in mir hoch. Wie konnte ich eine Beziehung zu Gott haben und seine Gegenwart spüren, wo ich doch nicht einmal eine zu meinem eigenen Vater haben konnte? Ich setzte meinen Vater mit Gott gleich, und da mein Vater uns schlimme Dinge angetan hatte, würde Gott das ebenfalls tun. Mein Vater hatte sich nie um uns oder sonst wen gekümmert. Also musste Gott auch so sein. Und wenn Gott wirklich allmächtig war, warum hatte er unser Unglück nicht verhindert?

Ich dachte über viele Dinge in meinem Leben nach, die Gott zugelassen hatte. Wie konnte er da ein guter Gott sein? Ich ging dem Hass, den ich auf meinen Vater hatte, auf den Grund. Warum hasste ich ihn? Er hatte unsere Familie verraten, indem er Affären und sogar Kinder mit anderen Frauen hatte. Er trank und verspielte unsere Ersparnisse. Die ganze Familie litt unter ihm und machte seinetwegen schwere Zeiten durch. Aber das Schlimmste war, dass er ein Verbrecher war und erschossen wurde. Ein weiteres Unglück, das nie hätte geschehen dürfen.«

Bevor Larry seinem Vater vergeben konnte, musste er die Wahrheit herausfinden und all die intensiven Gefühle durchleben, die sich in ihm angestaut hatten. In dieser Zeit spürte er seine Verletztheit und den tiefen Schmerz über die erlebten Ungerechtigkeiten.

Traumatisierte Menschen verleugnen oft die schmerzliche Situation, weil sie sie nicht wahrhaben wollen. Zuerst wollte Larry das Geschehene verleugnen, aber dann wurde er von Wut und Hass überwältigt. Und schließlich versagten seine Schutzmechanismen. Nun sah er die Ungerechtigkeiten, die geschehen waren, und durchlebte all die negativen Gefühle auf einmal. Früher hatte Larry in seinem Vater einen Kriegshelden gesehen. Später beschrieb er ihn als einen Kriminellen, der wegen seiner eigenen Machenschaften ermordet worden war und der durch sein verantwortungsloses Verhalten vielen Menschen Leid und Schaden zugefügt hatte.

Es ist ein wichtiger Schritt im Vergebungsprozess, sich der Wahrheit zu stellen, statt das Geschehene zu verleugnen. Zum ersten Mal konnte Larry seine Wut, seinen Hass und seine Schuldgefühle spüren. Er schrieb während seines Heilungsprozesses alle Gründe auf, aus denen er seinen Vater hasste. Er setzte sich mit der Untreue seines Vaters auseinander, die seiner Mutter so viel Kummer bereitet hatte, mit seinen Straftaten. Er schrieb nieder, wie es war, ohne Vater aufzuwachsen. Bei der Auseinandersetzung mit seiner Wut kam viel emotionaler Schmerz in ihm hoch. Lange Zeit hatte er weder sich selbst noch anderen gegenüber zugeben können, wie verzweifelt er innerlich war. Als er sich seiner Gefühle bewusst wurde und akzeptierte, dass das Geschehene ihn für immer verändert hatte, konnte er seinen Schmerz allmählich zulassen. Das zeigte sich, als er eines Tages bei dem Film *Zeit der Zärtlichkeit* zu weinen begann, weil sein Vater tot war. »Ich weinte nicht wegen des Films, sondern weil diese kleinen Jungen ihre Mutter sterben sahen. Ich dachte an meinen Vater.« Endlich gestand Larry sich ein, wie sehr das Geschehene ihn belastete. Er musste über seinen Schmerz sprechen. Er konnte dem inneren Druck, unter dem er stand, nicht länger standhalten.

Als Larry herausfand, dass die Geschichte, die man ihm über den Tod seines Vaters erzählt hatte, gar nicht stimmte, fuhr er in seine Heimatstadt zurück und besorgte sich die Zeitungsartikel über den Vorfall. Die Gefühle, die in ihm hochkamen, überwältigten ihn: Schmerz, Wut, das Gefühl, ungerecht behandelt worden zu sein.

Larry erzählte, was geschah: »Ich las den Nachruf und die Predigt, die bei der Beerdigung meines Vaters gehalten wurde. Ich hatte den Eindruck, dass darin von zwei verschiedenen Personen die Rede war. Da war der Mann an der Oberfläche, den jeder sah, und ein zweiter, den niemand wirklich kannte. Als ich die Zeitungen las, erfuhr ich die Wahrheit. Es war klar, dass mein Vater in das Haus eingedrungen war und dass der Mann im Rollstuhl ihn erschoss, um seine Frau vor ihm zu beschützen. Mein Vater hatte eine Affäre mit dieser Frau gehabt. Das brach meiner Mutter das Herz. Was hat er ihr nicht alles angetan?

Es war hart für sie, sieben Kinder alleine großzuziehen, besonders in den Sechziger- und Siebzigerjahren. Nach dem Tod meines Vaters begann meine Mutter zu trinken. Sie wurde extrem ausfallend, wenn sie betrunken war. Mein Leben wurde von den Alkoholexzessen meiner Mutter bestimmt. Meine beiden kleineren Schwestern und ich konnten nicht vor ihr fliehen wie meine älteren Geschwister. Wenn sie uns schlug, war niemand da, der uns beschützte. Doch wenn sie nüchtern war, war sie ein Engel.

Ich habe meiner Mutter das alles verziehen. Ehrlich gesagt habe ich es ihr nie vorgeworfen, denn als ich älter wurde, erkannte ich allmählich, dass es nicht ihre Schuld war. Ich konnte sie verstehen. Das Leid, das sie durchmachen musste, war der Hauptgrund für meinen Hass auf meinen Vater. Wenn jemand mehr über meinen Vater wissen wollte, sagte ich, dass er ein Scheißkerl war, der meine Mutter betrogen und das Geld der Familie verspielt hatte, dass er erschossen wurde, weil er sich an den falschen Orten herumtrieb, dass er bekam, was er verdiente, weil er nur Leid über die Familie gebracht hatte, und dass ich froh war, dass er tot war.«

Während ich mit Larry redete, spürte ich die Veränderungen, die in ihm vorgingen. Er erkannte die ganze Wahrheit über seinen Vater an. Besonders als er über das Leid sprach, das sein Vater der Familie zugefügt hatte, zeigte sich sein Schmerz. In dieser Phase des Vergebungsprozesses ist es nicht ungewöhnlich, dass ein Opfer, das tief verletzt wurde, seine Situation mit der des Täters vergleicht, der ohne Verletzungen davonkam. Als Larry mehr Fragen zu stellen begann, wuchs sein Schmerz, und gleichzeitig sein Hass. Larry fuhr mit seiner Geschichte fort:

»Wenn ich meinem Vater wirklich vergeben wollte, musste ich die ganze Wahrheit herausfinden. Ich musste mit meinen Geschwistern reden und vor allem mit meiner Mutter, die die Wahrheit besser kannte als sonst irgendwer. Bei meinen Nachforschungen fand ich heraus, dass mein Vater zwei Jahre und einen Tag nach dem Abschluss seiner Lebensversicherungspolice über fünfzigtausend Dollar starb. Ich erfuhr, dass mein Vater ein bekannter Geschäftsmann gewesen war. Er hatte sich auf illegale Geschäfte, Glücksspiele und viele andere zwielichtige Dinge eingelassen. Irgendwann wurde ihm klar, dass er sein Leben riskierte. Er hätte nur aussteigen können, wenn er über bestimmte Leute ausgepackt hätte, aber ihm war bewusst, dass er dann umgebracht werden würde. Ich weiß, dass der Nachbar meinen Vater gewarnt hatte, dass er ihn töten würde, sollte er sich je wieder in der Nähe seiner Frau zeigen. Mein Vater wartete also zwei Jahre und einen Tag, bis die Selbstmordklausel in seiner Versicherungspolice nicht mehr galt, bevor er das Nachbargrundstück betrat.

Es gibt viele Dinge, von denen ich nie etwas erfahren werde. Schließlich fand ich den Mut, mit meiner Mutter über die Vergangenheit zu reden, aber bedauerlicherweise kam es nie zu unserer gemeinsamen Aussprache. Ein paar Tage vor meinem geplanten Besuch hatte sie plötzlich einen Asthmaanfall, der einen bleibenden Hirnschaden hinterließ. Ich musste viele Lektionen lernen, um vergeben zu können. Es war ein schwieriger Prozess, der jeden Aspekt meines Lebens betraf. Aber jetzt kann ich sagen, dass es mir ehrlich leidtut, dass mein Vater tot ist.

Wenn wir uns ungerecht behandelt fühlen

Gerechtigkeit ist ein weiteres Thema, mit dem wir uns in dieser Phase beschäftigen müssen, um Verzeihen auf einer tiefen Ebene zu verstehen. Immer wenn das Leben uns Leid bringt, fühlen wir uns ungerecht behandelt. Larry und seine Familie empfanden das Verhalten und den Tod des Vaters als ungerecht. Dieses Gefühl kam immer wieder zum Ausdruck, während Larry seine Geschichte erzählte, und es vergrößerte seinen Hass auf seinen Vater. Kaum jemand würde bestreiten, dass dieses Gefühl berechtigt war. Leid ist für uns ein legitimer Grund für Vergeltung. Aber wann ist ein Angriff auf einen anderen Menschen gerechtfertigt und wann nicht?

Wenn wir an der Vorstellung festhalten, dass wir ungerecht behandelt werden, lassen wir zu, dass wir zum Opfer werden. Es gibt zwar Situationen, in denen wir uns mit gutem Grund benachteiligt fühlen, doch wenn wir diese Gefühle nicht bereits in uns hätten, würden solche Situationen uns nicht so lange quälen. Wir fühlen uns ungerecht behandelt, weil wir denken, dass nur andere uns etwas wegnehmen oder vorenthalten können, nicht wir selbst. Wir erkennen nicht, dass wir etwas von uns selbst aufgegeben haben: Durch unsere starke Identifikation mit selbst gesetzten Grenzen, zum Beispiel mit der Überzeugung, ein Opfer zu sein, haben wir unsere Ganzheit geopfert, und das ist der tiefere Grund, warum wir etwas als ungerecht empfinden.

Larry war in der Opferrolle gefangen. Viele von uns neigen dazu, sich wie Larry als »armes Opfer« zu betrachten. Wir halten an dieser Vorstellung fest, um uns unschuldig fühlen zu können und gleichzeitig den anderen zum »Schuldigen« zu machen. In Wirklichkeit haben wir ein ungerechtfertigtes Urteil über jemanden gefällt, um unseren Schmerz und unsere Schuldgefühle nicht spüren zu müssen. Durch unsere Urteile wird die Welt zu einem bedrohlichen Ort. Doch wenn wir eine Ungerechtigkeit in unserem inneren Licht betrachten und lernen, sie anders zu sehen, weicht das Gefühl, ungerecht behandelt worden zu sein, wahrer Gerechtigkeit und Liebe.

Ein weiteres Thema in dieser Phase des Vergebungsprozesses ist das Thema der Kontrolle oder die Frage, wer die »Autorität« in unserem Leben ist. Es geht um den Konflikt zwischen der sehr begrenzten Perspektive unseres Ichzustands und der spirituellen Sicht unserer göttlichen Natur. Wie die meisten von uns identifizierte Larry sich sehr stark mit seinem Ichbewusstsein. Er glaubte, der Schöpfer seines Lebens zu sein und alles unter Kontrolle zu haben, was ihm widerfuhr. Mit der Meinung, sein Leben selbst zu bestimmen, ist er nicht allein. Wir empfinden uns alle als die »Autorität«, die entscheidet, was in unserem Leben geschieht. Larry war so sehr in dieser Denkweise gefangen, dass er seine wahre Identität aus den Augen verlor. Es war nicht verwunderlich, dass er von Ängsten gequält wurde, denn er war unfähig, sich ganz anzunehmen. Dieser innere Konflikt raubte ihm den Seelenfrieden.

Es stimmt, dass wir aufgrund unserer Wahrnehmungen diejenigen sind, die unserer Welt Bedeutung verleihen. Ein Konflikt entsteht, wenn wir unser Ego mit der schöpferischen Intelligenz in uns verwechseln. Larry setzte sich intensiv mit der Frage auseinander, wer die »Autorität« in seinem Leben war, wer es wirklich bestimmte. Er fragte sich:

»Bestimme ich alles selbst?«

»Bestimmt mein Vater mein Leben?«

»Weiß Gott, was geschieht, und bestimmt er alles?«

»Ließ Gott zu, dass im Leben meines Vaters gewisse Dinge geschahen, damit ich ein besseres Leben führen konnte?«

Eigentlich fragte Larry sich, wer der Urheber unseres Daseins ist und bestimmt, was uns widerfährt. Bisher hatte er geglaubt, dass er sein Leben selbst bestimmte. Mit der Unsicherheit, die ihn beschlich, kam ihm eine tiefe Erkenntnis. Wenn wir das Wirken und die Macht der schöpferischen Intelligenz leugnen, können wir nur Teile von uns sehen. Wir geraten in Schwierigkeiten, wenn wir glauben, die Macht der schöpferischen Intelligenz an uns reißen zu können.

Larry schlug sich lange mit diesem Thema herum. Auf seiner Suche nach der Wahrheit erkannte er schließlich, dass tatsächlich eine höhere Macht die Autorität in seinem Leben war. Larry musste einsehen, dass er nicht alles in seinem Leben selbst bestimmen konnte. Wenn er nicht wissen konnte, was ihm oder anderen Menschen in der Zukunft widerfahren würde, wie sollte er dann wissen, was jetzt das Beste für ihn oder andere war? Und wie konnte er dann einen Groll gegen seinen Vater hegen oder mit Gott hadern, weil er all diese Dinge geschehen ließ? Larrys ganzes Denken veränderte sich, als er über das, was ihn im Innersten bewegte, zu sprechen begann.

»Plötzlich begriff ich, dass das Leben nur dann gerecht wäre, wenn wir alle gleich viele Tage zu leben hätten, wenn wir alle dasselbe Leid und dasselbe Glück erfahren würden, wenn wir alle dieselben Krankheiten und gleich viele Erkältungen bekämen. Und wenn mein Kind mit zwei Jahren sterben würde, müssten alle anderen Kinder auch mit zwei Jahren sterben. Das Leben wäre nur gerecht, wenn wir alle zur selben Zeit unseres Lebens dieselben Erfahrungen machen würden. Nur wenn jeder zum Beispiel im Alter von siebenundvierzig Jahren, drei Monaten und zwei Tagen sterben würde, könnte Gott in unserem Leben gerecht sein.

Aber wenn wir begreifen, dass wir seine Geschöpfe sind, dann verstehen wir, dass er mit uns das tut, was er aus seinen Gründen für richtig erachtet, und nicht unbedingt das, was zu unserem Vorteil zu sein scheint. Ich wollte alles so haben, wie ich es mir vorstellte, aber so funktioniert das Leben nicht. Ich bin jemand, der alles unter Kontrolle haben will. Damit werde ich wahrscheinlich immer zu kämpfen haben. Erst als ich wirklich bereit war, mich mit Fragen der Macht und der Urheberschaft auseinanderzusetzen und auf eine unendliche Weisheit zu vertrauen, die bestimmt, wann ich sterbe und welche Erfahrungen für mich wichtig sind, fand ich allmählich Frieden.

Natürlich werden wir immer geprüft, um zu sehen, ob wir unsere Lektionen gut gelernt haben, und meine Prüfung zum Thema Macht war nicht gerade leicht. Mein Sohn war noch sehr klein, als er an Leukämie erkrankte. Das war ein Schock für mich. Wozu sollte es gut sein, dass mein Sohn Krebs hatte? Nein, das durfte nicht sein. Ich wollte alles selbst in die Hand nehmen. Doch als ich wirklich einsah, dass ich nicht die Macht hatte, Trents Schicksal zu ändern, und akzeptierte, dass da eine größere Macht am Werke war, deren unendliche Weisheit ich nicht verstehen konnte, wurde mein Sohn wieder gesund. Das war so ein Wunder, dass ich nicht länger leugnen konnte, dass es eine ›höhere Weisheit‹ gab«, sagt Larry.

Es kommt eine Zeit, in der wir fähig sind, das Geschehene neu zu überdenken, vor allem unser Bild vom Täter. Wenn wir besser verstehen, wer er aufgrund seiner Vorgeschichte und seiner Erfahrungen ist, sind wir fähig, unsere Sicht der Situation zu ändern. Wir erkennen seine Verletztheit. Vielleicht können wir uns sogar in ihn hineinversetzen und Mitgefühl für ihn entwickeln. In dieser Phase ist der größte Beweis unserer Reife die Entscheidung, den Schmerz anzunehmen und so den Teufelskreis von Hass und Rache zu beenden, durch den unsere Traumata an andere weitergegeben werden. Den meisten Menschen fällt dieser Schritt extrem schwer, aber durch ihn erfahren wir die tatsächliche Heilung. Larry bewältigte ihn folgendermaßen:

»Ich fand heraus, dass mein Vater nicht bei seinem eigenen Vater aufwuchs. Die Mutter meines Vaters starb, als er vier oder fünf Jahre alt war. Sein Vater wollte ihn nicht bei sich haben, deshalb zog sein Onkel ihn groß. Mir wurde klar, dass mein Vater Probleme hatte, von denen ich nichts wusste. Ich würde nie erfahren, was er durchgemacht hatte.

Als ich beschloss, meinem Vater zu vergeben, erkannte ich, *dass ich meinen Schmerz akzeptieren musste, um ihn zu überwinden.* Ich wusste, dass ich die Untreue meines Vaters und den Kummer, den er meiner Mutter bereitet hatte, hinnehmen musste. Ich wusste, dass meine Mutter meinen Vater sehr liebte, obwohl er ihre Gefühle nicht zu erwidern schien. Ich musste akzeptieren, dass meine Mutter hauptsächlich seinetwegen zur Alkoholikerin wurde. Aber ich erkannte auch, dass es ihre Entscheidung war, ihren Schmerz mit Alkohol zu betäuben. Ich musste akzeptieren, dass mein Vater mir auch meine Mutter wegnahm. Wenn ich sehe, wie gut es meine Kinder mit meiner Frau haben, wird mir klar, was mir fehlte. Ich hatte eine harte Kindheit und schon als kleiner Junge viele Verpflichtungen. Ich musste akzeptieren, dass auch meine Geschwister wegen meinem Vater viel Schmerz und Leid zu ertragen hatten. Ich musste akzeptieren, dass meine Kindheit sehr kurz war. Ich musste akzeptieren, dass meine Kinder keinen Großvater hatten, weil er starb, bevor sie geboren wurden. Ich musste sogar die Schande akzeptieren, die er meiner Familie bereitet hatte.«

Wann erreichen wir den Punkt, an dem wir unsere Wut und unseren Schmerz endlich überwinden wollen? Wann haben wir genug? Wann entscheiden wir uns für Verzeihen? Diese Entscheidung treffen wir, wenn wir die ganze Zeit mit unserem Schmerz kämpfen und ihn einfach nicht länger ertragen können. Wir haben so viel Angst, Wut und Hass in uns aufgestaut, dass wir davon krank werden. Unser seelischer Schmerz hat unsere Widerstandskraft geschwächt. Unsere Abwehrmechanismen funktionieren allmählich nicht mehr. Wir erreichen eine Belastungsgrenze, an der wir sagen: ›Was zu viel ist, ist zu viel.‹ An diesem Punkt fragen wir uns: ›Kann ich die Situation anders sehen?‹ Wenn wir dazu bereit sind, lernen wir, über Verhaltensweisen anderer hinwegzusehen, die Ausdruck ihrer seelischen Last sind. Wir ändern unsere Einstellung, weil wir erkennen, dass das, was wir zu sehen glauben, möglicherweise nicht die wirkliche Situation ist. Diese Erkenntnis führt zur nächsten Phase des Vergebungsprozesses, in der wir inneren Frieden finden.

Inneren Frieden finden

Verzeihen ist eine Entscheidung. Es ist eine Wahl, die wir treffen, um die Vergangenheit hinter uns lassen zu können. Wenn wir durch schmerzliche Erinnerungen hindurchgehen, beginnen wir, schließlich die Dinge in einem anderen Licht zu sehen. So war es auch bei Larry. In einem Gespräch mit seinem Bruder David redete er über sehr schmerzliche Erinnerungen. Zornerfüllt erklärte er David, wie sehr er ihren Vater hasste, vor allem wegen des Leids, das er ihrer Mutter zugefügt hatte. Während Larry David erzählte, was für schreckliche Dinge ihr Vater getan hatte, sah David ihn ungläubig an. Dann sagte er: »Larry, wenn du wüsstest, wie sehr Vater dich geliebt hat und was er alles für dich tat.« Das machte Larry nachdenklich. Nun erzählte er seinem Bruder von seiner Wut und den Problemen, die er mit seinem Glauben an Gott hatte. David unterbrach ihn erneut. »Hast du dir je überlegt, dass Gott unseren Vater vielleicht wegholte, um uns zu beschützen, um das Leid, das er anderen Leuten zufügte, zu beenden? Unser Vater verursachte so viel Kummer. Irgendwann sagte sich Gott, das müsse ein Ende haben. Und es gab keinen anderen Weg, dieses Leid zu beenden, als Vater das Leben zu nehmen, denn er hätte sich nicht geändert. Gott tat das, damit Vater Mutter und uns nicht mehr verletzen konnte.«

Das verschlug Larry die Sprache. So hatte er den Tod seines Vaters noch nie gesehen. Außerdem war er sehr müde, weil er schon so lange die Last seiner Wut mit sich herumschleppte. In diesem Augenblick, in dem er sie endlich loswerden wollte, konnte er seinem Bruder zuhören und die Situation neu sehen. Das war ein Wendepunkt in seinem Leben. Perspektivenwechsel kann so zu einem Sinneswandel führen. Wir erkennen, dass unsere alten Strategien nicht funktionieren, und beginnen, Vergebung als eine Alternative zum Hass in Betracht zu ziehen. In der letzten Phase des Vergebungsprozesses erkennen wir vielleicht sogar einen tieferen Sinn in dem, was uns widerfuhr. In dieser Phase denken wir über uns selbst nach und sehen die Welt aus einer spirituellen Perspektive. Wir haben mehr Mitgefühl entwickelt, mit uns selbst und mit anderen Menschen. In dieser Phase erkennen wir auch, dass wir manchmal Vergebung brauchen. Wir begreifen, wie wichtig es ist, von anderen unterstützt zu werden. Der Höhepunkt dieser Phase kann eine innere Verwandlung sein, die uns ein neues Gefühl innerer Führung verleiht. An diesem Punkt kann das Paradoxe am Vergeben besonders deutlich werden: *Wenn wir anderen vorbehaltlos vergeben, werden wir selbst geheilt.* Larrys Vergebungsprozess endete folgendermaßen:

»Ich musste zugeben, dass sehr viel Schmerz in mir war. Und ich musste mit anderen über diesen Schmerz sprechen. Ich konnte ihn nicht länger unterdrücken. Ich sah, wie viel Schmerz ich anderen Menschen in meinem Leben zugefügt hatte. Ich musste meine Frau und mein Kind wegen meiner Wutanfälle um Vergebung bitten. Ich hatte meinen Sohn oft herabgesetzt. Ich musste feststellen, dass ich in vielerlei Hinsicht nicht anders war als mein Vater. Als ich wirklich begriff, wie sehr Gott mich liebte und dass er mir vergab, musste ich meinem Vater ebenfalls vergeben. Wenn wir wirklich an die Liebe und Gnade Gottes glauben, müssen wir sie an andere weitergeben, indem wir verzeihen.

Der Tod meines Vaters lehrte mich vieles. Da mein Vater so jung starb, verbringe ich so viel Zeit wie möglich mit meinen Kindern. Ich denke an meinen eigenen Tod. Ich nutze meine Zeit hier auf Erden und betrachte sie nicht als selbstverständlich. Ich bin mir bewusst, dass sie morgen schon zu Ende sein kann. Ich weiß nicht, was die Zukunft bringt. Und wenn morgen meine Stunde schlägt, sollen meine Söhne und meine Frau wissen, wer ich bin und dass ich sie geliebt habe.

Ich lernte noch etwas Wichtiges über Vergebung: Vergebung ist essenziell für den Umgang mit anderen Menschen. Wenn man selbst nicht vergeben kann, kann man von anderen auch keine Vergebung erwarten.

Wenn man nicht vergibt, bleibt man in seinen Hassgefühlen gefangen. Ob der andere das spürt oder nicht, man selbst spürt es und ist zu keiner wirklichen Beziehung zu ihm oder zu anderen fähig.

In Wirklichkeit ist es ein Zeichen von Hochmut, wenn man nicht vergibt. Man kann sich fragen, ob man lieber recht haben oder lieber glücklich sein will. Es ist ein Akt der Demut, jemanden um Verzeihung zu bitten. Man muss von seinem hohen Ross herabsteigen, um sagen zu können: ›Es tut mir leid. Ich bitte um Verzeihung.‹

Sobald ich fähig war, jemanden um Verzeihung zu bitten, den ich verletzt hatte, fiel eine Last von mir ab. Ich empfand eine tiefe Erleichterung. Verzeihen öffnet allen Beteiligten die Tür zu einem tieferen Verständnis. Sie verleiht uns ein Gefühl der Ganzheit und Freiheit und vertieft Gefühle der Verbundenheit und der Empathie. Oft wollen wir uns gar nicht in andere hineinversetzen, schon gar nicht in Täter. Wir wollen nichts von dem Leid wissen, das sie zu einem so abscheulichen Verhalten trieb. Wir wollen nicht einsehen, dass ihr verbogener Geist die Folge des persönlichen Leids ist, in dem sie gefangen sind. Doch wenn man bereit ist, sich in sie hineinzuversetzen und nachzuempfinden, was in ihnen vorgeht, ohne über sie zu richten, geschieht etwas Erstaunliches und Wunderbares. Man erlebt ein Gefühl der Befreiung. Als ich wirklich bereit war, zu verstehen, wo mein Vater herkam und was ihn zu dem Menschen machte, der er war, überwand ich nicht nur meine Wut, sondern auch meine Angst vor dem Tod. Jetzt habe ich ein völlig anderes Bild von meinem Vater.

Derjenige, der am meisten unter einer nicht vergebenen Schuld leidet, muss vergeben – nicht der andere. Das mag befremdlich klingen und wird wahrscheinlich in manchen Leuten Widerstand hervorrufen. Das ist das Paradox des Vergebens. Wenn wir an starken negativen Gefühlen festhalten, zeigt uns das, dass wir verletzt sind und Heilung brauchen. Verzeihen hilft nicht dem Täter, sondern uns selbst, Schmerz und Leid zu überwinden. Erst als ich fähig war, meine Wut und meinen Hass auf meinen Vater zu überwinden, konnte ich ihn anders sehen. Deswegen geht es mir jetzt besser. Jetzt kann ich fühlen, dass ich ihn vermisse. Das bereichert mein Leben und hat auch positive Auswirkungen auf meine Beziehungen zu meiner Frau und meinen Kindern. Meine Fähigkeit, zu lieben, ist gewachsen. Es geht mir jetzt viel besser, weil das Fundament meiner Beziehung zu meinen Kindern Vergebung ist, etwas, das ich meinem Vater nicht zuteilwerden lassen konnte.«

Vielleicht besteht der Zweck des Lebens darin, uns Gelegenheiten zu geben, uns bewusst dafür zu entscheiden, auf unsere innere Natur zu hören und zu erfahren, wie heilsam das ist. Das können wir nur durch völlige Vergebung erfahren. Verzeihen lehrt uns, wie wir unser Denken ändern können, wie wir von einer Weltsicht, die auf Angst beruht, zu einer von unserer Göttlichkeit inspirierten gelangen. Sie ist ein Prozess, der unser Denken heilt. Das Ergebnis dieser Heilung sind Liebe, Freude und echtes Mitgefühl.

Wenn wir eine spirituelle Sichtweise entwickeln, begreifen wir, dass keine Notwendigkeit besteht, anderen gegenüber eine Abwehrhaltung einzunehmen. Wir erkennen die innere Schönheit unserer Mitmenschen und unsere eigene. Wir sind fähig, Selbsttäuschungen zu durchschauen und zu sehen, wer wir wirklich sind. Das ist eines der größten Geschenke, mit denen wir belohnt werden, wenn wir Vergebung üben, dass wir unser inneres Licht freisetzen.

Am Anfang dieses Prozesses empfinden wir Angst. Wir fürchten uns vor dem, was unsere spirituelle Sicht uns vor Augen führen könnte. Wir verstehen noch nicht, dass sie uns nicht nur erkennen lässt, welche Fehler wir begingen, sondern uns vor allem unser wahres Ich offenbart. Unsere Furcht vor dem Heilungsprozess ist eine Abwehrreaktion, weil wir noch nicht akzeptiert haben, dass wir Heilung nötig haben. Unsere Sicht nach innen wird verdeckt, weil wir es nicht ertragen können, unser verletztes Selbst zu sehen. Aber das müssen wir, um uns wirklich geliebt fühlen zu können.

Heilung beruht auf der Bereitschaft, unser Herz für andere zu öffnen, und lässt uns deren innere Vollkommenheit wahrnehmen, selbst wenn wir sie in uns selbst noch nicht erkennen können. Verzeihen ist eine Form von Nächstenliebe, und sie ist gleichzeitig Barmherzigkeit mit uns selbst. Das ist das größte Paradox von allen. Um anderen Gutes zu tun, sind wir gut zu uns selbst. Das war die wichtigste Lektion, die Larry Mathis lernte.

6   Wie man die Wut überwindet –
Kate Wilsons Geschichte

»Wo wäre deine Stärke ohne deine Wunden?«

THORNTON WILDER

Die Hauptaufgabe von Schritt 3 ist die Überwindung der Wut. Solange wir uns diesem mächtigen Gefühl nicht stellen und damit umgehen lernen, ist Vergebung unmöglich. Die Schwierigkeit liegt darin, zu verstehen, was unsere Wut uns zu sagen versucht. Wut kann uns ein Gefühl der Stärke geben. Vielleicht glauben wir sogar, dass es uns besser geht, wenn wir wütend sind, doch unsere Wut zerstört unser Glück und das anderer. Auch eine verdrängte Wut, die unter der Oberfläche lauert, kann unser Leben negativ beeinflussen.

Wir haben alle ein gewisses Maß an Wut in uns und hegen Ressentiments gegen andere. Die Gründe sind verschieden: eine schwere Beleidigung, erlebte körperliche Gewalt, eine Scheidung oder ein Vertrauensbruch. Doch einen Groll zu hegen, nützt nichts. Immer wenn wir uns in Erinnerung rufen, wie jemand uns verletzte, *verletzen wir nur uns selbst.* Wenn wir das Geschehene immer wieder vor unserem geistigen Auge ablaufen lassen, wächst unsere Wut immer weiter, und wir wollen uns rächen. Wenn Leute uns verletzen, müssen wir uns daran erinnern, dass sie das tun, weil sie unter einem Schmerz oder Mangel leiden. Sie handeln aus ihrer eigenen Bedrängnis und Verletztheit heraus. Wenn wir uns entscheiden, jemandem zu vergeben, gegen den wir einen Hass oder Groll hegten, bedeutet das, dass wir aufhören, unsere Energie auf negative Emotionen zu verschwenden. Es heißt nicht, dass wir das Verhalten dieses Menschen billigen oder dass wir das Problem ignorieren. Es bedeutet vielmehr, dass wir bei der Erforschung unseres eigenen Verhaltens erkennen, dass wir nur zu oft bedauern, was wir getan haben. Wir würden uns wünschen, dass andere uns unsere Fehler nachsehen, und hoffen, dass sie uns ebenfalls vergeben.

In diesem Kapitel werden wir eine Frau namens Kate kennenlernen, die viel über Wut weiß. Ihre Wut schadete ihrer Gesundheit so sehr, dass sie sie zerstört hätte, wenn sie nichts dagegen unternommen hätte. Kates Geschichte zeigt uns, wie Wut sich äußert, und wie wir ihre Energie nutzen können, um uns selbst zu heilen und vergeben zu lernen. Hier ist Kates Geschichte:

»Ich wurde als letztes Kind einer großen Familie geboren, deren Oberhaupt eine bekannte Autorität der Mormonenkirche war. Mein Vater wurde als Kind schwer traumatisiert, als seine Mutter ihn sexuell missbrauchte. Später machte er im Zweiten Weltkrieg weitere extrem traumatische Erfahrungen. Er hatte sich vor dem Kriegseintritt der USA freiwillig zur britischen Luftwaffe gemeldet. Da er mehrere europäische Sprachen sprach, wurde er während des Krieges als Spion hinter den deutschen Linien eingesetzt. Meinem Vater gelang es, den Krieg zu überleben, aber er musste viele Gräueltaten mit ansehen. An einigen war er sogar selbst beteiligt, unter anderem an Vergewaltigungen. Er ist inzwischen neunzig und hat nachts oft Flashbacks vom Krieg. Ich vermute, seine traumatische Kindheit ist der Hauptgrund, warum er seine Kriegserlebnisse nie wirklich bewältigen konnte.

Hinzu kommen seine fanatischen religiösen Überzeugungen, etwa dass Gott würdige Männer auserwählt und ihnen Jungfrauen gibt. Die Mormonen glauben, dass Gott durch Menschen handelt. Nach ihren seltsamen Lehren dürfen diese Auserwählten Macht ausüben, bestrafen und jede Frau sexuell besitzen. So begann die Polygamie bei den Mormonen.

Als ich fünf Jahre alt war, beschloss mein Vater, die Rituale des *Buchs der Toten* nachzuvollziehen. Das ist eine ägyptische Schrift über das Leben nach dem Tod. Mein Vater glaubte wohl, er könnte irgendeine metaphysische Tür durchschreiten, wenn er die darin beschriebenen Rituale nachvollzog. In dem Buch geht es unter anderem um Menschenopfer. Mein Vater kam auf die Idee, dass Sex eine Art Tod war und dass er aus mir ein Menschenopfer machen konnte, indem er mich nicht tötete, sondern vergewaltigte. Ich erinnere mich noch, dass er mich fesselte und zu mir sagte, dass ich ein Opfer sei, dass Gott ihm diese Tat befohlen habe, und dass ich das absolut geheim halten müsse. Zum Glück verdrängte ich es fast sofort, bis ich etwa achtundzwanzig war. Allerdings hatte ich immer wieder Flashbacks. Angeblich erzählte ich auf der Highschool sogar Freunden davon, aber das weiß ich nicht mehr. Ich kann mich nicht einmal ver-

schwommen daran erinnern, dass mein Vater mich vergewaltigte. Es ist schon erstaunlich, was der Geist alles tut, um
sich zu schützen.

Der Missbrauch ging etwa zwei Jahre lang weiter. Ich weiß
nicht, wie oft mein Vater mich vergewaltigte, aber ich erinnere mich, dass ich als Sechsjährige entschlossen war, zu
sterben. Ich hielt mich für ein sehr böses Kind, das nicht
verdient hatte, zu leben. Ich meinte, ich dürfte weder essen
noch schlafen noch sonst etwas Lebenserhaltendes tun. Ich
hatte schlimme Schlafstörungen und war klinisch depressiv,
bis ich ungefähr achtzehn war. Ich glaube nicht, dass ich zwischen meinem fünften und meinem achtzehnten Lebensjahr
jemals glücklich war! Ich hatte immer nur den Wunsch, zu
sterben, damit endlich alles vorbei wäre.

Als ich neun war, belästigte mich ein Nachbar. Ich erinnere mich, dass er mich in sein Zimmer zerrte und die Tür
verriegelte. Was drinnen geschah, wird mir vielleicht immer
unklar bleiben, aber ich weiß noch, wie ich herauskam. Ich
habe also nicht alles vergessen. Er sagte zu mir, er würde wie-
derkommen, wenn ich achtzehn sei. Ich hielt Selbstmord
zwar für eine Sünde, aber ich dachte, dass Essen für mich
auch eine Sünde sei, dass man nur essen durfte, wenn man
die Berechtigung zu leben hatte. So hörte ich mit vierzehn
Jahren auf, zu essen, und verlor etwa dreißig Prozent meines
Körpergewichts. Ich bin eins achtundsechzig groß und wog
weniger als neunzig Pfund. Als ich mit siebzehn aufs College
ging, wurde es erst richtig schlimm. In jenem Jahr hatte ich
wirklich vor, mich zu Tode zu hungern. Doch ein Teil von
mir wollte nicht sterben.

Schließlich brachte mein ältester Bruder mich zu einem Therapeuten. Der Therapeut wusste wenig über sexuellen Missbrauch, aber weil er sehr freundlich und verständnisvoll war, wurde er für mich zu der positiven Vaterfigur, die mir so gefehlt hatte. Das war wirklich eine erstaunliche Erfahrung für mich. Zum ersten Mal erlebte ich die Welt nicht mehr als völlig sinnlos, grausam und trostlos.

Mit zwanzig heiratete ich. Wenn ich mit meinem Mann zusammen war, hatte ich immer wieder Flashbacks. Bis heute ist meine Beziehung zu meinem Mann nicht unbelastet. Manchmal kommt er ins Zimmer, und ein Teil von mir gerät in Panik, vor allem wenn es dunkel ist, oder wenn andere Umstände Erinnerungen an meinen Vater wachrufen. Ehe ich weiß, wie mir geschieht, weiche ich schreiend in die hinterste Ecke des Zimmers zurück und halte schützend die Arme vor mich.

Meine tiefste Heilung begann, als ich mit meinem Sohn schwanger war. Er wurde mit dem Down-Syndrom geboren. Ich machte eine Entwicklung durch, die mein Glaubenssystem völlig veränderte. Ich erkannte zum ersten Mal, dass ausnahmslos jedes Kind es verdient, geliebt zu werden. So machte ich während meiner Schwangerschaft einige sehr tiefe spirituelle Erfahrungen.

Doch in mir war immer noch eine tiefe Traurigkeit. Ich war zwar nicht mehr klinisch depressiv, aber die ganze Zeit niedergeschlagen, ohne zu wissen warum. Ich wartete immer, bis alle schlafen gingen. Dann saß ich wach und weinte stundenlang. Jeder Tag war ein Marathon. Es war unendlich anstrengend, ihn mit einem Lächeln auf dem Gesicht durchzustehen, bis meine Kinder und mein Mann schlafen gingen und ich endlich weinen konnte. Ich hätte in meinen Zwanzigern immer nur geweint, wenn es nach mir gegangen wäre.

Als ich mich mit fünfundzwanzig endlich zu erinnern begann, wurde mir vieles klar. Mein Mann war sehr erleichtert, weil er endlich verstand, warum ich manchmal so seltsam auf ihn reagierte und wir sexuelle Probleme hatten. Es passte alles zusammen.

Meine Leidensgeschichte ging noch drei oder vier schlimme Jahre lang weiter, aber nicht, weil ich mich nun erinnern konnte, sondern weil ich etwas sehr Schwieriges zu bewältigen hatte und erneut verletzt wurde, als ich Hilfe suchte. Ich hatte ein paar sehr enge Freunde, denen ich von meinen schlimmen Erinnerungen erzählte. Doch sie alle sagten nur, dass ich das niemandem erzählen dürfe, und erklärten mir, dass und warum die Mormonenkirche für sie nach wie vor die wahre Kirche sei. Statt mir beizustehen, hielten die Leute mir nur die üblichen Vorträge, warum sie Mormonen waren. Ich hatte das Gefühl, keinem mehr vertrauen zu können. Ich fand in der Gemeinde keinen Therapeuten, der es wagte, mit mir zu arbeiten. Alle hatten entweder selbst schon Patienten gehabt, die von schweren Verfehlungen hoher Kirchenmänner berichtet hatten, oder sie hatten zumindest davon gehört. Die Kirche hatte Therapeuten schon zur Aufgabe ihrer Praxen gezwungen, nur weil sie solche Patienten angenommen hatten oder weil sie sie nicht zum Schweigen gebracht hatten.

Schließlich wurde ich zwar in eine Therapiegruppe aufgenommen, doch ich durfte nicht über den Missbrauch reden. Die Therapeutin hatte Angst, ihren Job zu verlieren, wenn ich in der Gruppe über meine Erinnerungen redete und die Kirche irgendwie davon erfuhr. So saß ich drei Jahre lang nur dabei und redete über die Probleme anderer Leute. Eines Tages hielt ich es nicht mehr aus. Nach drei Jahren Gruppentherapie brach ich schließlich zusammen und erzählte meine Geschichte. Natürlich war ich noch immer unsicher, was den Missbrauch betraf. Ich fragte mich, ob ich vielleicht einen unschuldigen Mann anklagte. Ich suchte nach anderen Erklärungen, fand aber keine. Ich glaube nicht, dass ich die intensiven somatischen Erinnerungen und die schweren emotionalen Störungen, die das Trauma hervorrief, hätte vortäuschen können. Doch es ist sehr schwer, zu seiner Geschichte zu stehen, besonders wenn so viele Leute einem unterstellen, dass man sie erfunden hat, und wenn man als Kind aus Selbstschutz die eigene Wirklichkeit verleugnen musste.

In der Gruppe legte man mir nahe, den Staat Utah zu verlassen, wenn ich meine Vergangenheit bewältigen wollte. Ich ging also weg, und von da an ging es mir besser.«

Die Botschaft der Wut

»Ich war erst fünf Jahre alt, ein wehrloses kleines Kind, als mein Vater all meine Lebensfreude und meinen Lebenswillen auslöschte. Aber was er mir nicht nehmen konnte, war meine Wut, obwohl ich noch so jung war. Der wütende Teil von mir wusste, was er tat. Die Wut war auch noch in mir, als ich als Teenager alles tat, um zu verhungern. Ich weiß noch, dass ich oft zusammenbrach, weil ich zwei Wochen nichts gegessen hatte. Ich lief hundertsechzig Kilometer in der Woche. Ich war nur noch Haut und Knochen, ein Wrack. Wenn ich zusammenbrach, dachte ich: Gut, jetzt sterbe ich endlich. Doch ein Teil von mir wollte nicht sterben: meine Wut. Tief in mir brannte sie wie eine kleine, aber hell lodernde Flamme. Sie war das Einzige, was mich am Leben erhielt. Das Seltsame ist, dass ich nie Wut zum Ausdruck brachte und nie meine Stimme gegen meinen Vater oder meine Mutter erhob, nicht einmal im Streit. Ich hatte nie eine rebellische Phase. Ich versuchte, immer nett zu allen zu sein. Wegen meines geringen Selbstwertgefühls brachte ich meinen Zorn nie zum Ausdruck. Mir war nicht einmal bewusst, dass ich wütend war. Meine Wut wurde mir erst klar, als mein Mann mich eines Tages zu umarmen versuchte. Ich schob ihn weg, aber er hielt mich fest und wollte mich nicht loslassen. Ich versuchte, mich mit aller Kraft aus seinen Armen zu befreien, und fühlte auf einmal diese ungeheure Wut in mir aufsteigen. Plötzlich war ich wieder fünf Jahre alt. Die Erinnerung war zurück! Es war, als hätte ich all diese Erfahrungen in meinem Nervensystem gespeichert, aber als hätte mein Gehirn die Impulse nicht vollständig verarbeitet. Dreiundzwanzig Jahre später öffnete meine Wut das Tor, das diesen Erinnerungen den Weg in mein Bewusstsein versperrt hatte. *Meine Wut versuchte mich zu schützen.* Nur in diesem Zustand unbändiger Wut war ich sicher genug, um mich zu erinnern. Ich war nie aggressiv, aber *ich musste diese Wut annehmen und mir von ihr helfen lassen.*

In unserem Schlafzimmer stand eine lange Holzbank. Sie war schon alt und wurmstichig. In den folgenden drei Mo-

naten trat ich so oft auf sie ein, bis die dicken Bretter split-
terten und zerbrachen. Da war auch noch ein Vogelbad aus
Beton, das wir loswerden wollten. Ich nahm einen Vorschlag-
hammer und schlug das Ding zu Staub. Meine körperlichen
Schmerzen ließen nach, als ich es mir gestattete, meine Wut
zum Ausdruck zu bringen. Sonst bekam ich bei körperlichen
Anstrengungen immer starke Schmerzen. Doch als ich meinen Körper benutzte, um meiner Wut Gestalt zu geben, wurden die Schmerzen weniger. Mein Leben lang hatte ich so
furchtbare Angst vor meiner Wut und der anderer, dass ich
es mir nie gestattet hatte, zornig zu sein. Doch nun liebte ich
meine Wut. Und ich hatte jede Menge Wut in mir. Sie hielt
mich am Leben, war mein Sicherheitsventil. Die Wut war
ein Teil von mir. Wenn ich das verleugnete, konnte ich den
Schmerz nicht bewältigen. Bei meiner Auseinandersetzung
mit der Angst, dem Verrat, der Gewalt und dem Schmerz
musste viel Wut in mir hochkommen.

Ich begriff, dass ich auf meine Wut hören musste. Schließlich hatte sie mir geholfen, das alles durchzustehen. Sie zeigte mir, dass das, was mein Vater tat, falsch war. Die Wut sagte
mir auch noch andere Dinge: Wenn ich mich schuldig fühlte,
sagte sie: ›Nein, dein einziger Fehler war, dass du dem Kind
die Schuld gegeben hast, statt dem Mann, der es missbraucht
hat.‹ Meine Heilung war ein Prozess, bei dem ich durch meine Wut lernte. Sie sagte mir immer wieder: ›Du brauchst ein
sichereres Umfeld‹ oder ›Du musst aufhören, an diese Lüge
zu glauben‹. Ich wollte eine Veränderung. Deshalb verließ
ich Utah und brach mein Schweigen. Ich bekomme heute
noch lästige Anrufe und E-Mails von Leuten, denen ich nie

begegnet bin. Sie fragen mich: ›Wie können Sie solche An-schuldigungen gegen Ihren Vater erheben?‹ Ich frage dann immer: ›Und wer sind Sie?‹

Wut übermittelt uns eine Botschaft. Sie signalisiert, dass sich etwas ändern muss. Oft sind wir nicht bereit, darauf zu hören, was unsere Wut uns sagen will. Wir sind so sehr mit Schuldzuweisungen beschäftigt, dass wir uns nicht eingeste-hen wollen, dass sich auch in uns etwas ändern muss. Un-sere unbewussten Schuldgefühle kommen uns in die Que-re, und wir wollen uns nicht mit ihnen auseinandersetzen. Doch *wenn man sich nicht verändert, bleibt man in seiner Wut gefangen.* Die Wut fordert einen auf, seinem Leben eine an-dere Richtung zu geben, und wenn man das tut, hört die Wut auf. Man muss absolut ehrlich zu sich sein, um zu er-kennen, wie man sich verändern muss. Das ist der härteste Teil der Arbeit an der Wut. Und diese Ehrlichkeit öffnet die Tür für Vergebung.

Wir heilen erst von unserer Wut, wenn wir ihre Botschaft deutlich hören. Wenn wir ihre Funktion verstehen, dient sie einem wichtigen Zweck. Meine Wut wurde zum Kompass auf meinem Weg zur Heilung. Sie zeigte mir, wie viel Schmerz in meinem Herzen war, weil ich keine liebevollen Eltern hatte und jahrzehntelang in einem Universum mit einem bösen Gott lebte. Sie half mir, mir ein sicheres Umfeld zu schaffen, in dem ich trauern konnte. Und sie gab mir den Mut, mich zu verändern.

Bei der Arbeit an meiner Wut musste ich mich meinen Er-innerungen stellen und mich mit ihnen auseinandersetzen. Die Erinnerungen waren so schrecklich und drohten, mich zu überwältigen, wenn ich den Stress nicht durch körperliche Aktivitäten abbaute.

Ich machte Phasen durch, in denen ich glaubte, dass das alles gar nicht passiert war. Dann hatte ich plötzlich ohne Vorwarnung weitere Flashbacks. Sie waren so intensiv, als wäre es erst am Morgen passiert, und als müsste ich es noch einmal durchmachen. Ich bin sicher, dass dieser Verarbeitungsprozess mein ganzes Leben weitergehen wird, aber er nimmt nicht mehr so viel von mir in Anspruch.

Wut kann eine zerstörerische Kraft oder ein sehr weiser Lehrer sein. Wenn man seine Wut nutzt, um sein Leben positiv zu verändern, statt sich selbst oder andere zu verletzen, kann sie einen retten. Das ist der Weg zu wahrer Vergebung, so seltsam das klingt. Viele unterdrücken ihre Wut, weil sie ihre zerstörerische Kraft fürchten. Doch wenn man stets bestrebt ist, niemanden zu verletzen, und wenn jede Veränderung auf Liebe beruht, dann wird der Weg aus dem Schmerz von der Wut erleuchtet. *Die Botschaft der Wut ist, dass wir immer nach innen schauen müssen.*

Man kann ein offenes und freies Leben wagen, oder man kann ein Leben führen, das von Hass und Groll bestimmt wird. Ich entschied mich, offen und frei zu sein. Deshalb werde ich, falls ich heute sterben sollte, mit einem ruhigen Herzen sterben. Es war der göttliche Funke in mir, der meinem Herzen Frieden schenkte. Ich wurde mit ihm geboren. In meinem Leben geschah vieles, das mich von mir selbst und dem göttlichen Funken entfremdete. Mein Herz war betäubt von dem Gift, das durch falsche Wahrnehmungen, Missverständnisse und die schlechten Entscheidungen anderer in uns entsteht. Erst als ich mich von diesem Gift befreite, spürte ich meine wirklichen Gefühle und verstand, was sie mir sagten. Es mag Mut erfordern, seiner inneren Stimme zu folgen. Doch wenn man auf sein Herz hört, wird einem innerer Frieden geschenkt.«

Die Überwindung der Wut

Durch die Auseinandersetzung mit unserer Wut können wir sie Schritt für Schritt überwinden. Kate rettete ihre Wut letztendlich das Leben. Doch in ihrer Jugend fürchtete sie sich, ihre Wut herauszulassen. In ihrem Fall hing ihr Leben davon ab, dass sie schwieg. Und als sie älter wurde, hinderte ihr geringes Selbstwertgefühl sie daran, ihre Gefühle zum Ausdruck zu bringen. Aber um unsere Wut zu überwinden, müssen wir sie spüren und verstehen lernen. Das führt uns zum ersten Schritt.

Gestehen Sie sich Ihre Wut ein

Seien Sie bei der Auseinandersetzung mit der Wut, die ein Geschehnis in Ihnen auslöste, so ehrlich wie möglich. Haben Sie keine Angst davor, Ihre Wut zu spüren. Sie wird Sie nicht vernichten. Hinter Ihrer Wut entdecken Sie möglicherweise noch andere Gefühle wie Scham und Schuldgefühle. Vielleicht haben Sie auch solche Angst vor Ihrer Wut, dass Sie diese Gefühle völlig verdrängt haben. Es ist wichtig, an diese Gefühle heranzukommen und sie zu spüren, um sie überwinden zu können. Fragen Sie sich: Über was bin ich wirklich wütend? Was werfe ich dem anderen Menschen vor?

Stellen Sie sich Ihrer Wut

Erforschen Sie, wie Sie sich vor Ihrer Wut schützten, bevor Sie sie zu spüren begannen. Wir alle wollen Schmerz vermeiden und tun das durch verschiedene psychologische Abwehrmechanismen.

Manche verleugnen einfach, dass etwas geschah, so wie Kate. Sie versuchte, sich weiterhin vorzumachen, dass nichts passiert war. Verleugnung ist eine mögliche Abwehrreaktion, um die Wut nicht spüren zu müssen. Andere verdrängen die Gefühle und Gedanken, die ein schmerzliches Erlebnis in ihnen auslöste, aus ihrem Bewusstsein und erfinden eine andere, weniger schmerzliche Version. Dieser »selektive Gedächtnisverlust« kommt bei Kindern häufiger vor als bei Erwachsenen, und vor allem bei Mädchen, die sexuell missbraucht wurden.

Eine andere Schutzreaktion besteht darin, die Wut, die wir auf den Täter haben, gegen eine andere Person zu richten. Das ist das »Tritt-den-Hund-Syndrom«. Wir sind wütend auf unseren Chef, doch aus Angst, unseren Job zu verlieren, zeigen wir ihm das nicht, sondern gehen nach Hause und lassen unsere Wut an jemand anderem aus.

In dieser Phase ist es wichtig, dass Sie sich Ihre Wut eingestehen und herausfinden, auf welche Weise Sie sie abwehren. Denken Sie daran, dass Sie diese Mauern errichtet haben, um sich zu schützen, und gehen Sie behutsam mit sich um, wenn Sie beginnen, sie abzubauen. Fragen Sie sich, was Ihre Wut Ihnen zu sagen versucht, warum Sie Schutz brauchten, und wie es Ihnen schaden könnte, wenn Sie weiterhin wütend sind.

Spüren Sie Ihre Wut

Wir haben Schutzmechanismen, um uns nicht mit unserer Wut auseinandersetzen zu müssen. Doch Wut kann auch ein Schutz gegen Schuldgefühle und Scham sein, die viele Opfer empfinden, weil sie zum Opfer wurden. Menschen mit geringer Selbstachtung fällt es oft schwer, ihre Wut zum Ausdruck zu bringen. Kate war da keine Ausnahme. Als sie ihrer Wut auf den Grund ging und sie körperlich zum Ausdruck brachte, ließen ihre körperlichen Schmerzen nach, und sie konnte sich erinnern. Wir müssen unsere Wut in ihrer ganzen Stärke spüren, bevor wir uns selbst heilen können.

Übernehmen Sie die Verantwortung für Ihr eigenes Verhalten

Wir haben gewisse Bedürfnisse, Wünsche, Ängste, Schuldgefühle usw., die wir uns nicht eingestehen wollen und die wir deshalb unbewusst auf andere projizieren. Diese Dynamik läuft die ganze Zeit ab. Das heißt, die Welt, die wir sehen, ist nur ein Abbild unseres inneren Bezugssystems, zu dem auch unsere Gefühle und Gedanken gehören.

Wahrnehmung wird durch Projektion erzeugt. Dieses

Prinzip wird in dem zum Nachdenken anregenden Buch *Ein Kurs in Wundern* ausführlich beschrieben:

> *»Die Welt, die du siehst, ist das, was du ihr gegeben hast, nicht mehr als das. Doch wenn sie auch nicht mehr als das ist, ist sie auch nicht weniger. Deswegen ist sie für dich wichtig. Sie ist das Zeugnis für den Zustand deines Geistes, das äußerliche Bild eines inneren Zustands. Wie ein Mensch denkt, so nimmt er wahr. Suche deshalb nicht, die Welt zu ändern, sondern entscheide dich, dein Denken über die Welt zu ändern. Die Wahrnehmung ist eine Folge und nicht eine Ursache.«*

Wenn uns die Wut packt und nicht mehr loslässt, ist das ein Zeichen, dass wir etwas in uns nicht sehen wollen. Gewöhnlich hat es etwas mit Schuldgefühlen zu tun. Deshalb ist es viel leichter, auf andere wütend zu sein, als in uns hineinzuschauen. Wenn wir aufhören können, anderen Fehler vorzuwerfen, die auch unsere sind, dann können wir das Menschliche erkennen, das uns verbindet. Das kann eine tiefe Heilung bewirken.

Lernen Sie die Botschaft der Wut verstehen

Sobald wir bereit sind, die Verantwortung für unser Verhalten zu übernehmen, werden wir offen für die Botschaft der Wut. Unsere Wut sagt uns, dass wir die Welt anders sehen müssen und dass wir selbst uns ändern müssen. Das macht Kates Geschichte deutlich. Wir müssen in uns hineinschauen und uns Dinge bewusst machen, die wir bisher nicht wahrhaben wollten, weil sie sehr schmerzlich sind. Um verstehen zu lernen, was unsere Wut uns zu sagen versucht, ist es hilfreich, sich zu fragen: »Was werfe ich dem Menschen vor, auf den ich wütend bin?« Denn was Sie darauf antworten, werfen Sie sich insgeheim selbst vor. Unsere Psyche ist sehr trickreich, daher müssen wir ein bisschen graben. Wenn Sie beispielsweise wütend auf Ihren Mann sind, weil er aus Nachlässigkeit die Rechnungen nicht rechtzeitig bezahlt, fragen Sie sich vielleicht: »Was hat das mit mir zu tun? Ich bezahle Rechnungen immer rechtzeitig.« Das stimmt wahrscheinlich, aber insgeheim werfen Sie sich eine Nachlässigkeit in einem anderen Lebensbereich vor, die sie sich nicht verziehen haben. Es kann ein nachlässiges Verhalten in der Vergangenheit oder in Ihrem jetzigen Leben sein. Das spielt keine Rolle. Wichtig ist, dass es einer Ihrer wunden Punkte ist, der Heilung braucht. Wir können stets unsere Wut rechtfertigen, andere von unserer Unschuld überzeugen und nie in uns hineinschauen, doch dann bleiben wir in unserer Wut gefangen und werden sie nie überwinden.

Schauen Sie in sich hinein und ändern Sie, was nötig ist

Der letzte Schritt erfordert, dass wir nach innen schauen und erkennen, was wir ändern müssen. Das war eine der wichtigsten Lektionen, die Kate während ihres Heilungsprozesses lernte. Sie erkannte, dass Wut erst heilt, wenn man ihre Botschaft versteht und entsprechend handelt. Wenn man sich verändert, verschwindet die Wut.

Die heilende Kraft von Vergebung – Die Fortsetzung von Kates Geschichte

»Vergebung erfordert eine ständige Rückbesinnung auf mein wahres Selbst, auf die tiefere Wahrheit dessen, was ich erlebe, auf den göttlichen Funken in mir. Ich muss mich immer wieder fragen, ob ich in Übereinstimmung mit meiner inneren Wahrheit lebe. Wenn ich wütend werde, frage ich mich, was ich in meinem Leben tun muss, damit die Wut verschwindet. Ich versuche, jeden Tag nach dieser inneren Wahrheit zu leben.

Als ich fähig war, zu vergeben, veränderte sich mein ganzes Leben. Ich verlor alle Freunde von früher außer meinem Mann. Ich begann eine neue Karriere und entwickelte eine neue Lebensweise. Ich verließ die akademische Welt und beschloss, mich mehr der Schriftstellerei zu widmen. Ich wurde selbstständiger und entwickelte eine von meinem Mann unabhängige Identität. In meinen Zwanzigern war mein Mann gleichzeitig eine Vaterfigur für mich. Er half mir, erwachsen zu werden. Ich zog um, fand einen neuen Freundeskreis und eine neue spirituelle Heimat. Alles wurde anders.

Ich musste mich erst selbst heilen, bevor ich vergeben konnte, nicht umgekehrt. Die Fähigkeit, zu vergeben, war eine der positiven Auswirkungen meiner Heilung. Solange man gebrochen und voller Schmerz ist, ist es sehr schwierig, keinen Groll gegen den Menschen zu hegen, der einem diesen Schmerz zufügte. Doch wenn der Schmerz heilt, wird man stark, wo man vorher verletzt war. Dann wird die Verletzung zum Geschenk. Man wird viel stärker, als man sonst geworden wäre. Das war eine meiner tiefsten Erfahrungen. Ich erkannte nicht nur, dass ich meinem Vater vergeben hatte, sondern dass ich für das, was er getan hatte, sogar ein Stück weit dankbar war.

Ich musste mir viel Zeit lassen, um mich selbst zu heilen, und durfte das verletzte Kind in mir nicht unter Druck setzen. Ich erkannte, dass es ein sehr wichtiger Teil meines Heilungsprozesses war, eine neue Kindheit nachzuerleben, in der ich geliebt und gefördert wurde, und das konnte ich zum Glück durch Reparenting. Meine wundervollen neuen Freunde halfen mir, indem sie mich ständig wie gute Eltern mit ihrer bedingungslosen Liebe überschütteten.

Was mich durch all das hindurchtrug, war mein tiefer Glaube an eine schöpferische Intelligenz. Meine Verbindung zu ihr ist sehr intensiv und real. Diese spirituelle Gewissheit ist etwas Wunderbares. Ich hatte Glück. Ich habe schon mehrmals etwas erfahren, das ich die Gnade Gottes nenne. Das half mir dabei, zu vergeben. Es ist das Bewusstsein, von einer Macht geliebt zu werden, die so viel Kraft hat, dass ich mich absolut sicher fühlen kann. Natürlich werde ich sterben und in meinem Leben auch negative Erfahrungen machen, aber ich fühle mich ganz und gar geliebt, wenn ich mit dieser Energie verbunden bin. Ich habe keinen Zweifel, dass sie die ganze Zeit da ist.

Ich lernte, dass die heilende Kraft von Vergebung uns befähigt, den Täter in eine mitfühlende Welt einzuschließen. Ich kam von einem Universum mit einem absolut bösen Gott in ein Universum, in dem alles vergeben wird, egal wie schlimm es auch war. Gott würde mich nicht verurteilen. Wir müssen uns Vergebung nicht verdienen, sie wird uns geschenkt. Ich glaube nicht, dass man leiden muss, damit einem vergeben wird, wie die westlichen Religionen es lehren. Ich glaube, dass wir hier sind, um zu lernen. Unsere einzige Strafe, wenn man es so nennen will, besteht darin, dass wir nach innen schauen müssen, um den Schmerz zu verstehen, der uns dazu trieb, falsche Dinge zu tun. Ich hoffe, dass auch mein Vater nach innen schauen kann, aber das wird für ihn schmerzlicher sein als jede Strafe, die ich mir ausdenken könnte. Der Heilungsprozess könnte ihm sehr viel mehr Schmerz verursachen. Dieser Gedanke befriedigt jedes Verlangen nach Rache, das ich je verspüren könnte. Doch ich bin mir sicher, wenn er stirbt, wird die größte Überraschung aller Zeiten für ihn die Erkenntnis sein, dass ihm längst vergeben wurde. Er wurde nie verurteilt.

Verzeihen ist eigentlich nur eine andere Art, einander zu lieben. Liebe ist wirklich das einzige unzerstörbare Element im ganzen Kosmos. Je mehr Liebe man in seinem Leben hat, desto weniger Schmerz empfindet man, und desto unwichtiger wird es, dass andere Menschen einem Schmerz bereiten. Liebe macht glücklich, und Verzeihen ist nur ein kleiner Teil von ihr.

Vergebung bewirkt eine wunderbare Veränderung. Sie ist das Geschenk des Schmerzes, das Geschenk meines Vaters und Gottes Geschenk an mich. Verzeihen heißt, dass wir den Weg zu unserer inneren Wahrheit finden. Sie ist eine lebenslange Reise, die uns zu uns selbst führt.«

7 Der Einfluss unserer Schuldgefühle

»Man braucht nichts im Leben zu fürchten.
Man muss nur alles verstehen.«

MADAME CURIE

Nach einem meiner Vorträge herrschte tiefe Stille, dann brach plötzlich Applaus aus. Ich war erleichtert und dachte, nun könnte ich mich zurücklehnen und entspannen. Da stand eine Frau aus dem Publikum auf und rief: »Ich muss etwas sagen! Ich muss etwas sagen!« Ich sah dieselbe Anspannung auf ihrem Gesicht, die ich empfand, als ich vor dem vollen Saal sprach.

»Ich bin sehr froh, dass Sie das Thema Schuld ansprechen«, sagte die Frau. »Ich bin Libanesin und habe in meiner Heimatregion schon viele Kämpfe miterlebt. Jeder hat Blut an den Händen, aber keiner will es zugeben. Wie gibt man seine Schuld zu?«

Als ich ihre Frage hörte, dachte ich: »Diese Frau versteht wirklich, worum es beim Vergeben geht.« Ich erwiderte, dass wir Schuld erst voll verstehen können, wenn wir uns klarmachen, wie wir die Welt wahrnehmen, da es von unserer Sicht der Welt abhängt, wie wir auf sie reagieren.

Ein Murmeln ging durchs Publikum, als jemand fragte: »Was hat Schuld mit unserer Sicht der Welt zu tun?«

Ich bat die Leute, sich vorzustellen, dass wir ein wandelnder Filmprojektor sind und unsere Schuldgefühle auf das projizieren, was wir durch die Linse des Projektors wahrnehmen. Wir sehen Leute auf der Leinwand agieren und werden sehr misstrauisch und kritisch, wenn wir gewisse Verhaltensweisen erkennen, die eigentlich unbewusste Verhaltensweisen von uns selbst sind. Je mehr Schuld in unserem Kopf ist, desto mehr Schuld sehen wir auf der Leinwand, und desto mehr Fehler finden wir an anderen. Das Problem ist, dass uns gar nicht bewusst ist, dass wir das, was uns an anderen so sehr stört, an uns selbst am meisten ablehnen. Da es so unglaublich schwierig und schmerzhaft ist, an unsere verdrängten Schuldgefühle heranzukommen, wird ein projiziertes Bild außerhalb von uns zur Zielscheibe unseres Selbsthasses. Es ist wichtig, das zu verstehen, denn wenn wir auf jemanden wütend sind, sehen wir ihn durch den Filter der Schuld in unserem eigenen Kopf. Nichts ist so, wie es zu sein scheint. Während des Vergebungsprozesses erkennen und überwinden wir diese Schuldgefühle, sodass wir Menschen und Situationen in einem anderen Licht sehen können. Bevor wir verziehen haben, geben wir lieber allem und jedem die Schuld, anstatt uns mit uns selbst auseinanderzusetzen.

Schuld – dieses schreckliche Gefühl in uns, das uns sagt, dass etwas mit uns nicht stimmt – hält uns davon ab, tiefer in uns hineinzuschauen und das Gute in uns zu erkennen. Wir scheuen uns, der Schuld ins Gesicht zu sehen, weil wir ihren Anblick nicht ertragen. Zu dem Zeitpunkt haben wir noch nicht erkannt, dass wir erst fähig werden, andere Entscheidungen zu treffen, wenn wir uns unserer Schuld stellen. Wir entscheiden selbst, ob wir mit ihr weiterleben oder sie überwinden wollen. Das ist eine befreiende Erkenntnis.

»Schuld?«, brüllte jemand, »ich weiß, dass ich nur meine Rechte verteidige und dass Schuld in meinem Leben kein Thema ist! Ich bin wütend, und das ist mein gutes Recht. Es gibt keinen Grund, warum ich mich schuldig fühlen sollte!«

Ich schluckte und dachte kurz nach. Dann sagte ich: »Wir alle empfinden unsere Wut als berechtigt. Menschen tun abscheuliche Dinge. Vielleicht haben wir einen Exmann, der uns das Leben zur Hölle machte. Vielleicht wurden wir vergewaltigt oder auf eine andere Art misshandelt. Unter solchen Umständen hätten wir allen Grund, wütend zu sein, und könnten unsere Wut rechtfertigen. Aber was macht uns wirklich wütend? Es ist nie das, was wir glauben. Warum werden manche Leute furchtbar wütend, wenn schlimme Dinge geschehen, während andere erstaunlicherweise sagen: ›Der Mensch, der so etwas Schreckliches tat, muss unter großen Seelenqualen gelitten haben.‹ Was lässt Menschen auf dieselbe Tat ganz unterschiedlich reagieren? Der Grund sind unterschiedliche Sichtweisen. Für welche Weltsicht wir uns entscheiden, hängt von unserem Denken ab, und das wird von unseren Schuldgefühlen beeinflusst. Tatsächlich ist niemand von uns unschuldig. Da wir vor unserer Schuld lieber die Augen verschließen, verdrängen wir diese Wahrheit.«

Meine Zuhörer begannen zu verstehen, wie wir Wut zur

Abwehr von Schuldgefühlen benutzen. Es ist so viel einfacher, auf jemanden wütend zu sein, als die Verantwortung für unsere eigene Heilung zu übernehmen.

Ich kann nicht oft genug hervorheben, dass die Dynamik von Schuld schwer zu durchschauen ist und großen Einfluss auf unser Denken hat. Die meisten unserer Schuldgefühle sind uns gar nicht bewusst. Wer will schon ständig an seine Fehler denken. Schuld ist ein alles durchdringendes Gefühl des Versagens, das in unserem Hinterkopf lauert und darauf wartet, sein hässliches Haupt zu erheben. Da Schuldgefühle unangenehm und schmerzlich sind, tun wir so, als würde keine Schuld existieren, und verdrängen alles, was uns Schuldgefühle verursacht. Deshalb müssen wir uns unsere Schuldgefühle erst wieder bewusst machen, was oft schwierig ist.

Um sie loszuwerden, gehen wir leider noch einen Schritt weiter. Wir wälzen unseren seelischen Müll auf irgendwas oder irgendwen ab, um uns von der Verantwortung für unsere Taten zu befreien. So werden wir zu »unschuldigen« Opfern einer bösen Welt. Wir entledigen uns dieses seelischen Mülls durch Wut, mit der wir anderen zu verstehen geben, dass sie schuldig sind. So versuchen wir, andere für Dinge verantwortlich zu machen, für die wir selbst keine Verantwortung übernehmen wollen. Wut ist ein Versuch, jemand anderen für unsere Fehler verantwortlich zu machen. Wir glauben, dass es der andere ist, der sich ändern muss, nicht wir selbst, die Schuld sei in der Welt, nicht in uns. Unbewusst glauben wir, dass es uns besser geht, wenn wir unsere Schuld auf andere abwälzen. Wir erkennen nicht, dass wir uns durch unsere Kämpfe gegen andere noch mehr Schuldgefühle verursachen. Auf einer tieferen Ebene wissen wir, dass wir andere aus unserem eigenen Selbsthass heraus angreifen. Solange wir nicht fähig sind, unsere Wahrnehmung von anderen Menschen zu ändern, haben wir die Schuld in unserem Kopf nicht geheilt. Je mehr Schuldgefühle wir haben, desto größer ist unser Drang, andere anzugreifen. Dadurch fühlen wir uns noch schuldiger. Wir glauben, dass die Schuld nicht in uns oder in unserem Kopf ist, sondern in der Welt. Tatsächlich haben wir unsere Schuld auf die Bühne unseres Lebens gebracht, und was sich aus unserer Sicht auf dieser Bühne abspielt, spiegelt wider, was in unserem Kopf vorgeht. Die Welt, die wir sehen, ist ein Spiegelbild unseres Denkens. Das soll nicht heißen, dass Wut keine angemessene Reaktion auf gewisse Situationen ist. Aber wenn wir einen bestimmten Groll nicht mehr überwinden können, bedeutet das, dass das Problem nicht außerhalb von uns liegt, sondern in uns selbst. Das sollten wir nie vergessen.

Dann fragte jemand aus dem Publikum: »Wie lösen wir das Dilemma, in dem wir uns befinden, und welche Rolle spielt Vergebung dabei?«

In dieser Situation wird Verzeihen sehr wichtig. Wenn wir erkennen, dass wir uns selbst angreifen, wenn wir auf jemanden wütend werden, dann ist der Mensch, über den wir uns am meisten aufregen, gleichzeitig unser größtes Geschenk. Er dient uns als Spiegel und gibt uns Gelegenheit, uns selbst zu betrachten und die Probleme in uns zu erkennen, sodass wir uns selbst vergeben können.

Verzeihen wird so zu einem Prozess, durch den wir unsere Schuldgefühle überwinden und unsere falschen Wahrnehmungen korrigieren. Wenn wir fähig sind, die Welt anders zu sehen, sind wir nicht länger Opfer dieser Welt, weil unser Denken sich verändert. Wenn wir uns entscheiden, die Welt mit den Augen der Vergebung neu in den Blick zu nehmen, anstatt auf den Teil von uns zu hören, der voller Schuldgefühle und Selbsthass ist, erkennen wir wieder unser wahres Selbst, unsere spirituelle Essenz. Das ist der Weg zur Ganzheit.

Die libanesische Frau erhob sich erneut und nickte zustimmend.

Wenn wir total wütend sind, fällt es uns sehr schwer, Abstand zu gewinnen und die Bereitschaft aufzubringen, die wahren Gründe unserer Wut zu erforschen. Es ist so viel leichter, andere anzubrüllen und keine Verantwortung für unser Handeln zu übernehmen. Wir halten uns für völlig unschuldig und sind so sehr damit beschäftigt, uns zu verteidigen, dass uns nicht bewusst wird, dass wir durch unser Verhalten den Konflikt aufrechterhalten. Stattdessen sollten wir uns fragen, ob diese Kämpfe und Schuldzuweisungen uns letztendlich wirklich das verschaffen, was wir wollen. Wenn wir uns die richtigen Fragen stellen und auf diese Weise unser Gewissen prüfen, können wir vielleicht inneren Frieden finden. Mit diesen Worten beendete ich meinen Vortrag.

Wenn Sie das nächste Mal wütend werden und nicht fähig sind, Ihre Wut zu überwinden, fragen Sie sich: »Was werfe ich diesem Menschen vor?« Wenn Sie erforschen, was es ist, decken Sie Ihre eigenen Schuldgefühle auf und können Ihr Verhalten ändern.

Die Auswirkungen von Schuldgefühlen

Wenn wir unsere Schuld auf einen anderen Menschen schieben, machen wir ihn zum Sündenbock. Der Begriff »Sündenbock« geht auf das Reinigungsritual zurück, das in biblischer Zeit am Versöhnungstag für die Kinder Israels durchgeführt wurde. Der Hohepriester wählte als Sühneopfer einen Ziegenbock aus, legte ihm die Hände auf den Kopf und bekannte alle Missetaten der Söhne und Töchter Israels. Dann wurde der Ziegenbock in die Wüste geschickt und trug all ihre Missetaten mit sich fort. Die Sünden der Kinder Israels wurden auf den Ziegenbock übertragen, der dann davongetrieben wurde.

In unserem täglichen Leben können wir viele Beispiele dieser psychischen Dynamik sehen. Sie läuft ab, wenn jemand von seinem Chef gedemütigt wird, sich aber nicht zu wehren wagt, und dann hinterher zu Hause mit einem Familienmitglied Streit anfängt. Diese Dynamik zeigt sich auch in den Taten von Diktatoren und Unterdrückern, die ihre eigenen Unzulänglichkeiten und Minderwertigkeitsgefühle kompensieren, indem sie Menschen, die sie für wertlos halten, verfolgen oder sogar umbringen lassen. Wir mögen uns vorübergehend weniger schuldig fühlen, wenn wir unsere Schuld auf andere schieben und unsere Wut gegen sie richten, doch auf einer tieferen Ebene wissen wir, dass wir durch unser aggressives Verhalten unsere Schuld nur noch vergrößern. So beginnt ein Teufelskreis. *Je schuldiger wir uns fühlen, desto stärker wird unser Drang, unsere Schuld zu verleugnen und durch einen Angriff nach außen zu*

projizieren, und je mehr wir andere angreifen, desto schuldiger füh-
len wir uns.

Es ist in zweifacher Hinsicht wichtig, diesen Teufelskreis zu durchschauen. Erstens sind wir von unserer spirituellen Natur getrennt, solange wir unbewusste Schuldgefühle haben, denn unsere Schuld spaltet unsere Seele. Diese innere Zerrissenheit zu heilen, ist ein wichtiger Schritt, um die Konflikte auf unserer Welt zu lösen.

Der zweite wichtige Punkt ist, dass dieser Teufelskreis bewirkt, dass wir immer mehr Energie in unsere Wut auf den oder die »anderen« investieren, denn wir brauchen einen Feind, einen Sündenbock, auf den wir unsere unbewussten Sünden projizieren können, um uns »unschuldig« und im Recht fühlen zu können. Dieses antagonistische Denken führt zu Vorurteilen, Klischees und Diskriminierung.

Verschiedene Gesellschaften dulden Angriffe oder billigen sie sogar auf die eine oder andere Weise und lassen sie dadurch gesellschaftlich akzeptabel erscheinen. Die Menschheitsgeschichte, insbesondere die Geschichte religiöser und politischer Verfolgung, liefert uns zahlreiche Beispiele für den verborgenen Hass hinter Worten von Liebe und Frieden. Der Grund, warum Menschen sich so verhalten, ist nicht das Böse in ihnen, sondern eine unbewusste Schuld, die verleugnet und projiziert wurde. Würden wir erkennen, welche schwerwiegenden Folgen es hat, dass wir uns scheuen, unsere Schuld anzuerkennen und zu heilen und uns unsere Illusionen und Fehler bewusst zu machen und zu vergeben, könnten wir vielleicht die Teufelskreise der Gewalt beenden, die in der heutigen Welt beispielsweise zum Krieg gegen den

Terrorismus oder zu anderen ethnisch motivierten Gewalttaten führen.

Wenn wir anderen vergeben, vergeben wir eigentlich uns selbst, denn es ist *unsere* Schuld, die wir an ihnen sehen. Wir vergeben nicht anderen Menschen Taten, die sie unserem Dafürhalten nach begingen, sondern wir vergeben uns selbst unsere negativen Gedanken, unsere falschen Vorstellungen und unsere Schuld, die wir auf andere projizierten. Wir nehmen die Projektionen zurück. Wenn wir Situationen mit den Augen der Vergebung betrachten, statt Menschen zu verurteilen, die aus unserer Sicht etwas Abscheuliches getan haben, erkennen wir die Verletztheit dieser Menschen und können mit Liebe und Mitgefühl reagieren.

Der Zwang, uns zu verteidigen

Je bewusster uns Schuldgefühle werden, desto mehr Angst empfinden wir. Der tiefste Grund für Angst ist die erwartete Strafe für unser Fehlverhalten, die wir als verdient empfinden, weil wir tief in unserer Seele wissen, dass wir den Teil von uns angegriffen haben, der mit unserer göttlichen Natur verbunden ist. Unsere »Erbsünde« ist, dass wir uns von unserer spirituellen Essenz getrennt haben, indem wir den Teil von uns, der Liebe ist, in Furcht verwandelten. Weil wir eine Strafe erwarten, verteidigen wir uns, indem wir andere angreifen. Wir schieben die Schuld auf die Menschen um uns, in der Hoffnung, dadurch der Strafe zu entgehen. Doch unsere Angriffe verstärken lediglich unser Gefühl der Verwundbarkeit und erzeugen erneut Angst vor Strafe. So beginnt der Teufelskreis von Schuld.

Wir müssen uns die Abwehrmechanismen bewusst machen, mit denen wir uns vor Schuldgefühlen und Ängsten schützen, und beginnen, Verantwortung für unser Leben zu übernehmen. Das bedeutet, dass wir das Leben akzeptieren, wie es ist, und verstehen, dass nicht die anderen, sondern wir selbst etwas verändern müssen. Wir müssen uns mit unseren als falsch erkannten Annahmen und Vorstellungen auseinandersetzen.

Verantwortung übernehmen heißt, dass wir bereit sind, unsere Wahrnehmungen und Überzeugungen in Frage zu stellen. Sie sind keine Tatsachen, auch wenn wir sie gerne dafür halten. Unsere Wahrnehmungen erscheinen uns so real, dass wir uns kaum vorstellen können, dass andere die Welt anders sehen. Doch wir sollten uns stets daran erinnern, dass unsere Sicht der Dinge subjektiv ist. Wenn wir uns unserer Gefühle und Abwehrmechanismen bewusster werden, erkennen wir vielleicht allmählich den Einfluss unserer Gefühle, insbesondere unserer Ängste und Wünsche, auf das, was wir glauben und sehen. Je besser wir unsere Ängste und Wünsche verstehen lernen, desto freier werden wir von ihren Zwängen. Und wenn unser Verständnis von Verzeihen wächst, erkennen wir auch, dass es beim Vergeben darum geht, mit den Augen der Liebe statt mit denen der Furcht zu sehen. Das erfordert eine andere Weltsicht, die objektiver und weiser ist.

Die Heilung von Schuld

Wahrscheinlich ist Ihnen inzwischen klar, dass Sie Ihre Schuld nicht loswerden, indem Sie sie wegwünschen oder auf jemand anderen schieben. Wir können uns nur von Schuld befreien, indem wir die Möglichkeiten der Vergebung nutzen. Durch den Akt der Vergebung können wir alle Beziehungen heilen, die bisher von Schuld belastet waren. Sobald wir versucht sind, zu projizieren, vernehmen wir die Stimme der schöpferischen Kraft in uns, die uns freundlich ermahnt, die Situation mit anderen Augen zu sehen, unsere Wahrnehmung zu ändern und, statt unsere Schuld und Angst zu projizieren, mit Liebe und Verständnis zu reagieren. Wenn wir eine andere Perspektive wählen, mehr als nur die äußere Erscheinung wahrnehmen und vergeben, was wir bisher verurteilten, hat das grundlegende Auswirkungen auf unser Leben.

Ein spiritueller Grundsatz aus *Ein Kurs in Wundern* lautet: »Ideen verlassen ihre Quelle nicht.« Dieser Satz mag seltsam und unverständlich erscheinen, aber seine Bedeutung ist ganz einfach. Wenn wir in der materiellen Welt etwas mit anderen teilen, bleibt für uns selbst weniger übrig. Doch wenn wir andere an unseren Gedanken teilhaben lassen, bleiben diese Gedanken in unserem Kopf und werden stärker. Und je mehr Liebe wir geben, desto mehr empfangen wir. Doch leider gilt das auch für Schuld und Furcht. Je mehr Schuld oder Furcht wir auf andere projizieren, desto stärker wird sie in uns. Die Schuld, von der wir dachten, wir wären sie los, hat nun noch mehr Macht über uns.

Wir können uns also nicht von unserer Schuld befreien, indem wir sie auf andere schieben. Die einzige Möglichkeit ist Vergebung. Jeder Mensch, der uns begegnet, gibt uns Gelegenheit, entweder unsere Schuld zu projizieren oder Verzeihen zu üben. Vielleicht ist das der Grund, warum wir Beziehungen zu den Menschen um uns herum haben. Vielleicht treten Menschen in unser Leben, die für uns die größte Versuchung darstellen, unsere Bedürfnisse, Wünsche, Schuldgefühle oder unser oberflächliches Verständnis von Liebe auf sie zu projizieren. Wir haben in all unseren Beziehungen die Wahl. Sehen wir sie mit den Augen unseres Selbsthasses? Oder sind wir fähig, unsere Wahrnehmung zu ändern und sie mit den Augen der Vergebung zu sehen? Letzteres ist der einzige Weg, uns von unserer Schuld zu befreien.

Wie man Schuld heilt

Ändern Sie Ihre Sicht der Wirklichkeit

Beim nächsten Schritt erkennen wir, dass das Problem, das wir sehen, nur in unserer Vorstellung existiert und dass es unsere Interpretation der Wirklichkeit ist, die unser Leid verursacht hat. Deshalb müssen wir unsere Sicht der Wirklichkeit ändern.

Entscheiden Sie sich, Ihre Schuldgefühle zu überwinden

Wir sind bereit für den nächsten Schritt, wenn wir erkennen, dass unsere Wahrnehmungen der Situation auf unseren Schuldgefühlen beruhen, und dass die Wut, die wir aufgrund unserer unbewältigten Schuld gegen andere richten, nur ein Versuch ist, Schuldgefühle zu verdrängen. Bei diesem Schritt wird uns klar, dass die Schuldgefühle, die wir wegen unserer eigenen Fehler und Schwächen haben, auf einem früher gefassten Entschluss beruhen, den wir jederzeit ändern können. Denn unsere Schuld ergibt sich letztlich aus falschen Vorstellungen über uns selbst. Ihre Heilung hängt davon ab, wie wir während unseres Heilungsprozesses die göttliche Intelligenz erfahren. Wenn eine höhere Macht in diesen Prozess eingreift, findet in uns eine tiefgreifende Veränderung statt. Denn es ist psychologisch unmöglich, das Gefühl zu haben, dass etwas mit uns nicht stimmt, und gleichzeitig eine wunderbare göttliche Kraft in uns zu spüren.

In dieser Phase beginnen wir, Beziehungen anders zu sehen. Wir erkennen, dass die schöpferische Intelligenz in uns nicht vernichten will, sondern gütig zu uns ist und uns unendlich liebt. Wie wir diese göttliche Energie auch erfahren, ob als Gnade oder als ein überwältigendes Gefühl der Liebe und Freude, sie lässt uns alles aus einer völlig anderen Perspektive sehen. In diesem Augenblick begreifen wir, dass die Denkweise unseres Egos falsch ist, und wir können unsere Schuld in Frage stellen. Wir wissen nun, dass in uns etwas viel Größeres ist, das hinter unseren Schuldgefühlen verborgen war, und hören die Stimme einer »höheren« Macht, mit der wir uns identifizieren können. Diese Erfahrung verändert unser Denken für immer. Wir hören nun auf die sanfte Stimme in uns statt auf die laute Stimme des Ego. Dann sind wir bereit für den letzten Schritt in diesem Prozess, der das Werk der göttlichen Energie in uns ist.

Hören Sie in sich hinein

Gerade weil wir so sehr in unserem eigenen Denken befangen sind, brauchen wir etwas außerhalb dieses Denksystems, das uns hilft, unsere Ängste und Schuldgefühle zu überwinden. Wir müssen uns lediglich der Möglichkeit von Vergebung öffnen und uns entscheiden, nicht auf die Forderungen unseres niedrigen Selbst zu hören, sondern auf eine »höhere« Stimme in uns. Dann kann die göttliche Kraft in uns unsere Heilung vollenden. Das ist der Prozess des Verzeihens.

8 Die Auseinandersetzung mit Schuld – Ed Minamis Geschichte

»Würden die Pforten der Wahrnehmung gereinigt,
erschiene den Menschen alles, wie es ist: unendlich.«

WILLIAM BLAKE

Nun, da Sie den schädlichen Einfluss von Schuldgefühlen besser verstehen, möchte ich Ihnen Ed Minami vorstellen. Ed ist ein Vietnamveteran, der an seinem achtzehnten Geburtstag zur Armee ging, vor allem um von seiner Familie wegzukommen, die völlig zerrüttet war. Ed glaubte, die Armee würde ihm ein Gefühl von Stolz geben, und er wollte beweisen, dass er anders war als der Rest seiner Familie. Das Problem war, dass traumatische Kindheitserfahrungen Narben hinterlassen hatten, die sein Verhalten nicht nur während seiner Militärzeit, sondern auch danach noch beeinflussten. Dadurch fügte er seiner Familie viel Leid zu. Ed, einst Opfer, war zum Täter geworden. Seine Schuldgefühle hielten ihn in einem unglücklichen Leben gefangen. Schließlich musste er lernen, vor allem sich selbst zu vergeben.

Eds Geschichte

»Es war mein achtzehnter Geburtstag. Die meisten jungen Männer fürchteten damals diesen Tag, aber ich hatte ihn herbeigesehnt, denn ich wollte mir etwas beweisen. Das war der Tag, an dem ich ein neues, besseres Leben beginnen konnte. Ich konnte endlich meine sogenannte Familie verlassen, die ein gestörter Haufen von Rassisten war, und etwas aus mir machen. Ich war endlich frei! Ich wollte auf eigenen Beinen stehen und mein eigener Herr sein. Ich wollte allen zeigen, dass ich nicht so war wie der Rest meiner Familie – dass ich ein guter Mensch war. Trotzdem verspürte ich das Bedürfnis nach Anerkennung durch meine Familie. Also fuhr ich an meinem achtzehnten Geburtstag zum Rekrutierungsbüro und sagte: ›Ich bin achtzehn. Hier ist meine Geburtsurkunde. Ich möchte mich freiwillig zum Militärdienst melden und ihn gleich antreten.‹ Ich wollte die Dinge selbst in die Hand nehmen. In der Grundausbildung wurden wir Tag und Nacht auf Vietnam vorbereitet. Ich weiß noch, dass ich immer einer der Allerletzten war, wenn wir beim Training Hügel rauf- und runterliefen, und dass der Ausbilder mich anbrüllte: ›Du kleiner Fettsack. Wenn du dich nicht bewegst, wird Charlie dich erwischen!‹ Charlie war der Vietcong. Wir wurden darauf programmiert, dass Charlie der Feind war.

Rückblickend sehe ich das als den Anfang unseres Desensibilisierungstrainings. Das sind keine Menschen. Das sind Feinde. Sie wollen dich töten. Sie wollen deine Mutter töten. Sie wollen deine Schwester töten. Ich weiß noch, dass unsere

Zielscheiben beim Handgranatentraining mit orientalischen Gesichtern versehen waren. Das waren alles subtile Methoden, um diese Leute zu entmenschlichen.

Während der Ausbildung verlor ich viel Gewicht. Es ging mir nicht um den Krieg. Es ging mir vielmehr darum, etwas Selbstachtung zu erwerben und meine Familie stolz zu machen. Das war alles.

Nach der Grundausbildung war ich ein einfacher Fußsoldat und wurde in das berüchtigte Fort Polk in Louisiana geschickt. Ich hatte Glück. Ich war dort die meiste Zeit der Fahrer des Oberbefehlshabers. Es war ein großer Vorteil, dass der Oberbefehlshaber mich mochte. Das veränderte mein Leben. Seiner Meinung nach war der beste Weg zu mehr Selbstachtung eine höhere Infanterieausbildung und die Beförderung zum Obergefreiten. Eines Tages nahm mich der Oberbefehlshaber beiseite und sagte: ›Hören Sie, Minami, Sie sind wirklich ein guter Junge. Ich denke, dass Sie viele Fähigkeiten haben. Ich befördere Sie zum E4 und schicke Sie auf eine Schule für Unteroffiziersanwärter, nach Fort Benning in Georgia. Wir werden einen Unteroffizier aus Ihnen machen. Sie können den Lehrgang als Sergeant E5 oder E6 abschließen. Das ist eine Ehre.‹ Also besuchte ich diese Militärschule, auf der man im Schnellverfahren zum Unteroffizier ausgebildet wird. In nur dreizehn Wochen war ich Sergeant E5. Es steigt einem zu Kopf, wenn man noch so jung ist und schon diese drei goldenen Streifen am Arm trägt. Plötzlich hat man Macht, und man ist erst achtzehn! Was für ein Höhenflug! Nach nur dreizehn Wochen waren wir selbst Ausbilder. Wir bildeten Rekruten aus, dabei hatte ich keine Ahnung, was Krieg wirklich bedeutete.

Es war nicht leicht, als achtzehnjähriger Sergeant. Die Unteroffiziere, die meinen Rang hatten, waren alle älter als ich und hegten einen Groll gegen uns Jungs von der Militärschule. Ich hatte kaum Freunde, denn die Männer in meinem Alter waren meine Untergebenen, mit denen ich mich nicht anfreunden sollte. In Vietnam wurden die jungen unerfahrenen Unteroffiziere von der Militärschule oft zu den gefährlichen Einsätzen eingeteilt, einfach weil sie entbehrlich waren. Jeden Tag wurden mehr von ihnen weggeschickt.

Wenn man die üppige Landschaft betrachtete, konnte man fast den Krieg vergessen. Schwieriger wurde es, wenn man den Vietnamesen in die Augen sah. Diese freundlichen einfachen Leute machten auch die Hölle durch. Sie versuchten, weiterhin auf den Reisfeldern zu arbeiten. In ihren Hütten war eine Ecke zu einem Lehmbunker ausgebaut. Sie kochten in der Mitte des Raumes auf dem Boden. Möbel gab es praktisch keine. Es war die Dritte Welt.

Die Vietnamesen waren trotz allem, was geschah, stets höflich und zuvorkommend. Sie brachten mir immer Tee. Es war schrecklich, in der Freizeit ihre Freundlichkeit zu erleben und dann loszuziehen, um ihre Landsleute zu töten.

Manchmal liefen wir viele Kilometer. Diese Märsche waren nicht mit Wanderungen durch die Berge vergleichbar. Wir liefen durch Reisfelder, was bedeutete, dass wir immer damit rechnen mussten, auf Minen oder in Stacheldraht zu treten, oder in Bambusspitzen, die mit Kot präpariert waren, sodass sie Infektionen auslösten, wenn sie in den Fuß eindrangen.

Es bestand permanent die Gefahr, Gliedmaßen zu verlieren. Wir waren hundemüde. Die Moskitos zerstachen uns, aber noch schlimmer waren die Blutegel, die einem auf der Haut klebten und einem das Blut aussaugten. Wenn man Pech hatte, lief man beim Durchqueren einer Bananenplantage auch noch in ein Nest mit roten Ameisen. Die Vietcong machten diese Nester aus Bananenblättern. Wenn man sie berührte, fielen diese grässlichen Viecher in Scharen über einen her und fraßen einen bei lebendigem Leib! Man schrie, riss sich die Kleider vom Leib und betete, dass die Kameraden es schafften, die Biester wegzufegen, bevor sie einen völlig auffraßen. Es war entsetzlich!

Eine bestimmte Nacht werde ich nie vergessen. Wir planten einen Hinterhalt. In jener Nacht verlor ich meine Unschuld. Mein Leben wurde nie wieder so, wie es einmal war. Ich war nicht zur Wache eingeteilt, aber ich bereue es bis heute, dass ich nicht wach geblieben bin. In jener Nacht kam ein ganzes Vietcong-Kommando direkt auf uns zu. Es tauchte aus dem Nichts auf. Ich war der Erste, der aufwachte. Ich lag in einer Mulde. Deshalb sah ich zunächst nicht viel. Erst als ich hochblickte, erkannte ich die vielen Gestalten. Die Vietcong-Soldaten wussten nicht, dass wir da waren. Sie liefen zwischen uns hindurch. Keiner von uns hatte Alarm gegeben. Wir waren etwa zwanzig Mann, auf einer kleinen Fläche verteilt, und jeder hätte geschossen, wenn er gemerkt hätte, dass überall Vietnamesen waren.

Plötzlich brach die Hölle los. Ich hatte gerade noch gebetet: ›Gott, lass sie erst durchlaufen.‹ Dann wollte ich den Angriff starten. Die Vietnamesen waren genauso überrascht

wie wir. Niemand wusste, worauf er schoss. Und meine Männer wussten es auch nicht. Ein paar von ihnen wurden ver-
wundet, die Vietnamesen erlitten schwere Verluste. Dann
fiel mir wieder ein, wie Charlie, mein erster Mann, gestorben war.

Es begann schon zu dämmern, als es still wurde. Wir wagten
kaum zu atmen, geschweige denn uns zu bewegen. Die Sonne stieg langsam über den Horizont. Der Geruch des Todes
machte sich breit. Überall um uns herum lagen tote Vietnamesen. Wir drehten sie mit den Füßen vorsichtig um, um
uns zu vergewissern, dass sie wirklich tot waren. Wir wussten nicht, wie viele noch in der Gegend waren. Bis auf einen
waren alle tot. Er versuchte sich wegzuschleppen, kam aber
nicht weit. Meine Männer zerrten ihn zu mir zurück. Dieser
Bursche war höchstens zwanzig Jahre alt und sehr dünn. Ich
glaube, er trug khakifarbene Sachen. Er war in die Beine getroffen worden und lag auf dem Boden, auf einen Ellbogen
gestützt. Heftig zitternd flehte er uns auf Vietnamesisch an.
Ich erinnere mich, dass meine Männer und ich mit gesenk-
ten Gewehren um ihn herumstanden. Meine Männer fragten, was sie mit ihm machen sollten.

›Durchsucht ihn nach Papieren‹, erwiderte ich. ›Bringt
ihn ins Gefangenenlager.‹ In dem Moment gewann mein
hässliches fremdes Ich die Oberhand.

Mit zitternder Stimme erzählte Ed weiter: »In unseren Ma-
gazinen waren achtzehn Kugeln. Ich richtete mein Gewehr
auf ihn und hielt es ihm an den Kopf. Ich hörte sein ver-
zweifeltes Flehen. Dann sagte ich: ›Das ist für Charlie. Und

das ist für alle andern‹, und schoss ihm das ganze Magazin in den Kopf.«

Ed brach in Tränen aus. Seine Worte waren kaum noch zu hören. »Ich empfand überhaupt nichts. Wie kann das sein?«

Eine ganze Weile konnte Ed nicht sprechen. Tränen erstickten seine Stimme. Dann sagte er: »Niemand war überrascht. Es ließ alle völlig kalt. Wir gingen einfach weg. Was für ein furchtbarer Mensch war zu so etwas fähig?«

Es verging einige Zeit, bevor Ed weitersprach.

»Ich muss Ihnen von Charlie erzählen. Es war am Tag. Wir waren unterwegs. Wir erwarteten an dem Tag nichts Besonderes. Wir wollten die Kontrollpunkte ablaufen und dann ins Basislager zurückkehren. Charlie war mein *point man,* der Mann an der Spitze der Gruppe, ein toller Typ. Ich war ein bisschen neidisch auf ihn. Er war etwas älter als ich, und was mir an Reife fehlte, glich er aus. Er hatte seine Frau mit einem Neugeborenen in Alabama zurückgelassen. Er hätte eigentlich der Gruppenführer, der Sergeant, sein sollen. Er wusste, dass ich jünger war. Er respektierte mich, aber ich war auch eine Art kleiner Bruder für ihn. Wir waren nicht richtig befreundet, immerhin war ich sein Vorgesetzter. Er hatte gewollt, dass ich ihn zum *point man* machte. Ich war dagegen gewesen, denn das war der gefährlichste Job in einer Gruppe, und ich wollte nicht, dass jemand mit Frau und Kind ihn übernahm. Aber Charlie hatte darauf bestanden. An jenem Tag kamen wir in ein Gelände, das mit Bäumen bewachsen war. Charlie verschwand dahinter, und ich sollte ihn nie wieder lebend sehen. Es dauerte Jahre, bis ich darüber sprechen konnte. Schließlich schrieb ich Charlie einen

Brief, um irgendwie mit meinen Schuldgefühlen und meinem Schmerz fertigzuwerden.«

Ein Brief an einen toten Freund

Lieber Charlie,
dreißig Jahre sind vergangen, und nun schreibe ich Dir wieder, zum zweiten Mal. Ich kann mich noch erinnern, wie schwierig der erste Brief für mich war. Ich schrieb ihn am Veterans Day, im Flugzeug. Ich war auf dem Weg nach Washington, um dort die Gedenkmauer zu besuchen und Dir und achtundfünfzigtausend anderen Soldaten, die in Vietnam ihr Leben opferten, die Ehre zu erweisen. Inzwischen schreiben wir das Jahr 1998, Charlie, und der Krieg ist längst Geschichte.

Ich dachte an jenen verhängnisvollen Tag zurück, und mit den Erinnerungen kam ein ungeheurer Schmerz in mir hoch. Ich hatte Angst, diese Bilder könnten für mich Wirklichkeit werden und bewirken, dass ich in diesem Flugzeug, im Jahr 1996, meine Gefühle aus der Vergangenheit noch einmal durchlebte. Ich hatte gehofft, dass mein zweiter Brief an Dich weniger schwierig werden würde, aber dem ist nicht so. Mein erster Brief an Dich war eine impulsive Reaktion. Ich war aufgewühlt von Erinnerungen an jenen Tag und von den Gefühlen, die mit der Angst einhergingen, die ich in jenem Augenblick empfand. Jetzt, da ich Dir diesen Brief schreibe, bin ich innerlich ruhiger, doch die Last der Schuld und der Wut, die ich täglich mit mir herumschleppe, ist nicht leichter geworden. Ich weiß noch, dass ich mir damals im Flugzeug vorzustellen versuchte, wie es wohl sein würde, mit den Fingern über Deinen in Marmor eingemeißelten Namen zu fahren. Es verunsicherte mich, dass mir keine richtigen Gründe für diesen Krieg einfielen. Ich glaube, die Gründe sind mir bis heute unklar, so wie unzähligen anderen Leuten auf der Welt. Ich wünsche mir verzweifelt, dass all diese Leben und Opfer etwas zählen. Ich wünsche mir, dass Deine persönlichen Opfer nicht umsonst waren, Charlie, dass Dein Tod nicht sinnlos war.

Mein Kopf ist voller Erinnerungen und Bilder, und wenn ich an jenen Tag zurückdenke, steigen Tränen und Schmerz in mir auf. Du sollst wissen, dass ich jeden Tag auf die eine oder andere Art an Dich denke. Wenn ich Kinder sehe, frage ich mich, wie es Deinem Sohn ohne Dich erging. Wenn ich jemanden in Uniform sehe, stelle ich mir vor, Du wärst da und würdest mit einem stolzen Lächeln von Deinem Sohn und Deiner Frau erzählen. Wenn ich jemanden mit einem Südstaatenakzent reden höre, frage ich mich, wie das Leben in den tiefen Wäldern von Alabama für Dich war, vor dem Krieg. Wenn ich eine Familie sehe, denke ich an Deine Frau und frage mich, wie es ihr heute geht, ob sie wieder geheiratet hat oder ob sie Witwe blieb. Wenn ich in den Spiegel sehe, quälen mich meine Schuldgefühle, und ich grüble darüber nach, wie es hätte sein können, wenn ich nur anders gehandelt hätte. Das entscheidende Wörtchen »wenn …« geht mir ständig durch den Kopf, ohne erkennbaren Grund. »Wenn« diese Kugeln doch mich getroffen hätten statt Dich. »Wenn« ich nur einen anderen zum *point man* ernannt hätte. »Wenn« ich in den Kursen über militärische Strategien nur besser aufgepasst hätte. »Wenn« ich an jenem Tag nur aufmerksamer gewesen wäre. Mein Kopf ist voller »Wenns«, und sie lassen mir keine Ruhe.

Manchmal denke ich, dass Dir ein leichtes Schicksal beschieden war, im Vergleich zu dem, was ich durchmachte. Aber das ist ein ziemlich egoistischer Standpunkt, nicht wahr? Ich muss einfach glauben, dass Du Frieden gefunden hast und an einem besseren Ort bist als ich. Ich will glauben, dass Du glücklich bist. Wie Du wahrscheinlich bereits gemerkt hast, ist viel Schmerz und Verzweiflung in mir. Ich zermartere mir den Kopf über jenen Tag und kann mich mit dem, was damals geschah, einfach nicht abfinden. Ich schlafe schlecht, und in meinen Träumen vermischen sich Tagesereignisse mit den Schrecken jenes Tages und Jahres. An die Hälfte dieser wirren Träume erinnere ich mich nicht, doch die Gefühle, die sie hervorrufen, wirken den ganzen Tag nach.

Ich erinnere mich noch gut an jenen Tag. Ich erinnere mich an die drückende Hitze, die feuchte Luft und den Geruch von frischem Napalm aus den Reisfeldern und dem Dschungel um uns herum. Ich weiß noch, dass ich sehr müde war und mir sehnlich wünschte, ich könnte mich einfach hinsetzen und die schwere Last loswerden, die ich auf meinem Rücken und in meinem Herzen spürte. Ich erinnere mich, dass ich vor mich hinträumte und kaum darauf achtete, was um uns herum vor sich ging. Ich denke an die Schüsse, die mich aus meinen Tagträumen rissen und mich an die Verantwortung erinnerten, die ich als Gruppenführer hatte. Es heißt, in einer lebensbedrohlichen Situation würde das Le-

ben wie im Zeitraffer vor einem ablaufen. Das kann ich bestätigen, denn in diesem Augenblick, diesem Bruchteil einer
Sekunde, schoss mir eine Flut von Gedanken und Bildern
durch den Kopf. Ich sah das freie Feld und erinnerte mich
an die Lehrtafeln in der Militärschule, die vor den Gefahren
beim Überqueren eines freien Feldes warnten. Ich stellte mir
den Hinterhalt vor, die gut getarnten unterirdischen Verste-
cke. Von dort, wo ich stand, konnte ich nicht sehen, wo Du
warst und was vor sich ging. Ich spürte, dass etwas Schreckliches geschehen war. Ich fühlte Deine Seele davonfliegen,
aber ich ignorierte das Gefühl. Ich wollte, dass Du am Leben
und unversehrt warst. Ich erinnere mich, dass ich Befehle
brüllte. Ich höre die Echos meiner Rufe bis heute. Ich rief
dem Funker zu, er solle hinten bleiben und Funksprüche
vom Kompaniechef abhören. Ich wollte verhindern, dass er
sich in Gefahr begab. Ich rief nach dem Sanitäter und befahl
dem Rest der Gruppe, zurückzubleiben und uns Deckung zu
geben. ›Charlie, wo steckst Du, zum Teufel?‹ Wo bist Du zu
Boden gegangen? Gott hilf mir, ich muss Dich finden! Ich
fühlte mich so ohnmächtig. Ich rief Deinen Namen, aber erhielt keine Antwort. Dann sah ich schwarze Schatten, die aus
der Erde krochen und mit Gewehren auf den Doc und mich
feuerten. Und ich sah Dich mit einem Einschussloch im Kopf
daliegen – tot! Ich heulte vor Wut. Ich hörte Doc brüllen. In
meiner Wut und meinem Hass war mir alles egal, Charlie. Ich
dachte nur noch an Rache und an die Sicherheit der anderen
Jungs. Man erzählte mir, ich hätte die Stellung der Vietnamesen gestürmt und mehrere Granaten in ihre unterirdischen
Bunker geworfen. Sie waren direkt vor mir, keine fünf Meter

entfernt. Sie feuerten viele Schüsse auf uns ab. Doc wurde elf
Mal getroffen, aber am Ende gewann er den Kampf um sein
Leben. Ich schäme mich, dass ich nur Pulververbrennungen
erlitt. Der Granatsplitter, der sich in meinen Oberschenkel
bohrte, kam von unserer Seite. Wilson, der Grünschnabel,
wollte mir helfen und warf eine Granate, aber nicht weit genug, sodass sie mich von hinten erwischte. Ironischerweise
bekam er dafür später einen Bronze Star. Angeblich tötete
ich alle Vietnamesen. Daran kann ich mich aber nicht mehr
erinnern. Ich weiß nur noch, dass alle Jungs um mich herum
waren, um mich zu schützen, und dass Doc auf einer Trag-
bahre weggebracht wurde. Ich weiß, ich war geschockt und
verzweifelt, und doch irgendwie erleichtert, dass ich noch
lebte. Wein- und Lachkrämpfe schüttelten mich gleichzeitig.
Ich wollte Dich nicht verlassen, Charlie. Ich beschwor sie,
mich bei Dir und den Männern bleiben zu lassen. Aber sie
verfrachteten mich in den Rettungshubschrauber und brachten mich weg. Ich sah Dich nie wieder, nur in meinen Träumen. Sie verliehen mir ein Purple Heart und einen Silver
Star, Charlie. Ist das nicht ironisch? Ein Orden für ein Leben!

Ich sehe noch Dein stolzes Gesicht vor mir, als Du uns das
Bild von Deinem neugeborenen Sohn zeigtest. Ich wollte
auch einmal so stolz sein.

Mein Therapeut sagt, dass, was an jenem Tag passierte,
nicht meine Schuld war. Er erinnert mich daran, dass ich
damals erst achtzehn Jahre alt war und eine Verantwortung
trug, die man keinem Achtzehnjährigen aufbürden dürfte.
Mein Psychiater sagt, ich würde meine Probleme mit Medi-
kamenten und der Therapie in den Griff bekommen. Kurz

gesagt, meine seelischen Wunden werden wahrscheinlich nie heilen. Die Erinnerungen, Ängste, Schuldgefühle und Depressionen und all die anderen Dämonen, die sich an jenem Tag in meiner Seele einnisteten, hindern mich daran, ein normales Leben zu führen. Nach der ärztlichen Diagnose leide ich unter einer schweren und chronischen posttraumatischen Belastungsstörung. Ich war bisher nicht fähig, meine Kriegserlebnisse zu bewältigen, trage sie mit mir herum wie eine Last, die ich nicht ablegen kann. Meiner Meinung nach hätte *ich* an jenem Tag sterben sollen und nicht Du, Charlie. Bitte vergib mir.

Vor zwei Jahren versuchte ich, Deine Familie anzurufen. Ich wollte mich ihr vorstellen, aber ich hatte zu große Angst davor und machte einen Rückzieher. Trotzdem freue ich mich weiterhin auf den Tag, an dem ich Deinem Sohn erzählen kann, dass Du nicht leiden musstest und dass Du ein guter Mensch warst. Ich will ihm sagen, wie sehr Du ihn geliebt und wie oft Du von ihm gesprochen hast. Ich würde es mir auch für mich selbst wünschen. Aber meine Angst hält mich zurück. Vielleicht schaffe ich es eines Tages, meine Dämonen zu überwinden, sodass ich nach Alabama fliegen und meine Mission erfüllen kann. Vielleicht …

Ich wurde aufgefordert, über etwas zu schreiben, an das ich glaube, über etwas, das heute umstritten ist, und über etwas, das mich tief in der Seele berührt. Und nichts berührt mich tiefer als das, was mit Dir geschehen ist.

Ruhe sanft, mein Freund. Gott schenke Dir Frieden.

Ich werde Dich nie vergessen.

Ed Minami, Stabsunteroffizier der US-Armee/US 52755497

»Als alles vorbei war, fühlte ich mich so hilflos wie an keinem anderen Tag in meinem Leben. Ich war in einem Zustand, in dem es mir egal war, ob die ganze Welt in die Luft flog. Meine Gefühle waren sehr intensiv. Ich empfand eine Mischung aus ohnmächtiger Wut, Schmerz, Frustration und Schuldgefühlen. Charlie war kein Vietnamese. Ich war nicht darauf trainiert, bei seinem Tod nichts zu empfinden. Sein Sohn würde ohne Vater aufwachsen müssen. Ich machte mir bittere Vorwürfe wegen meiner Unaufmerksamkeit. Heute wünsche ich, ich hätte alles anders machen können.«

Dann sagte Ed mit viel Schmerz in der Stimme: »Vielleicht war ich in der Ausbildung zu eingebildet und versuchte nun als Sergeant, meiner Familie und mir selbst etwas zu beweisen. Wozu das alles?«

Von Gefühlen überwältigt fragte Ed: »Warum tun Menschen einander so viel Leid an? Und nach ein paar Jahren ist alles nur noch Geschichte. Den meisten Leuten bedeutet es nicht viel.« Allmählich begannen leise Schluchzer Eds Sätze zu unterbrechen. »Es ist eine Sache, in einem Krankenhausbett zu sterben, aber es ist etwas anderes, in einem fremden Land, in dem einen niemand kennt, auf einem dreckigen Schlachtfeld buchstäblich zu verrecken. Es ist so sinnlos. Als ich diese Leute tötete, die Charlie getötet hatten, war ich rasend, in einem wilden Aufruhr der Gefühle. Normalerweise sah man in diesem Krieg nicht, wen man tötete. Man kämpfte aus der Ferne. Das war das erste Mal, dass ich die Konsequenzen meines Handelns sah.« Mit leiser und trauriger Stimme fügte Ed hinzu: »Ich hatte keinen Grund, später den jungen Burschen zu töten. Ich glaube nicht, dass es mir in diesem

Augenblick etwas ausgemacht hätte, wenn ich selbst gestorben wäre. Mir war alles egal.«

»In Vietnam geschah etwas mit mir, das mich für immer veränderte. Meine Erfahrungen in Vietnam bestimmten mein ganzes späteres Leben. Ich weiß jetzt, dass ich nach meiner Heimkehr eine Menge Wut und Schuldgefühle verdrängte. Ich fand bei meiner Familie keine emotionale Unterstützung. Sie verhielt sich, als hätte ich nur einen Wochenendausflug nach Vietnam unternommen. Ich war so wütend. Nach drei Monaten ging ich zum Militär zurück und blieb für drei Jahre dort.

Als ich die Armee zum zweiten Mal verließ, hatte ich bereits Cathy, meine Exfrau, kennengelernt. Sie brachte zwei Söhne mit in die Ehe, und wir hatten noch zwei gemeinsame Töchter. Ich wusste nicht, wie ich meine Familie ernähren sollte, und hatte keine Ahnung von Kindererziehung. Ich hatte nichts gelernt und konnte keinen Job lange halten. Außerdem war ich voller Schuldgefühle. So tat ich, was ich von meinem Vater kannte: Ich misshandelte meine Kinder.

Ich tat schlimme Dinge. Wenn ich einen schlechten Tag hatte, war kein Auskommen mit mir. Alles konnte mich auf die Palme bringen. Ich bekam schon einen Wutanfall, wenn ich nur im Kühlschrank einen angebissenen Hotdog liegen sah. Alle vier Kinder mussten sich dann in einer Reihe aufstellen. Sie waren stumm vor Angst. Ich drohte ihnen, sie nacheinander zu verdreschen, bis jemand mir sagte, wer den Hotdog angebissen hatte. Ich schüchterte sie damit ein, dass

ich Mehl auf den Kühlschrank stäuben würde, um herauszufinden, wessen Fingerabdrücke darauf waren, und dann würde ich dem Schuldigen eine doppelte Tracht Prügel verpas-
sen. Meine älteste Tochter, die den Hotdog angebissen hatte,
schrie plötzlich: ›Ich war es! Ich war es! Bitte mach keinen
Mehltest!‹ Sie hatte schreckliche Angst vor mir. So sah das
Leben meiner Kinder aus. Meine Erziehung bestand darin,
dass ich sie einschüchterte und anbrüllte.

Rückblickend wünschte ich, sie würden wissen, dass ich
krank war. Im Grunde meines Herzens wollte ich ihnen
nichts tun. Ich war einfach nicht fähig, meine Wut zu beherrschen oder mir selbst etwas Gutes zu tun. Ich war ein
seelisches Wrack voller Schuldgefühle wegen der Dinge, die
passiert waren, als sie noch gar nicht auf der Welt waren, und
das ließ ich an ihnen aus.

Ich muss noch etwas gestehen, das Schwierigste von allem.
Ich komme aus einer Familie mit sechs Kindern. Unser Va-
ter schlug und missbrauchte uns in regelmäßigen Abständen.
Als meine Mutter starb, wurde es noch schlimmer. Wir wohn-
ten in einer völlig heruntergekommenen Wohnung voller
Ratten, und er schlug und missbrauchte uns immer häufiger.

Das Schlimmste ist, dass ich nahezu dasselbe mit meinem
ältesten Sohn wiederholte. Als er auf der Highschool war,
fand ich heraus, dass er mit meinen Töchtern unschuldige
sexuelle Spielchen machte. Die Szenen mit meinem Vater
wurden in meiner Erinnerung wieder lebendig, ich fühlte
mich zurückversetzt in meine Kindheit und wurde furchtbar böse auf meinen Sohn. Ich begann ihn sexuell zu miss-
brauchen, einfach aus Wut. Es tat mir bald sehr leid, und ich

wollte mit seiner Mutter über alles reden, aber er bat mich, es nicht zu tun. Das war mir ganz recht. Cathy und ich hatten damals Eheprobleme, und diese Eröffnung hätte alles nur noch sehr viel schlimmer gemacht. Eines Tages fuhren Cathy und ich die Auffahrt hinauf, als sie sagte:

›David hat mir erzählt, was du getan hast.‹

Sie fragte mich, ob es wahr sei. Ich konnte nur nicken.

Es war der Wendepunkt für mich, als ich Cathy ansah und sagte: ›Ja, das habe ich getan.‹ Ich erkannte, dass ich mein Leben ändern musste. Ich hatte anderen so viel Leid zugefügt. Es schien, als würde ich alle kaputt machen, die mit mir zu tun hatten. Ich stürzte in eine tiefe Krise.

Ich sah ein, dass ich das Schweigen brechen musste, um aus dem Wahnsinn herauszukommen, so schmerzlich das auch war. Ich musste die Wahrheit sagen und für das, was ich getan hatte, die Verantwortung übernehmen. So begann ich, mich von meiner Schuld zu heilen. Ich musste lernen, zu vergeben, und bei mir selbst anfangen. Ich arbeite an mir. Ich arbeite jeden Tag an meiner Schuld und lerne, zu vergeben – mir selbst und anderen. Das ist ein Ganztagsjob, und der schwierigste, denn ich je gemacht habe.«

Schuld verarbeiten

Wie heilt man Schuldgefühle, die man wegen schrecklicher Ereignisse der Vergangenheit empfindet? Das war das Hauptproblem von Ed, der erkannte, dass er die Verantwortung für seine Taten übernehmen musste, um sich vergeben zu können. Wie Eds Geschichte noch zeigen wird, kann man Schuld nur heilen, wenn man die verdrängten Verletzungen und Gefühle Schicht für Schicht freilegt. Er durchlebte den Teufelskreis von Schuld auf verschiedenen Ebenen, ohne sich dessen bewusst zu sein, bis er feststellte, wie eng all seine persönlichen Probleme mit seinen Schuldgefühlen zusammenhingen. Es ist paradox, aber wenn man seine Schuld anerkennt und die Verantwortung für sein Handeln übernimmt, wird man befreit. Und so endete Eds Geschichte:

»Bis an mein Lebensende werde ich mich immer verantwortlich fühlen. Ich empfinde eine unendliche Traurigkeit und mir ist bewusst, wie sinnlos mein Leben jahrelang war. Es ist noch viel Schmerz in mir, und ich habe meine Schuldgefühle noch nicht völlig überwunden, obwohl ich viel an ihnen arbeite. Was mich noch mehr schmerzt als die Erinnerung an Charlies Tod und meine brutale Rache an dem jungen Vietcong-Soldaten, ist der ganze Zustand dieser Welt, der die Menschen dazu bringt, so etwas zu tun.

Ich weiß nicht mehr, ob es Ralph Waldo Emerson war, der sagte, dass unser Denken unser Verhalten bestimmt. Ich glaube, das ist wahr. Deshalb ist es so wichtig, Schuldgefühle freizulegen. Unbewusste Schuldgefühle erzeugen negative Gedanken, die uns in Monster verwandeln können. Was wir denken, manifestiert sich in unserem Verhalten.

Ich habe meine Schuld und meinen Selbsthass erkannt und nenne sie jetzt meine Dämonen. Ich habe gemerkt, dass ich vieles besser verstehe, wenn ich Metaphern benutze. Mit ihrer Hilfe lernte ich, mich mit mehr Abstand zu betrachten und mich anders zu sehen. Mein Ziel ist, meine Dämonen loszuwerden oder zumindest ihre Eskapaden weitestgehend zu verhindern, denn wenn ich meine ganze Energie darauf verwende, mit ihnen zu kämpfen, entgleitet mir mein Leben.

Abgesehen von dem, was in Vietnam geschah, und meiner Erfahrung mit Charlie, schäme ich mich am meisten für mein Verhalten gegenüber meinem Sohn David.

Solange ich die Schuld bei anderen suchte, konnte ich das ›arme Opfer‹ spielen und mich bemitleiden. Zum Glück wurde der Schmerz so groß, dass ich begriff, dass es nur einen Ausweg gab: Ich musste die Verantwortung für meine Taten übernehmen. Dafür entschied ich mich. Ich war fähig, zu sagen: ›Ja, das habe ich getan. Es gibt keine Entschuldigung dafür.‹ Ich musste mir darüber klar werden, wer ich war, worum es in meinem Leben ging und was mich dazu trieb, solche Dinge zu tun. Das ist der Punkt, ab dem man ein tieferes Verständnis entwickelt und viel Unterstützung erhält. Ich sagte: ›O Gott, das tut mir in der Seele weh. Ich habe Mitleid mit dem kleinen Eddie. Er musste Schreckliches durchmachen. Ich finde es schlimm, dass er niemanden hatte, dem er sich anvertrauen konnte, niemanden, der ihn unterstützte oder dafür sorgte, dass er die Hilfe bekam, die er brauchte.‹ Ich musste meinen Schmerz spüren und diese Tatsachen akzeptieren. Das war ein harter Kampf, glauben Sie mir. Ich weinte viel. Und das Seltsame war, dass nach all meinen Tränen viel von dem Schmerz verschwunden war.

Dann war da noch Vietnam. Ich erinnere mich, dass ich zu mir sagte: ›Ich habe wirklich Mitleid mit dem jungen Soldaten, der scheinbar so gefühllos und skrupellos war, dass er diesen jungen Vietnamesen erschoss, ohne etwas dabei zu empfinden. Der Ed, der das tat, muss die Hölle durchgemacht haben.‹ Schuld verschloss mein Herz. Als ich mir eingestand, was ich früher aus Furcht nicht sehen wollte, als ich das Dunkle ans Licht brachte, begann ich die Dinge anders zu sehen. Das war der Schlüssel.

Und ich hatte meinen über alles geliebten Sohn verletzt! Wie konnte ich das nur tun? Mir ist inzwischen klar, dass ich es aus Wut tat, um ihn zu bestrafen. O ja, *ich* verdiene es, bestraft zu werden. Darum geht es bei jeder Schuld. Man weiß, dass man etwas Verwerfliches getan hat, und dann kommt der Zorn Gottes über einen.

Ich begann, mir weitere Fragen zu stellen, und sagte zu mir: ›Du weißt, dass du das nie vergessen kannst, Ed. Deshalb musst du anfangen, dir zu vergeben, denn wenn du das nicht tust, wirst du immer diese Dunkelheit in dir haben. Dann wirst du der hasserfüllte, zornige, schuldige Mensch bleiben, der du warst, und kannst auch nicht erwarten, dass andere Menschen dich anders sehen und fähig sind, dir zu vergeben.‹

Es ist schmerzlich, über diese Dinge zu reden, aber jetzt ist nichts mehr verborgen. Jetzt bin ich wirklich ein offenes Buch. Das ist befreiend und gibt mir den Mut, weiterzumachen, um herauszufinden, wer ich in meinem Innersten bin. Ich habe erkannt, dass es höhere Mächte gibt, nicht nur mich selbst. Da ich die Verantwortung für meine Taten übernahm und mir meinen Selbsthass eingestand, muss ich mich nicht mehr hinter einer Maske verstecken. Ich muss die Schuld nicht mehr in den Tiefen meines Unbewussten begraben. Diese verdrängte Schuld war letztendlich der Grund, warum ich so schreckliche Dinge tat. Ich verstehe jetzt, dass zwischen meinem Verhalten gegenüber meiner Familie und meiner Meinung über mich selbst ein direkter Zusammenhang bestand. Ich hasste mich für das, was in Vietnam geschah, und ich ließ meine Schuldgefühle an jedem aus. Schuldgefühle hindern uns daran, herauszufinden, wer wir wirklich sind. Wenn wir krank sind vor Abscheu vor uns selbst und vor dem, was wir getan haben, sind wir unfähig, die Quelle der Liebe und Freude in uns zu finden.«

Ich fragte Ed, ob zwischen der Überwindung von Schuldgefühlen und der Erfahrung einer stärkeren spirituellen Kraft in uns ein Zusammenhang besteht. Er erwiderte: »Ich glaube, viele Jahre lang war die Schuld meine höhere Macht. Ich hielt krampfhaft an ihr fest. Es war bequemer, mit ihr weiterzuleben, als etwas zu ändern. Wenn wir uns entscheiden, mit der Schuld weiterzuleben, statt uns dem Schmerz und den negativen Gefühlen, die sie verursacht, zu stellen, müssen wir jemanden finden, an dem wir unsere negativen Gefühle auslassen können. Möglicherweise fühlen wir uns dann vorübergehend besser, aber in Wirklichkeit haben wir nur noch mehr Schuld angehäuft und aus unserem Bewusstsein verdrängt. Dann sehen wir alle Leute mit den Augen einer noch größeren Schuld.

Wenn ich aber einen Teil meiner Schuld überwinden kann, geschieht etwas Wundervolles in mir. Ich kann in den Spiegel schauen und mich anlächeln. Ich kann mich wieder ein Stück weit mögen. Ich kann sagen: ›Du hattest einen schönen Tag und hast heute ein paar gute Dinge getan. Du hast dich wirklich mit anderen Menschen verbunden gefühlt.‹ Ich fühle mich im Einklang mit dem ganzen Universum. Meine höhere Macht ist weniger Gott an sich als dieser Einklang mit allem. Heute sehe ich mein Leben als einen Faden, als einen von Millionen und Abermillionen Fäden, die unsere Welt, unser Universum zusammenhalten. Ich bin ein Teil des Ganzen. Ein Stück meines Fadens wurde beschädigt, weil ich unachtsam war. Aber das macht nicht den ganzen Faden wertlos. Ich bleibe trotzdem ein Teil des Universums, ein Teil der Menschheit, ein Teil des Guten. Wenn wir erkennen, dass wir allem verantwortlich und mit allem verbunden sind, werden wir lebendig, fühlen uns voller Energie, und all unsere positiven Eigenschaften kommen zum Vorschein. Ich habe gelernt, mich zu den schrecklichen Dingen, die ich getan habe, zu bekennen, die Verantwortung für sie zu übernehmen, mir Zeit zum Heilen meiner Wunden zu lassen und mir zu vergeben. Wenn ich ein besserer Mensch werden und das beschädigte Ende des Fadens reparieren kann, kann ich ihn vielleicht mit anderen verweben, also mit den Menschen um mich herum, mit anderen Seelen, tiefe Verbindungen eingehen und vielleicht sogar eine heilende Wirkung auf sie haben. Mein Leben muss kein beschädigter Faden bleiben. Ich kann anderen helfen. Ich bin ein Teil dieses Universums. Mein Leben hat einen Sinn und Zweck, wie alle anderen.

Die Fähigkeit, zu vergeben, half mir, meine Töchter zu verstehen und es ihnen nicht übelzunehmen, dass sie mich aus ihrem Leben ausschlossen. Ich denke, dass es anders für uns alle besser wäre, aber ich verstehe ihre Situation sehr gut. In meinem Leben geht es jetzt vor allem darum, mich zurückzunehmen und andere zu respektieren. Ich will lernen, Ruhe zu bewahren, selbst wenn um mich herum ein Sturm tobt. Ich will mein Herz weiter schulen, mein Verständnis für die Menschen um mich herum weiter verbessern und versuchen, sie zu lieben statt zu hassen. Das hat Verzeihen mich gelehrt. Durch Vergebung erfuhr ich völligen Frieden. Das ist ein Segen nach den langen Jahren voller quälender Schuldgefühle. Ich habe mir noch nicht völlig vergeben. Ab und zu stoße ich auf eine Mauer, die meine Gefühle blockiert. Aber ich weiß jetzt wenigstens, was ich zu tun habe. Mir ist klar, dass ich mich entscheiden muss. Will ich dieser verhaltensgestörte Mensch sein? Oder will ich Freude und inneren Frieden empfinden? Ich erinnere mich daran, dass ich etwas aus meinem Leben machen will. Ich will alles verstehen, was in der Vergangenheit geschah, die Dinge, die ich getan habe, und alle Menschen, die damit zu tun hatten. Das ist mein Ziel. Ich will mich am Leben freuen können. Ich nahm mir früher nie die Zeit, über alltägliche Dinge nachzudenken, zum Beispiel über die Zerbrechlichkeit eines Vogels oder den frischen Geruch des Morgens. So hat Verzeihen mein Leben verändert.«

»Wenn man an sich arbeitet, das Problem und den Teufelskreis erkennt und versteht, wie man dazu beigetragen hat, ihn am Laufen zu halten, weiß man genug, um vergeben zu können. Manchmal ist es schwer, die Energie zum Weitermachen aufzubringen. Aber etwas ließ mir keine Ruhe; etwas sehr Spirituelles in mir gab mir die Energie, mich weiterzuentwickeln. Ich vermeide es sonst eher, mir eine höhere Macht als eine Person oder ein Wesen mit einer Absicht vorzustellen, aber ich kann sie nicht anders beschreiben. Dass ich dieses Wesen oder diese Person in mir habe, die mir ständig sagt, dass sie mich erschuf und dass ich im Grunde gut bin, hat eine heilende, verwandelnde Wirkung. Es erfüllt einen mit ehrfürchtigem Erstaunen, wenn man hört, dass man die Fähigkeit und die Macht hat, Dinge zu verändern, und dass diese schöpferische Energie einem die nötige Kraft dazu verleiht, wenn man anerkennt, dass man selbst dafür verantwortlich ist, wer man ist. So beschloss ich, mich zu meiner Verantwortung zu bekennen und mich von dieser inneren Stimme leiten zu lassen.«

Da ich spürte, dass es noch mehr zu sagen gab, fragte ich Ed: »Erinnern Sie sich an eine Situation, in der diese Stimme Ihnen sagte, dass Sie im Grunde gut sind und dass Sie zu Veränderungen fähig sind?« Ed musste nicht lange überlegen.

»Ja, einmal erlebte ich etwas, das mir wie eine außerkörperliche Erfahrung vorkam. Ich betrachtete mich selbst, die Leute und das ganze Treiben um mich herum aus der Distanz. Ich war an einem friedlichen Ort, von dem aus ich alles in Ruhe überschauen konnte und viel klarer sah. In diesem Augenblick hörte ich die Stimme sagen: ›Edward, du weißt, dass du im Grunde gut bist. Wenn du bereit bist, dich von uns leiten zu lassen, und unsere Hilfe spürst, wirst du fähig sein, etwas wirklich Gutes für diese Welt zu tun.‹ Dann glitt ich in mich selbst zurück. Diese Erfahrung war so tiefgreifend, dass allein die Erinnerung an sie mir hilft, mich selbst anzunehmen. In mir hat sich viel verändert. Wenn mich zum Beispiel früher jemand wütend machte, reagierte ich automatisch mit einem Gegenangriff. Das tue ich jetzt nicht mehr. Ich versuche, zu verstehen, wo die Leute herkommen, lächle innerlich und sage: ›Ist schon o.k. Du bist wahrscheinlich genau da, wo du sein musst, und das ist gut.‹

Es hat mich viel Mut gekostet, all diese Dinge zu erzählen, aber während ich vergeben lernte, gewann ich eine innere Stärke, die mir auch in Zukunft helfen wird, mit allen Problemen umzugehen. Ich weiß, dass es gut enden wird. Das habe ich aus dieser Erfahrung gelernt. Das war wirklich wundervoll. Ich hoffe, dass meine Geschichte aufzeigt, was für eine tiefe Wirkung Verzeihen auf uns hat. Ich hoffe, dass der eine oder andere sich in schwierigen Zeiten an sie erinnert, dass sie Menschen Hoffnung gibt, selbst wenn es nur ein Funken ist. Dann hätte alles, was ich durchgemacht habe, etwas Gutes bewirkt.«

9   Wie man Schmerz bewältigt

»Von Anfang an sah ich beide als Opfer. Mein einziger
Sohn war ein Opfer seines Mörders und sein Mörder
ein Opfer der Gesellschaft – einer Gesellschaft, die wir
alle geschaffen haben. Ich übernehme meinen Teil
der Verantwortung für die Kugel, die meinem Sohn
das Leben raubte, und das sollte jeder mitfühlende
Mensch tun.«

AZIM KHAMISA

Wie heilen wir unseren Schmerz und Kummer über eine ent-
setzliche Tragödie? Wenn jemand oder etwas in uns stirbt,
trauern wir um die verlorenen Möglichkeiten und eine Zukunft, die nie sein wird. Beim sechsten Schritt geht es um
Trauer. Wir müssen lernen, mit unserem Schmerz konstruktiv umzugehen, um vergeben zu können. Dazu müssen wir
zuallererst trauern. Manche Opfer von Gewalt weinen während des Vergebungsprozesses zum ersten Mal. Nur wenn wir
es uns gestatten, zu trauern, können wir unseren Schmerz
und Kummer bewältigen. Wenn wir weinen, nehmen wir den
Schmerz an, und dadurch wird er mit der Zeit gelindert.

Wir müssen aufhören, vor unserem Schmerz davonzulaufen, und lernen, mit ihm umzugehen. Indem wir uns ihm stellen, überwinden wir ihn allmählich. So durchbrechen wir die Teufelskreise von Gewalt und Rache und leiten eine positive Veränderung ein.

In unserer nächsten Geschichte werden wir einen Mann kennenlernen, der nach dem äußerst schmerzlichen Verlust seines Sohnes durch Trauerarbeit den Weg zur Vergebung fand. Während er trauerte, erkannte er, wie heilsam es ist, etwas für andere zu tun, oder, wie er es nannte, »geistige Währung zu erwerben«. Diese erstaunliche Geschichte begann am tragischen Abend des 21. Januar 1995 im kalifornischen San Diego. Der zwanzigjährige Tariq Khamisa, ein Student der San Diego State University, wurde erschossen, während er Pizzas auslieferte. Sein Mörder, ein Vierzehnjähriger namens Tony Hicks, war auf seinem ersten nächtlichen Streifzug als neues Mitglied einer Gang. Er feuerte die tödliche Kugel auf Befehl des achtzehnjährigen Anführers der Gang ab.

Das Besondere an dieser Geschichte war die außergewöhnliche Reaktion von Tariqs Vater Azim Khamisa. Dessen erster Gedanke war nämlich nicht Vergeltung, sondern er sah nicht nur seinen Sohn, sondern auch dessen Mörder als Opfer. Obwohl er Tariqs gewaltsamen Tod bis an sein Lebensende betrauern wird, verwandelte sich sein Schmerz in ein leidenschaftliches Engagement für eine bessere Welt. Wie Azim sagte: »Eine Gesellschaft, in der Kinder Kinder töten, braucht dringend Veränderung.« Hier ist Azims Geschichte:

Azims Geschichte

»Ich bin persischer und indischer Herkunft und wurde in Kenia geboren. Mit fünfzehn ging ich als Student nach England. Sechs Jahre später kehrte ich nach Kenia zurück, um den Familienbetrieb zu übernehmen. Als im benachbarten Uganda Idi Amin an die Macht kam, wurden alle Asiaten des Landes verwiesen. Deshalb wanderte ich mit fünfundzwanzig nach Kanada aus. Das war 1974. Seit dreißig Jahren lebe ich in den USA. Es ist schon ironisch, dass ich eine Region der Welt verließ, in der sehr viel Gewalt herrschte, nur um dann in den USA Gewalt aus nächster Nähe zu erleben.

Ich bin Moslem, ein Ismailit. Das ist eine sufistische Glaubensgemeinschaft. Der Sufismus ist der mystische Teil des Islam. Ich erzähle Ihnen das, weil mein ethnischer Hintergrund das Fundament für alles bildete, was kommen sollte, insbesondere für meine Reaktion auf den Tod meines Sohnes und letztendlich auch für meine Bereitschaft, zu vergeben, obwohl dazu viel emotionale Heilung nötig war.

Ich werde nie den Morgen vergessen, an dem ich vom Tod meines Sohnes erfuhr. Ich war gerade von einem Ausflug nach Mexiko zurückgekehrt. Meine Freunde Dan und Kit hatten mich am Vorabend abgeholt. Wir hatten zusammen eine Geburtstagsparty besucht und bis zwei Uhr morgens gefeiert. Dann fuhren mich die beiden nach Hause. Um vier oder fünf Uhr morgens klingelte jemand an meiner Tür. Ich hörte es nicht, weil ich fest schlief und mein Schlafzimmer im zweiten Stock liegt. Er hinterließ eine Karte.

Es war etwa acht Uhr, als ich die Karte fand, die Sergeant

Lampert von der Mordkommission hinterlassen hatte. Auf ihrer Rückseite stand: ›Wir versuchen Tariq Khamisas Familie zu erreichen.‹ Also rief ich bei der Polizei an.

Sergeant Lampert war nicht da, aber eine Frau teilte mir mit: ›Ihr Sohn wurde von einem Gangmitglied erschossen.‹ Ich wollte es nicht glauben. Das musste ein Irrtum sein. In meiner Verzweiflung wählte ich immer wieder Tariqs Telefonnummer. Er war gerade erst zu seiner Freundin Jennifer gezogen – drei Wochen bevor er getötet wurde. Als Jennifer endlich den Hörer abnahm, weinte sie. Sie hatte es etwa um fünf Uhr erfahren.

In diesem Augenblick fühlte ich mich, als würde mein Innerstes in eine Million Stücke zerfetzt. Ich war am Boden zerstört. Alles Leben wich aus mir. Die Nachricht vom Tod des eigenen Kindes ist ein Schock, den der Körper kaum verkraftet. Ich rief sofort meine Familie an, die im kanadischen Vancouver lebte. Dann rief ich Dan an. Er sagte zu mir, ich solle nichts tun; er und Kit kämen sofort vorbei. Sie blieben bei mir und übernahmen im Grunde alles, was zu tun war. Kit ging Jennifer holen, weil wir sie in dieser Situation nicht allein lassen wollten. Als ich mit Dan allein war, sagte er zu mir: ›Die, die das getan haben, sollen in der Hölle schmoren!‹ Während er mit mir redete, stand ich unter einem so großen Schock, dass ich, glaube ich, meinen Körper verließ. Plötzlich hatte ich das Gefühl, in den liebenden Händen meines Schöpfers zu sein. Es war eine außerkörperliche Erfahrung, eine Lichterfahrung. Ich fühlte mich sicher, geliebt und geborgen und wusste, dass alles gut werden würde. Als ich in meinen Körper zurückkehrte, war mir klar, dass beide

Jungen Opfer waren. Ich sagte zu Dan: ›Ich empfinde nicht so. Der Junge, der meinen Sohn erschoss, ist auch ein Opfer.‹ Dan verlor die Fassung und weinte. Er sagte, er könnte nicht so reagieren, wenn Adam, sein vierzehnjähriger Sohn, getötet würde. Obwohl Dan ein versöhnlicher und sehr spiritueller Mensch ist, sah er die Situation anders als ich. Ich werde oft gefragt, warum und wie ich fähig war, so ganz anders zu reagieren. Ich denke, es gibt zwei mögliche Gründe dafür. Der erste ist, dass ich in Afrika in einer sehr liebevollen Familie mit vielen spirituellen Werten aufwuchs. Ich kann mich glücklich schätzen, dass ich orientalische Wurzeln habe, sodass Spiritualität ein wichtiger Bestandteil meiner Erziehung war. Sie legte das Fundament für mein Denken und meinen Glauben, in dem ich viel Trost fand. Meine Studienzeit und den Rest meines Lebens verbrachte ich im Westen. So bekam ich das Beste aus beiden Welten mit. Ich denke immer, dass meine Aufgabe im Leben darin besteht, die Seele Afrikas, die spirituelle Weisheit des Orients und die materielle Weisheit des Westens miteinander zu verbinden. Ich finde, als Mentalität und Lebensstil wäre das eine großartige Mischung. Meine Erziehung hatte viel Einfluss darauf, wie ich mit dem Tod meines Sohnes umging, denn ich wuchs mit Liebe, Frieden, Vergebung und all den anderen positiven Werten auf, die Religion einen lehren kann, wenn man sich ernsthaft mit ihr beschäftigt. In den Tagen nach Tariqs Tod fühlte ich mich wie gelähmt. Als meine Familie aus Vancouver einflog, wuchs meine innere Verzweiflung noch mehr. Ich wurde von meinem Kummer überwältigt. Mein Schmerz war so intensiv, dass er mich die ganze Nacht wach hielt. Ich war kaum ansprechbar. Am Dienstag fand ein Gedenkgottesdienst statt, und am Mittwoch flogen wir Tariqs Leichnam nach Vancouver. Die Beerdigung war am Donnerstag.

In den Tagen vor der Beerdigung führte ich intensive Gespräche mit Glaubensgenossen. Ich betete viel, meditierte und ging hinaus in die Natur. Das gab mir Zeit zum Nachdenken. Ich stellte mir Fragen wie: Warum bin ich hier und welchen Zweck hat mein Leben? Das half mir, mich auf die Zukunft hin zu orientieren, statt auf die Vergangenheit. Ich besann mich auf meine eigene spirituelle Philosophie, die mir Hoffnung gab. Gleichzeitig wurde ich mit dem *Tibetanischen Totenbuch* vertraut. Diese Schrift des tibetischen Buddhismus ist voller Weisheit und gibt auch praktische Ratschläge zum Umgang mit dem Schmerz über den Tod eines geliebten Menschen. Sie half mir, die wahre Bedeutung des Lebens zu verstehen, und lehrte mich, wie man den Tod akzeptiert und dadurch den Sterbenden und den Toten hilft.

Am Tag nach der Beerdigung kam ich langsam wieder zu mir. Ich war wütend, aber nicht auf den Mörder meines Sohnes. Meine Wut richtete sich gegen die ganze Gesellschaft. Wir vernachlässigen sträflich unsere Verantwortung für unsere Kinder.

Wir alle haben diese Gesellschaft geschaffen. Diese Kinder sind keine geborenen Gangster. Sie wurden mit dem Potenzial geboren, Helden zu sein. Enttäuschungen haben sie zu Mitgliedern von Gangs werden lassen. Ihre Eltern und die Kommunen hätten sich wie eine Familie verhalten können. Aber wegen eines Mangels an gesellschaftlicher Verantwortung breiten diese Gangs sich aus wie ein tödliches Krebs-geschwür.

Ich war sehr zornig auf dieses Land. Ich hatte Afrika ver-lassen, um dem Terror Idi Amins zu entgehen. Ich war hier-hergekommen, um meine Familie zu schützen. Was für ein verhängnisvoller Fehler. Zuerst wollte ich dieses Land ver-lassen. Ich hätte überall hingehen können – nach England, nach Indien, nach Kanada oder in irgendein anderes Land der Welt. Warum war ich ausgerechnet hierhergekommen? Darüber dachte ich viel nach. Dann erinnerte ich mich an meine Gänsehaut, als ich meinen Treueid abgelegt hatte. Ich war so stolz gewesen, ein Bürger dieses Landes zu sein. Ich dachte: Mein Gott, was für ein Glück, dass ich Afrika ver-ließ, denn hier ist alles viel leichter. Nun lebe ich schon drei-ßig Jahre hier, und ich liebe meine Wahlheimat. Auch wenn ich sie verlasse, muss ich mit dem, was geschehen ist, leben. Aber wie? Ich hatte keine Ahnung, wie ich den Rest meines Lebens durchstehen sollte.

Wir kommen in selbst gewählten Rollen auf diese Welt, um zu lernen und zu lehren, aber vor allem um zu dienen. Wenn wir unsere Aufgabe hier erfüllt haben, ist es Zeit für unsere nächste Reise, für die nächste Etappe auf dem Weg zur Er-leuchtung. Tariq hatte seine Mission auf dieser Welt beendet und begab sich nun auf seine nächste Reise. Diese Tragödie ließ mich die Aufgabe meines Lebens erkennen. Bis dahin wusste ich nicht, dass es so viele solcher Gangs gibt und dass in den USA alle neunzig Minuten ein Kind erschossen wird. Wir müssen uns endlich um das ganze Problem der Jugend-gewalt kümmern, um unsere Gesellschaft heilen zu können.

Es dauert lange, bis man über so einen schmerzlichen Verlust hinwegkommt. Wenn ich gebeten werde, in der Öffentlichkeit zu sprechen, spüre ich, wie mir Tränen in die Augen steigen. Doch es ist notwendig, zu trauern. Erst nachdem man sich mit seiner Wut und seinem Leid auseinandergesetzt hat, kann man vergeben. Man muss sich seinem Schmerz stellen. Ich muss selbst heute noch an meiner Vergebung arbeiten.

Am Ende unserer vierzigtägigen Trauerzeit besuchte ich einen meiner spirituellen Lehrer. Er erklärte mir, dass nach unserem Glauben die Seele des Verstorbenen während dieser vierzig Tage sehr nahe bei seiner Familie und seinen Lieben bliebe. Danach ginge die Seele in ein neues Bewusstsein über. Wenn die Angehörigen und Freunde weiter trauerten, erschwerten sie der Seele die Reise. ›*Es ist zwar menschlich, zu trauern, aber ich empfehle dir, in Augenblicken der Trauer Gutes zu tun.* Gute Taten sind geistige Währung. Sie übertragen sich auf den Verstorbenen und helfen ihm, auf seiner Reise schneller voranzukommen.‹

Seine Worte beeindruckten mich tief. Es war sehr tröstlich, zu hören, dass wir sowohl unseren verstorbenen Lieben als auch uns selbst helfen können, wenn wir in Zeiten großen seelischen Schmerzes etwas für andere tun. Das beschäftigte mich fünf Monate lang. Ich verbrachte eine Woche in den Bergen und dachte darüber nach, wie und warum ich weiterleben sollte. Die ermutigende und tröstliche Vorstellung von der geistigen Währung inspirierte mich. Ich wollte etwas zu Ehren meines Sohnes tun – etwas Sinnvolles und etwas, das verhindern helfen sollte, dass andere die gleiche Tragödie erlebten. Ich fragte mich, was ich tun könnte, das eine Veränderung bewirkt. In dieser verhängnisvollen Nacht im Januar 1995 konnte ich meinem Sohn nicht helfen. Was konnte ich jetzt für ihn tun? Ich kam auf die Idee, eine Stiftung zu gründen, die Jugendgewalt verhindern helfen sollte. Ich wollte diese Stiftung nach meinem Sohn die Tariq-Khamisa-Stiftung nennen. Sie würde mir ein Ziel und einen Grund zum Weiterleben geben. So konnte ich vielleicht durch viele gute Taten wirklich etwas verändern. Die geistige Währung, die ich dadurch erwarb, würde meinen Schmerz und den meiner Familie heilen helfen.

Vergebung ist keine einmalige Sache. Sie ist ein Prozess, der bei manchen nie ganz abgeschlossen wird. Eigentlich macht man dabei zwei Reisen: eine äußere und eine innere. Meine äußere Reise ist die Arbeit für die Stiftung. Es ist befriedigend, Menschen zu helfen, die Hilfe brauchen. Das kann so einfach sein, wie einem älteren Menschen über die Straße zu helfen oder jemanden anzulächeln. Eine gute Tat wärmt das Herz und ist ein Gegenmittel gegen den Schmerz.

Die innere Reise ist schwieriger als die äußere. Man muss tief in sich hineinschauen und die Umstände untersuchen, die zu dem Verlust führten. Gewalt in jeglicher Form ist ein gesellschaftlicher Krebs, der bekämpft werden muss. Ein Sufimeister schrieb in einem Gedicht, dass wir die Glieder eines großen Körpers sind. Wenn wir einem Teil unseres Körpers Schmerz zufügen und denken, dass kein anderer Teil davon betroffen ist, irren wir uns. Als ich mir das bewusst machte, wurde mir klar, dass ich eine Botschaft des Friedens, der Gewaltlosigkeit und auch der Vergebung verbreiten muss, wann und wo ich nur kann. Die innere Reise ist etwas sehr Persönliches. Als ich in mich hineinzuschauen begann, empfand ich Wut. Wut schreit nach Veränderung. Andererseits kann sie zerstörerischer sein als das Ereignis, das sie verursachte. Unkontrollierte Wut ist sehr schädlich für uns selbst und die Menschen um uns. Wut muss kanalisiert werden, sonst verzehrt sie einen. Wut hat immer zwei Gesichter. Das eine ist abweisend und aggressiv, das andere hilft uns dabei, weiterzuleben. Zum Glück war ich fähig, mich für das Letztere zu entscheiden.

Eine innere Reise kann man nicht erzwingen, aber wenn man dazu bereit ist und tief genug in sich hineinhorcht, hört man eine innere Stimme. Diese innere Stimme sagt einem, wann man loslassen muss. Meditationen und Gebete halfen mir, mit meinem inneren Selbst in Verbindung zu kommen, aber auch ohne zu meditieren und zu beten kann man lernen, die innere Stimme zu hören, wenn man offen dafür ist. Durch diese Seelenarbeit bewältigt man schließlich den Schmerz und den Verlust. Und mit dieser Befreiung findet eine große innere Veränderung statt, die die Voraussetzung für Verzeihen schafft. Vergebung ist eine zusätzliche Chance. Man vergibt, um zu heilen. Man tut es für sich selbst, nicht für den Täter. Erst wenn man fähig ist, zu vergeben, ist der Trauerprozess abgeschlossen. Das ist ein Paradox des Lebens. Damit das Opfer Frieden finden kann, muss es dem Täter vergeben. Das ist eine sehr schwierige Aufgabe, denn es ist nur zu menschlich, eine große Wut und ein Verlangen nach Rache zu empfinden. Aber Wut ist auf die Dauer sehr schädlich für den Menschen, der sie empfindet. Wenn sie zu lange anhält, macht sie krank. An diesem Punkt kann Verzeihen für den leidenden Menschen die letzte Chance sein. Wenn man nicht vergibt, kann die Wut so zerstörerisch werden, dass sie einen zerfrisst. Vergebung kann zum Rettungsanker werden. Man kann sie nicht erzwingen, aber man kann einiges tun, das einem dabei hilft, einen neuen Weg einzuschlagen.«

Die Begegnung mit Ples Felix

»Eine sehr wichtige Person in meinem Heilungsprozess war Tonys Großvater Ples Felix. Als er hörte, dass sein Enkel für Tariqs Tod verantwortlich war, fühlte er sich verpflichtet, mit meiner Familie Verbindung aufzunehmen und ihr sein Mitgefühl auszusprechen. Ples wollte mich auch wissen lassen, dass er alles tun würde, was in seiner Macht stand, um mir bei der Bewältigung meines Verlusts zu helfen. Das versicherte er mir immer wieder. Als ich ihm über das Büro des Bezirksstaatsanwalts ein Treffen vorschlug, war er erleichtert. Er hatte erfahren, dass ich gesagt hatte, dass für mich beide Jungen Opfer waren. Das machte es ihm leichter, weil er wusste, dass unsere erste Begegnung nicht von Schuldzuweisungen und Feindseligkeiten belastet werden würde.

Als wir uns schließlich in der Kanzlei von Tonys Anwalt trafen, war das erste Händeschütteln von vielen positiven Emotionen begleitet. Ples reichte mir die Hand und sprach mir sein tief empfundenes Mitgefühl und Beileid aus. Wir nahmen Platz, und ich erzählte Ples von meinem Wunsch, eine nach meinem Sohn benannte Stiftung zu gründen, deren Hauptziel die Verhinderung von Jugendgewalt sein sollte. Ples wiederholte seinen Wunsch, mir zu helfen, besonders bei der Arbeit für die Stiftung. Auch er sah darin eine Möglichkeit, anderen Jugendlichen das Schicksal von Tony und Tariq zu ersparen. Seelen haben dieselbe Quelle. Das spüre ich bei Ples und mir. Ples ist ein sehr starker und spiritueller Mensch. Eine Woche nach diesem Treffen lud ich ihn zu mir nach Hause ein, um mit ihm Einzelheiten der Stiftung zu besprechen. Ples' spirituelles Wesen hatte eine heilende Wirkung auf mich. Es war für mich sehr wichtig, mit Tonys Familie zu sprechen und zu verstehen, dass auch sie unter dieser Tragödie litt. Ich weiß nicht, ob es schlimmer ist, der Vater eines Opfers oder eines Mörders zu sein. Ples' Angebot, mir zu helfen, war Teil meiner Heilung. Es gab mir Kraft. Ich wusste, dass Ples da sein und zu denen gehören würde, die mich auf dieser Reise unterstützten. Wir hoffen, dass Tony sich uns irgendwann anschließen wird.

Ich war früh fähig, Tony zu vergeben. Er erschoss meinen Sohn, aber er hatte massive Probleme, die ihn zu dem machten, der er war. Ich hoffe, dass Tony die Hilfe erhält, die er braucht, um sich zu heilen. Ich glaube, er ist auf dem richtigen Weg. Er liest viel und hat mich um Verzeihung gebeten. Ich hoffe, dass er nach seiner Entlassung aus dem Gefängnis sein Leben der Arbeit mit Jugendlichen widmen wird. Ich wünsche mir, dass Tony und Tariq im Geiste zusammenarbeiten können, um zu verhindern, dass Jugendliche eines gewaltsamen Todes sterben oder im Gefängnis landen. Ich glaube, das wäre sehr heilsam für Tony. Dann hätte er ein positives Ziel, eine befriedigende Aufgabe.

Verzeihen ist ein fortlaufender Prozess, der auf verschiedenen Ebenen stattfindet, und auf jeder entwickeln wir neue Reaktionsweisen, die uns helfen, allmählich Frieden zu finden. Dieser Frieden ist Teil der heilenden Wirkung von Vergebung. Er trägt zu einer Umgebung bei, die unsere Liebe stärkt. Und je mehr Liebe wir haben, desto größer wird unsere Fähigkeit, zu vergeben, und desto mehr Frieden werden wir erfahren.

Jeder Straftäter kehrt irgendwann in die Gesellschaft zurück. Wenn er nicht geheilt wird, wird er nach seiner Entlassung die nächste Straftat begehen. Deshalb kann man Straftäter nicht einfach wegsperren und sich selbst überlassen. Man muss sich Zeit für sie nehmen und sie in den Heilungsprozess einbeziehen. Jedem von uns wurden einige ganz besondere Eigenschaften mitgegeben. Auch Kriminelle haben gute Seiten, auch wenn diese manchmal schwer zu erkennen sind. Manchmal muss man tief graben, um kostbare Edelsteine zu finden. Straftäter sind Teil dieser Gesellschaft, und solange wir ihnen nicht helfen, kann unsere Gesellschaft nicht heilen. So lange werden Gewalt, Hass und Wut herrschen.

Um eine friedliche Gesellschaft zu schaffen und ein sinnvolles Leben zu führen, müssen wir allen Menschen helfen sich selbst zu heilen, weil jeder ein Teil unserer Gesellschaft ist. Der letzte Schritt im Heilungsprozess ist Verzeihen. Der Straftäter muss erkennen, dass er um seiner eigenen Heilung willen um Vergebung bitten muss. Und das Opfer muss fähig werden, die Situation aus spiritueller Sicht zu sehen. Wenn es in seiner Wut gefangen bleibt, wird es in doppelter Hinsicht zum Opfer. Zu Tonys Heilung gehört nicht nur die Bitte um Vergebung, sondern auch die Entscheidung, in Zukunft anderen zu helfen. Er muss hinausgehen und sagen: ›Ich werde jemanden wie Tariq retten. Weil ich einem Menschen das Leben nahm, wird mein Leben unvollständig bleiben, bis ich weiß, dass ich auch Leben retten kann.‹ Tony ist auf einer Reise, genau wie ich. Vergeben heißt, geheilt zu werden. Es bedeutet, dass wir unser inneres Selbst mit unserem Herzen verbinden. Ich möchte ein paar Zeilen wiedergeben, die ich 1996 in mein Tagebuch schrieb, auch wenn sie manches wiederholen, was ich vorhin schon sagte: ›Der Schmerz über den Verlust eines Sohnes, des einzigen Sohnes, ist überwältigend. Er peinigt die Seele, macht das Herz lieblos und lähmt den Körper. Doch wenn man diese verheerende Katastrophe überlebt, sieht man zwischen den Trümmern viele neue Wege. Ich wählte den Weg, der meinem Herzen am nächsten lag. Aufgrund dieser Entscheidung erhielt mein Leben einen neuen Sinn. Ich bin meinem Herzen näher, als ich es meiner Erinnerung nach je war.‹

Verzeihen führt nicht nur zur Heilung. Es motiviert uns auch, alles zu tun, was wir können, um Mitgefühl und Vergebungsbereitschaft weiterzutragen. Ich sage den Jugendlichen bei meiner Arbeit immer: ›Es ist wichtig, dass ihr euch weiterbildet, dass ihr Kenntnisse und Fertigkeiten erwerbt, um euch mit diesem Rüstzeug in der Welt draußen eine bessere Zukunft aufzubauen.‹ So wie mir positive spirituelle Werte vermittelt wurden, erkläre ich den Jugendlichen auch, dass es für sie sehr wichtig ist, genug Liebe und Vergebungsbe-

211

reitschaft zu entwickeln, damit Rückschläge auf ihrem Lebensweg sie nicht zerstören. Denn mit Mitgefühl im Herzen werden sie fähig sein, ihren Weg auch unter widrigen Umständen weiterzugehen.

Das ist die Macht der Vergebung. Man kann sie in sich finden, wenn man sich durch Seelenarbeit darauf vorbereitet hat. Man muss in Ruhe und Frieden in sich hineinhorchen. Man muss für die Weisheit der inneren Stimme empfänglicher werden als für den Einfluss äußerer Kräfte. Ich glaube, die innere Reise, von der ich vorhin sprach, soll einen an diesen Punkt führen, und wenn man weiter an sich arbeitet, wird einem die innere Stimme sagen, wann es Zeit ist, loszulassen. So erfährt man nicht nur Heilung, sondern auch eine innere Verwandlung, die einen tausend Mal stärker macht, als man vor dem Ereignis war, und die einem eine größere Mission, ein umfassenderes Bild des Lebens aufzeigt. Ich bin sehr dankbar für diese entscheidende Erfahrung.

Verzeihen ist die Fähigkeit, etwas Zerstörerisches und Schädliches in etwas sehr Positives zu verwandeln, anstatt durch Hass und Rache noch mehr Zerstörung zu verursachen. Das gelang mir durch die Stiftung. Die von ihr entwickelten Programme finden in San Diego County Anwendung in den Jahrgangsstufen drei bis sechs. Ich hoffe, sie werden landesweit und auf der ganzen Welt Verbreitung finden, denn Gewalt und Vergebung sind Themen, die Menschen überall auf der Erde betreffen. Möglicherweise hat das, was wir begonnen haben, große Konsequenzen für unsere konfliktreiche Welt. Wir müssen mehr tun, um in Problembezirken Frieden zu schaffen. Ich freue mich darauf, diese Arbeit fortzusetzen und auszuweiten, die hoffentlich viele Kinder retten wird.

Etwas möchte ich noch hinzufügen: Wir müssen uns immer vor Augen halten, dass wir alle ein tiefes Bedürfnis nach Liebe, Mitgefühl und Verzeihen in unserem Leben haben. Wir müssen dafür sorgen, dass unsere Kinder in einem mitfühlenden sozialen Umfeld aufwachsen, zum Beispiel durch eine verständnisvolle Betreuung zu Hause und in den Schulen. Auf diese Weise kann die kommende Generation mitfühlender, liebevoller und hilfsbereiter werden, sodass die zukünftige Gesellschaft insgesamt gesünder sein kann als die heutige. Das ist meine große Hoffnung. Das ist das Vermächtnis, das ich im Namen meines Sohnes Tariq hinterlassen möchte.«

10   In sich hineinhorchen – Irène Laures Geschichte

»Ich denke an die Trümmer, die ich gesehen habe, in Frankreich, in Deutschland. Wo finden wir die Sieger? Es gibt keine Sieger. Es gibt nur Besiegte, vom Bösen Besiegte.«

IRÈNE LAURE

Wir sind so sehr in unserem eigenen Denken befangen, dass manchmal ein äußerer Faktor in unsere Welt aus Furcht und Schuld eingreifen muss, damit wir fähig werden, zu vergeben. Der siebte Schritt des Vergebungsprogramms verlangt von uns, dass wir die Situation anders sehen – aus spiritueller Sicht. In dieser Phase machen manche spirituelle Erfahrungen, die ihr ganzes Leben verändern. Sie beginnt damit, dass wir uns für etwas jenseits von uns selbst öffnen. Man kann es ein Gebet nennen oder eine Sehnsucht nach etwas, das größer ist als wir selbst. Die Bereitschaft, sich in dieser Phase des Vergebungsprozesses für einen »dritten Faktor« zu öffnen, und die Erfahrungen, die sich daraus ergeben, führen zu einer Veränderung unserer Wahrnehmung, durch die wir fähig werden, unseren Schmerz zu überwinden. Man könnte diesen »dritten Faktor« als das überraschende und verwandelnde Element in den Beziehungen zwischen Menschen beschreiben, als das Mysterium, das uns das Herz öffnet und Verzeihen möglich macht. Verzeihen ist wahrscheinlich das Schwierigste, was wir uns abverlangen können, aber wenn unser Herz wirklich vergeben will, auch wenn ein viel größerer Teil von uns etwas anderes zu wollen scheint, dann werden wir dazu fähig sein. Das veranschaulicht Irène Laures Geschichte auf eindrucksvolle Weise.

Ich erinnere mich noch gut an jenen kalten, trüben Tag im Winter 1989 in Montreal. Ich bereitete mich darauf vor, meinen ersten Vortrag über Vergebung und internationale Angelegenheiten zu halten. Thema war die deutsch-französische Versöhnung nach dem Zweiten Weltkrieg, die eine der größten Leistungen moderner Staatskunst war. Im Mittelpunkt des Vortrags standen die Erfahrungen einer Französin namens Irène Laure, die den Mut hatte, zu vergeben, und dadurch das Gesicht Europas veränderte.

Als ich an das Rednerpult trat, fragte ich mich unweigerlich, was Irène Laure wohl vor etwa vierzig Jahren im schweizerischen Caux empfunden hatte, als sie vor einer großen Versammlung sprechen musste. Wie wurde sie zu einer so bemerkenswerten Frau?

Ich stellte mir das Konferenzzentrum im ehemaligen Luxushotel Caux-Palace vor, einem großen Prachtbau aus der Zeit der Jahrhundertwende. Es war, als säße ich in diesem Prunksaal im Publikum und würde gespannt darauf warten, dass Irène ihre Geschichte erzählte. Alle Augen waren gespannt auf diese starke junge Frau gerichtet, als ahnte man, dass gleich etwas sehr Bedeutendes geschehen würde.

Irène hatte schon als Kind einen starken Gerechtigkeitssinn gehabt. Sie wuchs während des Ersten Weltkriegs in Frankreich auf und wurde dazu erzogen, die Deutschen zu hassen. Während des Zweiten Weltkriegs fügten die Nazis ihr viel Leid zu. Irènes Stimme spiegelte den Rhythmus marschierender Stiefel in der Stille der Nacht, und im nächsten Augenblick war Irène von einer deutschen Patrouille umringt. Ihre Taschenlampen blendeten sie, und ihre barschen Befehle gellten ihr in den Ohren. Sie deutete auf ihre Schwesterntasche in der Hoffnung, die würde sie retten. Stattdessen wurde sie mit dem Lauf eines Maschinengewehrs vorwärtsgetrieben. Sie fragte sich, ob sie auf dem Weg in den Tod war.

Als die Nazis im Mai 1940 in Paris einmarschiert waren, hatte sie sich voller Wut geschworen, unter keinen Umständen zu kapitulieren. Später hatte sie sich dann der Résistance angeschlossen. Obwohl sie in jener dunklen Nacht um ihr Leben fürchten musste, empfand sie keine Reue. Zum Glück konnte sie die Soldaten täuschen und im Morgengrauen nach Hause zurückkehren. Das war eine von vielen lebensgefährlichen Begegnungen mit dem Feind.

Jahre später blickte ich in mein Publikum und fragte mich, wie viele dieser Leute aus eigener Erfahrung wussten, wie es war, in einem Kriegsgebiet zu leben. Unter ihnen befanden sich Diplomaten und Beamte im Auslandsdienst, aber wie viele von ihnen verstanden wirklich, warum wir dermaßen hassen können. Wir reden so nüchtern über Konflikte. Wir meinen so oft, dass die Unterzeichnung eines Vertrages oder die Einführung einer Politik Frieden bringen wird. Weiter gehen Regierungen in der Regel nicht. Jedenfalls dringen sie nicht zum Kern des Schmerzes und des Leids vor, die die eigentlichen Ursachen aller Kriege sind.

Irène war ein typisches Opfer von Gewalt und Krieg. Sie und ihre Familie litten auf vielfache Weise. Schon der Über- lebenskampf war schwer genug. In der Hoffnung, etwas zu essen zu ergattern, stand Irène manchmal stundenlang vor Lebensmittelläden Schlange, nur um irgendwann zu hören, dass es nichts mehr gab. Oder sie erreichte nach langem Warten endlich das vordere Ende der Schlange und erhielt nur zwei Sardinen. Dann musste sie mit einem bedrückend leichten Korb nach Hause zurückkehren. Das sind Dinge, mit denen sich Historiker und Politologen sonst höchstens am Rande beschäftigen.

Gefühle gehen tief, und wenn sie nicht zum Ausdruck ge- bracht werden, wuchern sie in uns wie ein Geschwür. Sie fol- gen ihrer eigenen Logik, die oft jeder Vernunft widerspricht. Wir dürfen unsere Gefühle nicht ignorieren, wenn wir Frie- den schaffen wollen.

Wie wirken sich diese Gefühle aus? Wenn Wut nicht richtig verarbeitet wird, verwandelt sie sich in Hass auf den Feind. In Konfliktsituationen und Kriegen durchleben wir die glei- chen Gefühle wieder und wieder. Wir werden blind vor Wut und herzlos vor Furcht. Diese Erfahrung machte auch Irène. Wenn sie die Bomber der Alliierten vorbeidröhnen hörte, freute sie sich über die Zerstörung, die sie über deutsche Städte bringen würden. Nach dem Krieg musste Irène mit ansehen, wie die verstümmelten Leichen von einigen ihrer Kameraden aus einem Massengrab geborgen wurden. Da wünschte sie sich mehr denn je die völlige Zerstörung Deutschlands. Ihr Herz war erstarrt. Sie dachte nie an die Möglichkeit einer Versöhnung mit den Deutschen. Niemand ist immun gegen das Gift von Wut und Hass. Es ist, als versänke man im Treibsand.

Irène Laure erhielt Hilfe, obwohl sie das damals nicht erkannte. Im Sommer 1947 erhielt sie eine Einladung zu einer Konferenz im schweizerischen Caux. Sie nahm die Einladung an. Sie fand das ehemalige Caux-Palace-Hotel und seine Umgebung wunderschön, aber zu ihrem Entsetzen waren auch hundertfünfzig Deutsche eingeladen. Sie waren die Ersten, die nach dem Krieg die Erlaubnis erhielten, das Land zu verlassen. Dass sie während des Krieges auch gelitten hatten, interessierte Irène nicht. Sie waren schließlich Deutsche.

Immer wenn Deutsche vor der Versammlung sprachen, standen Irène und die meisten anderen Gäste aus Frankreich auf und verließen den Konferenzsaal. Als Irène sich wieder einmal erhob, um hinauszugehen, stellte ihr ein Amerikaner, der evangelische Pfarrer Frank Buchman, die Frage, wie sie sich den Wiederaufbau Europas ohne Deutschland eigentlich vorstelle. Zuerst war sie schockiert, dass jemand sie so etwas fragen konnte, aber dann reagierte sie doch anders. Schon die Bereitschaft, Dinge anders zu machen oder zu sehen, öffnet die Tür zur Vergebung.

Unser inneres Ringen bringt uns weiter, und für manche kann es der Anfang einer tiefen Heilung und inneren Verwandlung sein.

Als Irène in Erwägung zu ziehen begann, die Situation anders zu sehen, entschied sie sich unwissentlich, tiefer in sich hineinzuschauen. Sie ging auf ihr Zimmer und überlegte sich zweieinhalb Tage lang, ob sie bereit war, für ein neues Europa ihren Hass zu überwinden. Sie ging all ihre Gründe durch, die Deutschen zu hassen, und fand ihren Zorn mehr als berechtigt. Und Rache schien so süß – eine Zeit lang. Dann ging Irènes innerer Kampf weiter. Würden Hass und Rache ihr das geben, was sie wirklich wollte? Sie erkannte, dass »Hass, welche Gründe er auch haben mag, immer eine Ursache für neue Kriege ist«.

Irène rang mit sich und prüfte ihr Gewissen. Das muss jeder Mensch tun, der aufrichtig nach emotionaler Freiheit strebt. Schließlich verließ sie ihr Zimmer. Sie wollte zu Mittag essen und dann in den Konferenzsaal zurückkehren, um den anderen Teilnehmern zu erzählen, was in ihrem Zimmer mit ihr geschehen war. Beim Mittagessen saß eine Deutsche an ihrem Tisch. Die beiden wechselten kein Wort, während sie aßen. Schließlich brach Irène das lange Schweigen. »Sie sind für mich der Inbegriff all dessen, was ich am meisten hasse. Sie können sich nicht vorstellen, wie viel mein Land durch Sie hat leiden müssen. Unsere Frauen, unsere Kinder, abgemagert bis zum Skelett. Unsere besten Männer getötet, gefoltert. Können Sie sich vorstellen, wie mein Sohn, mein Louis, gelitten hat? Sie haben alles versucht. Er hat niemanden verraten. Aber in welch einem Zustand kam er zurück! Und unsere Freunde, die, kaum noch am Leben, aus Ihren Lagern zurückkehren! Ich muss sie im Hotel Lutetia versorgen …«

Die Hände der Deutschen zitterten, während Irène sprach und schreckliche Erinnerungen aus ihrer Zeit in der Résistance schilderte. Als sie schließlich verstummte, herrschte lange Schweigen. Erst dann sah Irène die Frau an und sagte zu ihr:

»Ich erzähle Ihnen das alles, Madame, weil ich mich von meinem Hass befreien möchte.«

Wieder herrschte langes Schweigen, als würde die Zeit stillstehen. Jetzt war die Deutsche an der Reihe.

»Ich würde Ihnen gerne etwas von mir erzählen, wenn Sie es mir erlauben«, sagte die junge Frau schließlich. »Mein Mann war unter denen, die am 20. Juli den Anschlag auf Hitler geplant haben. Er wurde verhaftet. Er wurde gehängt. Ich wurde auch verhaftet, unsere beiden Kinder wurden meiner Familie weggenommen und unter falschem Namen in ein Kinderheim gebracht. Ich habe sie wiederfinden können und versuche nun, sie zu erziehen. Ich begreife, dass wir nicht genug und nicht früh genug Widerstand geleistet haben. Unseretwegen haben Sie so Furchtbares erleiden müssen. Verzeihen Sie uns bitte.«

An jenem Nachmittag bat Irène darum, vor der Versammlung sprechen zu dürfen. Viele kannten ihre Vorgeschichte, aber niemand wusste, was in ihrem Zimmer geschehen war und welche Wirkung das Gespräch mit Frau von Trott auf sie gehabt hatte. Vor sechshundert Leuten im Konferenzsaal sprach Irène ehrlich über ihre Erfahrungen mit den

Deutschen und über ihre Gefühle. Dann sagte sie: »Ich habe Deutschland so gehasst, dass ich es von der Landkarte Europas ausradiert sehen wollte. Aber hier habe ich erkannt, dass mein Hass falsch ist. Es tut mir leid, und ich möchte alle anwesenden Deutschen um Vergebung bitten. Man kann nicht vergessen, aber man kann vergeben.«

Nach diesen Worten wurde es so still im Konferenzsaal, dass man eine Stecknadel hätte fallen hören.

Plötzlich erhob sich eine Deutsche von ihrem Platz und lief zu Irène auf die Bühne. Sie wollte ihr voller Dankbarkeit die Hand schütteln. In diesem Augenblick spürte Irène, wie ihre Wut wieder ihr hässliches Haupt erhob. Ihre Hand war wie gelähmt. Da betete sie im Stillen um die Kraft, zu vergeben, und um Heilung von ihrem Hass. Plötzlich erlebte sie ein Wunder, einen Augenblick der Gnade. Sie ergriff die Hand der Frau und empfand ein überwältigendes Gefühl der Befreiung, als wäre ihr eine ungeheure Last von den Schultern genommen worden. *Das Wunder war ihre Fähigkeit, eine andere Sichtweise einzunehmen.* Irènes Denken veränderte sich völlig. Als sie fähig war, die Welt mit den Augen des Verzeihens zu sehen, erhielt ihr Leben einen neuen Sinn. Sie beschloss, die Botschaft des Verzeihens und Versöhnens nach Deutschland und in die Welt zu tragen.

Die ganze Versammlung war ergriffen. Die schuldbewussten Deutschen im Saal waren sprachlos vor Erstaunen, und alle wussten, dass Irène den einzigen Weg aufgezeigt hatte, der eine Beteiligung Deutschlands am Wiederaufbau Europas möglich machte.

1948 reiste Irène Laure mit ihrem Mann und ihrem Sohn

nach Deutschland. Mehr als zwei Monate lang fuhren sie durch das Land und sprachen in den meisten Länderparlamenten. Generäle und andere Offiziere, Politiker und frühere Nazis entschuldigten sich bei Irène, nachdem sie sie sprechen gehört hatten. Die Laures reisten in Begleitung von Landsleuten, die Familienmitglieder in den Gaskammern verloren hatten, und von Frauen und Männern aus anderen Ländern, die gegen die Deutschen gekämpft hatten. Alle hatten die Bereitschaft aufgebracht, zu vergeben, was in der Vergangenheit geschehen war.

Irène fand es wichtig, das zerbombte Berlin zu sehen. In einem der Flugzeuge, die die Luftbrücke aufrechterhielten, flog sie mit ihrer Familie hin. Tief betroffen angesichts der schweren Zerstörungen sagte sie: »Wenn man mit eigenen Augen die Ruinen von Berlin gesehen hat, schmerzt einem das Herz. So etwas darf nie wieder geschehen.«

Während ihres Berlin-Besuchs sprach sie auf der Straße zu einer Gruppe von Trümmerfrauen: »Ich schwöre euch, dass ich mich mit meiner ganzen Kraft dafür einsetzen werde, dass ein Elend wie eures nie mehr geschehen wird.«

Manchmal war das nicht einfach, besonders wenn sie an die Brutalität des Krieges erinnert wurde. Es gab Augenblicke, in denen sie das Gefühl hatte, verrückt zu werden. Verriet sie die Menschen, die durch die Nazis litten und starben? Dann hörte sie ihre ruhige, leise Stimme, die ihr versicherte: »Du bist auf dem richtigen Weg.«

Am 16. Juli 1987 starb Irène Laure mit achtundachtzig Jahren in der Nähe von Marseille. Im Nachruf der *London Times* hieß es: »Die Krankenschwester und Widerstandsheldin … arbeitete später unermüdlich für die Versöhnung zwischen Frankreich und Deutschland.« Irène Laures Biografin, die Schweizerin Jacqueline Piguet, resümierte Irènes Leben: »Irène setzte sich stets für leidende Menschen ein. Sie war eine großherzige Sozialistin, aber immer undogmatisch und politisch unabhängig. Der Wendepunkt in ihrem Leben war die Entdeckung der Macht von Vergebung.«

Irène war bereit, in ihr Herz zu schauen, ihre Schwäche zuzugeben und sich bei den Deutschen für ihre hasserfüllten Gedanken zu entschuldigen. Ihr Verhalten hatte eine tiefgreifende Wirkung. Indem sie sich zu eigenen Fehlern bekannte, wurde sie fähig, ihr Denken zu verändern, mehr Mitgefühl zu entwickeln und eine neue Beziehung zu den Deutschen aufzubauen. Durch den Prozess der Selbsterforschung, der Anerkennung eigener Verantwortung und der Vergangenheitsbewältigung überwinden wir unsere Schuldgefühle und unseren Schmerz, vertiefen unser Wissen über uns selbst und entwickeln uns spirituell weiter.

Man könnte Vergebung einfach als eine Situation beschreiben, in der jemand, der von einem anderen Menschen tief verletzt wurde, schließlich aufhört, negative Gedanken und Gefühle zu hegen, und dem anderen die Bereitschaft entgegenbringt, ihn bedingungslos anzunehmen. Dazu war Irène fähig. Sie verdrängte oder verleugnete ihre Wut und ihren Hass nicht, sondern überwand diese negativen Gefühle, indem sie Mitgefühl für ihre einstigen Todfeinde aufbrachte. Ihr Bewusstsein veränderte sich, als sie zu sehen bereit war, dass die Deutschen ebenfalls litten – unter der schmerzlichen Erkenntnis ihrer Verblendung, unter ihrer Schuld und Furcht und unter den Folgen des Krieges.

Irène zeigte uns, dass Verzeihen mehr ist als das »Hinhalten der anderen Wange« oder ein Zeichen von Schwäche. Es erforderte Mut, ihren Zorn und Hass zu spüren und zuzugeben, dass es falsch war, ihren Todfeind zu hassen. Damit machte sie deutlich, dass Vergebung eine Entscheidung war. Mit ihren neuen Erkenntnissen über sich selbst und über andere Deutsche begannen sich ihre Wahrnehmungen zu verändern. Sie entwickelte ein tieferes Verständnis des menschlichen Daseins und erkannte Gemeinsamkeiten zwischen allen Menschen. Das erleichterte es ihr, ihre lange gehegten Ressentiments zu überwinden. Dann konnte sie sich für Vergebung öffnen, die ihr Leben bereicherte und glücklicher machte.

Zu dieser Geschichte gibt es noch etwas zu sagen. Es geht um den Augenblick, in dem Irène von ihrem Hass befreit wurde. Das geschah durch die Macht der Gnade. Gnade ist jene unerklärliche Macht, die von Gott oder etwas jenseits von uns kommt. Von einem Augenblick auf den andern befreit sie unser Herz von seinen Fesseln und lässt uns Mitgefühl mit unserem Feind empfinden. In solchen Augenblicken der Gnade erfahren wir die Macht Gottes oder einer unbekannten Kraft, die uns Liebe schenkt und in uns und durch uns wirkt. Wir sind fähig, andere als Menschen anzunehmen, statt nur das zu sehen, was sie taten oder was wir ihnen zuschreiben. Wenn das geschieht, spüren wir das Wirken und die Gegenwart einer höheren Macht, die unsere Beziehungen verwandelt und uns mit einer unerklärlichen

Liebe erfüllt. Ebenso leidenschaftlich wie Irènes inneres Ringen um Vergebung war ihr späteres Engagement für Versöhnung. Am Ende jenes Nachmittags in Caux konnte sie sich zunächst nicht dazu überwinden, der Deutschen, die auf die Bühne gekommen war, um ihr zu danken, die Hand zu reichen. Doch dann bewegte eine wundersame Kraft ihre Hand und ließ sie die Hand der Deutschen ergreifen. In diesem überraschenden Augenblick fand in Irène eine tiefgreifende Veränderung statt, eine innere Erneuerung, die sie heilte und neue Beziehungen zu den Deutschen möglich machte. Eine höhere Macht griff ein und stärkte ihr inneres Selbst, das wusste, was sie zu tun hatte. Das war das Wunder, das Irène erlebte. Das ist die Macht der Gnade.

Die verwandelnde Kraft des Verzeihens lässt uns von einem hilflosen Opfer unserer Umstände zu einem starken Mitgestalter unserer Wirklichkeit werden. Wir lernen, Menschen mit anderen Augen wahrzunehmen, sie jeden Tag neu zu sehen. Indem wir uns zu liebevolleren, mitfühlenderen und verständnisvolleren Menschen entwickeln, werden wir zu einer tieferen Beziehung zu uns selbst und zu den wichtigen Menschen in unserem Leben fähig. Unser Leben erfährt eine Bereicherung. Das bezeugt die Geschichte von Irène Laure, die der Welt so viel gab. Das einzig Wichtige war für sie nun, die Botschaft der Vergebung weiterzuverbreiten.

11 Den Teufelskreis der Gewalt durchbrechen – Ein Neuanfang

»Der heiligste von allen Orten dieser Erde ist der, an dem ein alter Hass zu gegenwärtiger Liebe wurde.«

EIN KURS IN WUNDERN

Wenn wir die Welt als eine große Familie betrachten, sehen wir, dass sie sehr zerrüttet ist. Überall sind pathologische Verhaltensweisen zu beobachten. Die Gewalttätigkeiten müssen auf eine Weise beendet werden, die ihre Dynamik nicht verstärkt. Wenn man Wahnsinn mit Wahnsinn begegnet, vergrößert man ihn nur.

Ist es möglich, trotz unserer Wut und Angst nicht nur unsere gemeinsamen Bedürfnisse zu sehen, sondern auch gemeinsame Schwächen wie das Verlangen nach Rache und die Auffassung, dass Vergeltung notwendig und richtig ist, und zu erkennen, dass uns mehr verbindet als trennt? Was uns zusammenbringen und diese Schwächen heilen kann, ist die Kraft von Vergebung.

Beverly Eckert ist eine der wenigen Menschen, die die Fähigkeit besitzen, über das destruktive Verhalten anderer hinwegzusehen und zu erkennen, was uns Menschen gemeinsam ist.
Sie ist in der Lage, das zu sehen, was für die Menschheit von
größerer Bedeutung ist. Am 8. August 2003 sprach Beverly
im Battery Park in New York darüber, wie wichtig es ist, auf
Gewalt nicht mit noch mehr Gewalt zu reagieren, sondern
mit Verständnis und Mitgefühl.

Sie sprach vor Vertretern der japanischen Organisation
Peace Boat, unter denen sich auch Überlebende des amerikanischen Atombombenangriffs auf Nagasaki befanden, bevor die Gruppe zum nicht weit entfernten Ground Zero lief.
Beverlys Ehemann hatte sie am Morgen des 11. September
noch angerufen. Er saß im hundertfünften Stock des World-
Trade-Centers fest. Sie sagte, sie sei froh und dankbar, dass
ihr Mann und sie noch genügend Zeit hatten, einander zu
sagen, was ihnen wichtig war, bevor das Gebäude einstürzte
und ihn in den Tod riss. Dies sind ihre Worte:

»Wir sind heute hier, weil wir die Stimmen der Toten hören, die das Ende der Gewalt und des Hasses fordern. Sie sagen uns, dass wir unsere Furcht überwinden und einen verständnisvollen und konstruktiven Dialog über die wahren
Ursachen von blutigen Konflikten führen sollen. Sie sagen
uns, dass wir unsere Zweifel, ob eine Handvoll Leute überhaupt etwas bewirken kann, abschütteln müssen. Sie sagen
uns, dass wir inmitten der Asche, die vor zwei Jahren diese
Stadt und vor achtundfünfzig Jahren Hiroshima und Nagasaki bedeckte, und auf den blutgetränkten Schlachtfeldern in
zahllosen Ländern der Erde die Weisheit, Gnade, Eintracht

und Stärke finden, die wir brauchen, damit wir, wenn wir uns an einem zukünftigen 11. September umblicken, eine bessere Welt sehen.«

Wenn Beverly erzählt, was am 11. September geschah, macht sie deutlich, dass nicht nur ihr Mann zu einem »zivilen Opfer« wurde, sondern dass auch sie zu einer weltweiten Gemeinschaft von vielen Millionen Menschen gehört, »deren Leben durch die Unmenschlichkeit von Menschen gegenüber anderen Menschen zerstört wurde«.

Beverly war der Meinung, dass »Amerika Ländern und Völkern, denen es einst half, sowie Ländern und Völkern, denen es einst Leid zufügte, seine Freundschaft aufzwang. Deshalb ist der 11. September ein Anfang. Mein Mann starb, weil er Amerikaner war, und ich bin heute hier, um dazu beizutragen, dass Amerika für etwas Gerechtes und Gutes steht, wenn die Geschichte dieses neue Jahrhundert rückblickend beurteilt.«

Es machte Beverly Hoffnung, dass die Ereignisse des 11. September viele Menschen für die Sache des Friedens mobilisierten. Sie sagte zu der versammelten Menge: »Eines Tages wird ein Denkmal auf dem nicht weit von hier entfernten Gelände stehen, das wir ›Ground Zero‹ nennen – ein schrecklicher Name, der das Grauen eines anderen unsäglich barbarischen Akts wiederaufleben lässt, dessen Folgen die hier anwesenden Gäste aus Japan nur zu gut kennen. Dieses zukünftige Denkmal wird Menschen aus aller Welt daran erinnern, dass wir von den Politikern, die uns regieren, Integrität und von unseren geistigen Führern Toleranz verlangen müssen.«

Sie bat uns alle, in uns selbst hineinzuschauen und, statt aus einer Position der Angst heraus, aus Mitgefühl zu handeln. Sie will, dass wir nicht verurteilen, sondern zu einer Weisheit gelangen, die uns die Welt anders sehen lässt.

Die Macht des Vergebens

Leben heißt immer auch Schmerz und Leid empfinden. Das können wir nicht verhindern. Aber Schmerz und Leid können auch von anderen verursacht werden. Der Holocaust oder der Völkermord in Ruanda in den Neunzigerjahren wurde von einer ganzen Bevölkerungsgruppe verübt und stürzte Millionen Menschen ins Unglück.

Ich las die Geschichte einer amerikanischen Ärztin, die durch Bosnien reiste und dabei Zeugin einer unaussprechlichen Tat wurde. Ihr Übersetzer, ein Kosovoalbaner, mit dem sie wochenlang gereist war, erschoss in einer Klinik einen Chirurgen. Es stellte sich heraus, dass dieser, ein Serbe, ein Verbrechen gegen die Familie des Übersetzers verübt hatte. Nun war der Tag der Abrechnung (Bole et al., 2004).

Rache ist eine der destruktivsten Kräfte in der Gesellschaft. Sie verursacht eine Spirale der Gewalt, die nur durchbrochen werden kann, wenn der Schmerz schließlich so groß wird, dass jemand sagt: »Es ist genug.« Wir müssen unsere bösen Erinnerungen verarbeiten und unsere Herzen erneuern. Beides geschieht, wenn wir uns für Vergebung öffnen.

Was treibt uns dazu, Rachegefühle zu empfinden? Das Erste, was wir denken, wenn wir tief verletzt wurden, ist, wie wir es dem Übeltäter heimzahlen können. Diese Denkweise entspricht dem Auge-um-Auge-Prinzip des Alten Testamentes.

Es gibt aber auch erstaunliche Geschichten von Menschen, die sich nicht gerächt haben. Eine davon ist die einer kroatischen Frau, die mit ansehen musste, wie ihr Mann im eigenen Haus von Serben ermordet wurde. Statt die Täter anzuflehen, ihr Leben und das ihrer Kinder zu schonen, ließ sie die Täter wissen, dass sie versuchen würde, ihnen zu verzeihen. Sie würde keine Rache suchen. Durch ihre Worte bewegt, hörten die Männer auf zu morden (Bole et al., 2004).

Diese und die Geschichte davor zeigen uns exemplarisch die Kraft von Verzeihen und Nichtverzeihen auf. Sie stehen für die gegensätzlichen Kräfte im Menschen. Die Schießerei in der Klinik zeigte nicht nur die Verweigerung von Vergebung, sondern auch die Weigerung, auf Rache zu verzichten und damit Versöhnung für die Zukunft auszuschließen. Welches verzerrte Realitätsbild musste der Übersetzer haben, um in der Lage zu sein, den Chirurgen, seinen früheren Nachbarn, zu töten? Im Gegensatz dazu, zeigt uns das Beispiel der kroatischen Mutter die Macht und das überraschende Moment, das der Verzicht auf Rache enthält. Wie konnte sie in diesem furchtbaren Augenblick nicht rachsüchtig sein, sondern die Vision einer gemeinsamen Zukunft und Versöhnung artikulieren?

Der Weg zur Freiheit durch Vergebung beginnt damit, dass wir unseren Geist und unser Herz öffnen und uns der Wirklichkeit stellen, zum Beispiel der Tatsache, dass es auf dieser

Welt viele Menschen gibt, die unsere Ansichten nicht teilen oder sogar völlig ablehnen. Aber gegensätzliche Ansichten und unterschiedliche Wertvorstellungen machen Menschen nicht automatisch zu Feinden. Das muss jeder begreifen und verinnerlichen, der wirklich frei werden und ohne Wut und ihre negativen Begleiterscheinungen weiterleben will.

Menschen, die von so schrecklichen Ereignissen überrascht und überwältigt wurden, durchleben ein Gefühlschaos. Die vorherrschenden Gefühle sind gewöhnlich Angst und Wut. Jedes dieser Gefühle kann lähmen, wenn es stark genug ist. Und beide zusammen können tödliche Folgen haben, wenn der Stress, den sie bedeuten, zu groß wird, oder wenn sie den Lebenswillen zerstören. In solchen Situationen kann Vergebung die größte Hilfe oder sogar die einzige Rettung sein.

Wie vergibt man, wenn man seelische Narben hat, die von Krieg, Völkermord, sexuellem Missbrauch oder körperlicher Gewalt stammen? Zuerst muss die Verwirrung aufgelöst werden wie ein Knoten, der den menschlichen Geist an die Tragödie fesselt.

Der erste Schritt zur Entwirrung des Knotens besteht darin, die Angst von der Wut zu trennen. Angst ist leichter zu erkennen als Wut, zumindest am Anfang. Wenn man sich klarmacht, wovor man sich fürchtet, und die Dinge auflistet und ausspricht, bringt man seinen Geist auf den richtigen Weg. Die Wut zu durchschauen ist schwieriger. Doch ein Aspekt der Wut ist meistens das Verlangen nach Rache.

Wie bereits gesagt, Rache ist eine menschliche Regung. Das bestätigt sogar die Bibel. »Die Rache ist mein, spricht der Herr« ist eine Ermahnung, nicht nach Vergeltung zu streben, weil sie dem Opfer die positive Energie raubt. Auf diese Weise *bindet* der Wunsch nach Vergeltung das Opfer an den Täter und die Tat. Rachsucht raubt dem Opfer nicht nur Energie, sondern auch Zeit, denn sie treibt es dazu, unter Umständen sein ganzes Leben lang ein Ziel zu verfolgen, das sich letztendlich als völlig unbefriedigend erweist. Wenn das Opfer schließlich Rache geübt hat, bleibt eine Leere zurück. Es hat nie das befriedigende Gefühl, ein erfülltes Leben gelebt zu haben.

Eine Volksweisheit sagt treffend: »Ein gutes Leben ist die beste Rache.« Nach dem 11. September wurden die Amerikaner beschworen, ihr normales Leben nicht aufzugeben. Sie wurden ermutigt, wie gewohnt weiterzuleben, zur Arbeit zu gehen, den geplanten Urlaub zu nehmen und andere Dinge zu tun, die ihnen Freude bereiteten, als hätte es die Feinde, die die verheerenden Terroranschläge verübten, nie gegeben. So wollte man demonstrieren, dass die Amerikaner ein viel zu starkes Volk waren, um sich von Angst einschüchtern und lähmen zu lassen.

Was am 11. September und danach in London und Madrid geschah, waren abscheuliche Verbrechen, extrem aggressive Akte mit dem Ziel, unsere Gesellschaft in ihren Grundfesten zu erschüttern. Und das Verlangen, die Täter zu bestrafen, ist keineswegs verwerflich. Es ist menschlich. Wenn wir Angst haben, verschließen wir uns und errichten Mauern um unser Herz und unseren Geist. Im »Kampf gegen den Terror« verengt sich unser Denken, und wir sehen die Welt durch einen Filter des Hasses. Angst, die durch Hass geschürt wird, ist wie ein Krebsgeschwür, das sich rapide in unserem Bewusstsein ausbreitet, und viele gerechte Menschen in leidenschaftliche Verfechter radikaler Vergeltungsmaßnahmen verwandelt. Niemand ist dagegen immun.

In solchen Zeiten, in denen unser Herz voller Zorn ist und nach Rache schreit, ist es außerordentlich wichtig, sich an die prophetischen Worte Gandhis zu erinnern: »Auge um Auge – und die ganze Welt wird blind.« Wenn wir diese Wahrheit vergessen, in unserer Furcht und Wut eingeschlossen bleiben, haben die Terroristen gewonnen. Wir haben unsere Perspektive verloren und sind zum Opfer destruktiver Entscheidungen geworden. Die Situation erfordert, dass wir tief Luft holen und alles Nötige tun, um wieder einen klaren Kopf zu bekommen, damit wir klug und effektiv reagieren können.

Krisen bergen Gefahren, aber auch Chancen. Aus psychologischer Sicht erfordert diese Krise, die auf so vielen Ebenen symbolisch ist, dass wir innehalten, um den Teufelskreis der eskalierenden Gewalt und Rache zu durchbrechen. So wie einzelne Menschen lernen können, anderen zu vergeben, kann auch das sogenannte kollektive Böse durch kollektive Entscheidungen für Mitgefühl und Heilung in Gutes verwandelt werden. Gruppen können ihre Beziehungen zueinander heilen, indem sie sich die langfristigen Konsequenzen von Entscheidungen bewusst machen und sich dafür entscheiden, nach moralischen Prinzipien zu leben, die nicht nur den eigenen Interessen, sondern dem Wohl der größeren Gemeinschaft dienen. Das setzt die Bereitschaft voraus, Dinge anders zu sehen und eine Sicht der Menschheit zu entwickeln, die niemanden ausgrenzt. So wie einzelne Menschen sich auf das Gute in ihnen besinnen können, können auch Gruppen einem höheren Ziel dienen, unter anderem durch Selbsttranszendenz und die Identifizierung mit der größeren Gemeinschaft.

Es ist eine natürliche Reaktion auf einen Angriff, besonders auf einen von diesem Ausmaß, nach Rache zu schreien und Menschen, die solche Gräueltaten begehen, zu Unmenschen zu erklären. Dieses Muster wiederholt sich in der Geschichte immer wieder, und wir rächen uns durch Gegenangriffe und Kriege. Aber erreichen wir dadurch, was wir wollen? Die wahre Lösung liegt nicht im Einsatz militärischer Mittel, sondern in gesellschaftlichen und psychologischen Prozessen, die tiefen emotionalen Schmerz heilen können und das Gefühl der Ohnmacht und den kollektiven Verlust überwinden helfen. Die Frage wird sein, wie wir die Teufelskreise der Gewalt durchbrechen können, und wie wir verfeindete Gruppen zusammenbringen können. Welche Rolle kann Vergebung bei der Heilung von Beziehungen zwischen Gruppen spielen?

Wenn wir aus Furcht und Hass reagieren, ist das ein Zeichen, dass wir noch kein tieferes Verständnis der Situation haben. Wir reagieren schnell und unbedacht, und was wir tun, wird uns kaum helfen. Nur wenn wir uns die Zeit nehmen, unsere Wut zu überwinden, die Situation zu analysieren und aufmerksam zuzuhören, um die Ursachen des Leids zu verstehen, das zu den Gewalttaten führte, entwickeln wir das nötige Verständnis, um auf eine Weise zu reagieren, die Heilung für alle Beteiligten und Versöhnung möglich macht. Wir müssen annehmbare Konzepte entwickeln, als Gruppe auf positive Weise mit unserer Wut umzugehen. Zu den Vorzügen der Demokratie gehört das Recht auf freie Meinungsäußerung. Aber Meinungen und Gefühle zum Ausdruck zu bringen bedeutet noch keine Heilung. Um zu heilen, müssen wir unsere Wut hinterfragen. Noch wichtiger als die Frage, warum etwas geschah, ist die Frage, ob – und wenn ja, auf welche Weise – wir dazu beitrugen. Wenn wir *nicht* dazu beitrugen, wird unsere Wut mit der Zeit verschwinden. Wenn unsere Wut jedoch zu einem Teil unserer Identität wird, ist das ein Alarmzeichen, das uns sagt, dass *wir* etwas ändern müssen. Wenn wir unser Gewissen prüfen und uns zu unserem Teil der Verantwortung für das Geschehnis bekennen, schaffen wir die Voraussetzungen für Veränderung. Wir beschreiten einen neuen Weg, auf dem wir die Teufelskreise der Gewalt beenden und Vertrauen aufbauen können.

Es ist zwar sehr schwierig, stets verständnisbereit zu bleiben, doch es ist von entscheidender Bedeutung, dass wir nicht reagieren, bevor wir die Ruhe und geistige Klarheit haben, um die wirkliche Situation zu sehen.

Wenn wir mit Gewalt und Hass reagieren, zerstören wir nur uns selbst und die Menschen um uns herum. Wir müssen das Leid der Menschen, die uns Gewalt antaten, erkennen, um sie – und uns selbst – besser zu verstehen. Wenn wir dieses tiefere Verständnis erlangt haben, können wir unser Mitgefühl sprechen lassen. Dadurch lindern wir nicht nur unser eigenes Leid, sondern auch das der anderen Seite.

Hier eine unglaubliche Geschichte, die diesen Punkt verdeutlicht. Sie fand statt im kleinen ostafrikanischen Land Ruanda, in dem 800 000 Menschen von der eigenen Regierung getötet wurden, weil sie Tutsi waren. Nahezu die ganze Welt zog es vor wegzusehen und tat nichts, um den Völkermord zu stoppen. Was in Ruanda geschah, war vielleicht die dunkelste und brutalste Tragödie unserer Zeit. Dies ist die Geschichte von Violette, einem der Opfer, und wie die Macht der Vergebung ihre Angst vertrieb. Violette erkannte, dass sie ihr Denken ändern musste, wenn sie ihre Furcht überwinden wollte.

Violettes mutige Geschichte

»Meine Geschichte beginnt mit der Tragödie in Ruanda am 7. April 1994. Das war der Tag, an dem unser Präsident und der von Burundi bei einem Flugzeugabsturz ums Leben kamen. Wir ahnten, dass etwas passieren würde, denn es war Krieg, und im Land gab es große Spannungen. Früh am Morgen des folgenden Tages hörten wir Schießereien in der Stadt. Wir glaubten, es sei das Ende.

Wir schalteten das Radio ein, wo Durchsagen gemacht wurden, dass man das Haus nicht verlassen sollte usw. Ein Freund rief uns an, der uns mitteilte, dass das Militär von Haus zu Haus ging. Andere, mit denen wir telefonierten, baten uns, die UN zu verständigen, da Menschen in ihren Häusern erschossen wurden. Den ganzen Tag über kamen immer wieder schreckliche Nachrichten, die letzten, die wir hörten, denn danach wurden die Strom- und Telefonleitungen gekappt.

Gegen 11 Uhr sah ich durchs Fenster, dass das Militär versuchte, unseren Zaun durchzuschneiden. Ich glaubte, sie wollten auf unser Haus schießen, und rief allen zu, sich auf den Boden zu legen. Wir versteckten uns unter den Betten. Das Haus wirkte so klein. Die Soldaten kamen und begannen, alles kurz und klein zu schlagen. Sie schrien herum und öffneten die Fenster. Ich lag unter meinem Bett. Wer noch dabei war, weiß ich nicht mehr. Als ich aufsah, blickte ich in eine Gewehrmündung. Ich kam heraus.

Die Soldaten sagten, wir seien Feinde, weil wir die Tür nicht geöffnet hatten. Sie begannen die Kinder zu schlagen. Dann brachten sie uns ins Wohnzimmer und fragten, wo wir unsere Gewehre versteckten. Wir seien Feinde und würden uns darüber freuen, dass der Präsident tot sei.

›Wir sind Christen: Wir freuen uns nicht über den Tod des Präsidenten‹, sagte ich fassungslos.

›Ihr seid Kollaborateure. Ihr habt die Tutsis ins Land gelassen und nun seht, was sie mit unserem Präsidenten gemacht haben‹, schrien die Soldaten zurück.

An einem Punkt fragte meine dreizehnjährige Tochter, ob die Soldaten uns töten würden.

Als diese das bestätigten, forderte sie uns auf, zu beten.

Die Soldaten waren schockiert. ›Was seid ihr für Kinder?‹

›Christen beten, bevor sie sterben‹, meinten wir.

Die Situation entspannte sich etwas, und ich sagte, dass wir keine Waffen im Haus hätten außer der Bibel. Sie sei unsere Waffe. Einer der Soldaten wollte auf die Bibel schießen, aber ein anderer hinderte ihn daran.

Wir gaben den Soldaten alles Geld, das wir hatten. Sie sagten, sie wollten uns nicht töten. Sie wussten sicher, dass noch mehr Soldaten unterwegs waren, die das für sie erledigen würden.

Dann passierte etwas: Einer der Soldaten wollte eine Handgranate nach uns werfen, er meinte es ernst. Ich war vor Angst wie gelähmt. Da versuchte ich, in mich zu gehen und die Situation anders zu sehen. Im Gebet konnte ich mich mit einem Mal von meiner Furcht lösen und wurde ruhiger. Ich sagte zu Gott, dass ich bald bei ihm sein würde. In diesem Augenblick war ich umgeben von einem Frieden, wie ich ihn nie für möglich gehalten hätte. Meine Furcht war verschwunden. Überraschenderweise ging es dem Rest meiner Familie genauso. Als die Soldaten sagten, sie würden uns doch nicht umbringen, war ich fast ein wenig enttäuscht, so bereit war ich gewesen, in diesem Moment des Friedens zu sterben. Ich wollte all das nicht noch einmal durchmachen müssen.

Andere Gruppen von Soldaten kamen und dann wieder andere, insgesamt fünf Mal. Sie gingen nicht in unser Haus, da alles bereits zerstört zu sein schien. Sie glaubten, wir seien tot, und gingen weiter. Wir blieben im Haus und warteten weiter auf den Tod, mehrere Tage lang. Schließlich hörte das Morden auf, da die Armee nun Krieg führte. Rebellen waren in der Stadt, überall hörte man, Bomben einschlagen.

Ich möchte meine Gedanken zum Verzeihen mit Ihnen teilen. Auch wenn die Soldaten uns töten wollten, betrachtete ich sie nie als unsere Feinde. Der Soldat, der seinen Kameraden daran hinderte, auf unsere Bibel zu schießen, kam einige Tage später vorbei. Er staunte, dass wir noch lebten.

Er sagte: ›Euren Gott gibt es tatsächlich. Braucht Ihr etwas?‹ Er brachte uns Wasser und anderes Lebensnotwendiges. Jeder Tag war wie ein Wunder für uns. Wir erfuhren Gottes Schutz auf herrliche Weise. Nach drei Wochen war es immer noch zu gefährlich, um nach draußen zu gehen. Viel länger konnten wir es im Haus nicht mehr aushalten. Eines Tages kam ein Straßenjunge und teilte uns mit, dass eine Gruppe von Männern kommen wollte, um uns zu töten. Andere Straßenjungen erzählten, dass einer unserer Nachbarn, der mit meinem Mann zusammengearbeitet hatte, uns an die Armee verraten hatte. Ich konnte es nicht fassen. Wir hatten mit dem Mann keinen Streit gehabt. Ich spürte eine tiefe Wut in mir.

Der Abend kam, und wir wollten gerade beten. Ich fühlte mich furchtbar, weil ich Gott mit meiner Wut und dem, was ich über unseren Nachbarn gesagt hatte, betrog. Ich sagte zu Gott: ›Nun stehen wir vor dir. Wir können jeden Moment sterben, und ich bin so voller Sünde.‹ Dann verstand ich auf einmal unseren Nachbarn. Er war Vizepräsident der Partei, die in die Ermordungen verwickelt war. Sein Vorgesetzter verlangte von ihm, dass er Leute wie uns umbringen ließ. Ich fragte mich, ob ich an seiner Stelle nicht vielleicht dasselbe gemacht hätte, denn er versuchte lediglich, sich selbst zu schützen.

Meine Familie und ich entkamen. Schließlich traf ich meinen Nachbarn in einem Flüchtlingslager wieder. Ich empfand keine Wut auf ihn. Er war ein Flüchtling wie ich. Ich weiß nicht, was er fühlte, aber ich spürte in meinem Herzen nur Wärme, als ich ihn grüßte. Ich merkte, dass ich ihm wirklich verziehen hatte. Er war mein Nachbar, nicht mein Feind

Alicia

Wegen der Tragödie des 11. September haben wir Helden, zu denen wir aufsehen können. Viele sind Angehörige der Opfer. Ein solcher Held ist John Titus. Seine Tochter Alicia flog am Morgen des 11. September von Boston ab und starb, als ihr Flugzeug das World-Trade-Center traf. John beschrieb seine Gefühle und Erfahrungen nach diesem schmerzlichen Verlust mit folgenden Worten:

»Trauer ist ein allumfassender und sehr persönlicher Prozess. Es gibt zwar Ähnlichkeiten beim Trauerprozess, doch in seinem Verlauf kommen viele individuelle Faktoren ins Spiel. Zunächst schützen einen der Schock und die Fassungslosigkeit vor dem Schmerz. Dieser Schmerz ist so überwältigend, dass er einen zerstören kann. Er bringt einen dazu, alles in Frage zu stellen, was einem bisher heilig war. Trauer und Schmerz von dieser Intensität können einen Menschen in schwere Depressionen stürzen – in einen dunklen Abgrund, der so tief ist, dass es unmöglich scheint, je wieder herauszukommen. Oft steht man am Rand dieses Abgrunds und spürt, wie er einen hinabziehen und verschlingen will. Doch selbst in Augenblicken tiefster Verzweiflung spürte ich die Existenz des Guten. Ich spürte die Liebe, die so viele Leute uns schickten. Ich spürte die Macht Gottes und eine leise Hoffnung, die flackerte wie eine Kerzenflamme im Wind. Ich war nicht allein!

Und die ganze Zeit war ich mir absolut sicher, dass ich nicht für den Schmerz eines anderen Vaters verantwortlich sein wollte, der ein unschuldiges Kind an die politische Maschinerie von Krieg und Zerstörung verlor. Mitgefühl hatte den Weg in mein Herz gefunden, und ich fühlte eine neue Hoffnung aus den Trümmern aufkeimen, eine neue Hoffnung, dass das Gute und die Wahrheit über den Hass und die Verblendung siegen würden. Eine neue Hoffnung, die entstand, weil das geschehen war! Ich spürte sie überall um mich herum. Ich hatte ein kostbares Geschenk erhalten und war fähig, mehr wahrzunehmen als die hasserfüllte Tat zorniger Terroristen, das Verlangen nach Rache, die Angst und die Wut, die überall zu herrschen schienen, und meinen eigenen Schmerz über den schlimmsten Verlust, den man sich vorstellen kann. Irgendwie war mir ein kurzer Einblick in das Göttliche gewährt worden, und ich konnte es in meiner Seele spüren. Der Sinn meines Lebens hatte sich mir offenbart und war mir nun völlig klar. Alicia hatte mir die Fackel der Wahrheit übergeben, und Liebe würde mir die Stärke verleihen, einen anderen Weg zu gehen als die meisten.

Meine Tochter Alicia lebte in Frieden mit Gottes ganzer Schöpfung. Sie sehnte sich nach einer Welt, in der alle miteinander auskamen. Sie liebte die Vielfalt des Lebens und sah die Welt als einen prächtigen bunten Wandteppich mit Menschen unterschiedlicher Gestalt und Farbe, die alle in eine große Schöpfung eingewebt waren. Viele Leute sagten, dass sie durch ihre bloße Anwesenheit Fröhlichkeit in einem

Raum verbreitete, und dass ihr Lächeln unvergleichlich war. Es war ansteckend. Sie sprühte vor Lebensfreude und war von einer tiefen Friedensliebe erfüllt.

Ich bin kein Pazifist. Ich versuche, die Prinzipien der Gewaltlosigkeit zu verstehen, und habe große Hochachtung vor den Helden, die mit gewaltlosen Mitteln gegen Unterdrückung und Krieg kämpften, aber ich habe ein Problem damit, mir von anderen etwas gefallen zu lassen. In der Vergangenheit habe ich eher zurückgeschlagen, als die andere Wange hingehalten. Doch inzwischen sind mein Verständnis und meine Liebe gewachsen, und ich habe begriffen, dass es wirkungsvollere gewaltlose Mittel zur Lösung von Konflikten gibt. Heute unterstütze ich diesen Ansatz voll und ganz. Meiner Meinung nach sollten die Hintermänner dieses abscheulichen Anschlags, der meine Alicia und dreitausend weitere Menschen das Leben kostete, vor Gericht gestellt werden. Aber wir müssen einen besseren Weg finden, Konflikte zu lösen, und das sinnlose Töten beenden!

Während meines Trauerprozesses wurde mir klar, dass der Teufelskreis der Gewalt aufhören muss. Hass erzeugt nur noch mehr Hass, und Gewalt weitere Gewalt. In diesem Zeitalter des technologischen Fortschritts sind wir fähig, einander auszulöschen und unseren Planeten zu zerstören. Aber haben wir die Stärke, den Willen und die spirituelle Weisheit, um Gewalt zu überwinden? Wenn wir glauben, dass wir ein Teil von Gottes Schöpfung sind, ist es dann nicht möglich, mehr Liebe und Weisheit zu entwickeln und ideologische Differenzen mit gewaltlosen Mitteln zu überwinden? Wie der große Dr. Martin Luther King Jr. sagte: ›Nur Liebe kann Hass überwinden.‹ Ich weiß aus meiner Erfahrung als trauernder Vater einer schönen, liebevollen, friedliebenden und sanftmütigen Tochter, die durch Hass und Gewalt ums Leben kam, dass von Weisheit inspirierte Liebe die einzige Lösung ist …

Mitgefühl ist ein Geschenk des Leids. Aber nicht alle Menschen sind bereit, es anzunehmen. Viele werden von Wut getrieben und verzehrt. Wut ist eine natürliche Reaktion auf den Schmerz über einen Verlust. Während meines Trauerprozesses erklärten mir wohlmeinende Leute, dass es mir helfen würde, wütend zu werden. Aber ich konnte nur Traurigkeit und Schmerz empfinden. Ich konnte nicht erkennen, wie Wut mir helfen sollte. Und Rache erschien mir völlig sinnlos. Sie würde Alicia nicht zurückbringen und meinen Schmerz nicht lindern. Ich hatte mein Herz erforscht und mich an Gott gewandt, um Vergebung zu finden. Ich erkannte, dass es beim Vergeben nicht darum ging, die Taten eines anderen zu verzeihen, sondern darum, eine Wucherung in meinem Inneren aufzuhalten, die mich zerstören würde, wenn ich nichts dagegen unternahm. Verzeihen war das Wunder, das mir inneren Frieden schenkte.

Ich bete um Frieden. Ich bete für George W. Bush und seine Berater. Ich bete für die Führer der Welt. Und ich bete für meine Feinde. Ich allein kann weder ihr Weltbild noch ihre Handlungsmotive ändern. Aber wenn alle Menschen auf der Welt zusammenarbeiten würden, die an eine höhere Macht glauben – an den einen Gott, der für Güte und Gnade steht und dessen Liebe die Essenz allen Lebens ist –, dann könnten wir einen Weg zum Frieden finden. Wir könnten das Blutvergießen beenden! Und vielleicht könnten meine übrigen Kinder, meine Enkel und alle anderen Kinder auf der Erde ›wie im Himmel‹ leben, ohne das Risiko, ermordet zu werden, ohne Hass und Misstrauen, ohne Angst und Habgier.

Alicia und die dreitausend anderen Opfer des 11. September sowie die Opfer der Kriege in Afghanistan und im Irak dürfen nicht umsonst gestorben sein! Ich werde mich nicht mit einer Welt abfinden, in der Misstrauen und Furcht eine immer tiefer werdende Kluft zwischen meinen Brüdern und Schwestern schaffen, die zufällig anders aussehen, anders denken oder einen anderen Glauben haben als ich. Ich bin meines Bruders Hüter! Und ›mein Bruder‹ ist die ganze Menschheit: Iraker, Afghanen, Syrer, Nordkoreaner, Iraner wie Amerikaner. Wir sind alle durch Gott miteinander verbunden. Wir sind alle Teil des »großen Mysteriums«, wie unsere Brüder vom Stamm der Lakota Gott nennen. Solange wir diese Wirklichkeit nicht akzeptieren, werden wir immer Rechtfertigungen für jede Gewalttat einschließlich Mord finden. Wir müssen die Barrieren niederreißen, die uns trennen. Wir müssen uns bemühen, Menschen, die anders sind als wir, zu verstehen und zu akzeptieren, und gemeinsam einen Zustand des Friedens schaffen, in dem wir keine Notwendigkeit für Massenvernichtungswaffen mehr sehen, sondern nur die Notwendigkeit, gemeinsam eine bessere Welt aufzubauen. Wir müssen aus der Tragödie des 11. September und aus den noch andauernden Tragödien, die aus ihr resultierten, lernen, bevor wir alles, was gut ist, zerstören. Wir müssen Frieden schaffen.«

Wir können viel von John Titus lernen. Durch seine Bereitschaft zu trauern und seinen Schmerz zu spüren, fand er zum Verzeihen. Er spürte eine unaussprechliche Verzweiflung und erfuhr darin die Macht der Liebe Gottes. Er spürte Gottes Gegenwart, und der Sinn seines Lebens wurde ihm dadurch bewusst. Das ist die alles verändernde Kraft des Verzeihens. Dadurch, dass John nicht zuließ, dass Wut und Hass ihn auffraßen, gelangte er zu mehr Verständnis und Liebe. Er hatte den Mut, sich seinem Schmerz zu stellen, und so konnte sein Innerstes heilen. John erkannte, dass Hass und Gewalt aufhören müssen, damit das Leiden aller Menschen aufhört, und dass der einzige Weg dafür Liebe ist.

In die Tiefen unserer Seele vorstoßen

Wie kann man Mitgefühl empfinden und den eigenen Schmerz erträglicher machen? Wir müssen versuchen, eine Umgebung zu schaffen, in der jeder dem anderen aufmerksam zuhört, sodass unsere Reaktion auf die verletzende Tat aus einem ruhigen und klaren Geist hervorgeht, so wie bei Alicias Vater und Violette. Durch Klarheit und Mitgefühl werden wir fähig, zu vergeben.

Um unsere Wahrnehmungen zu ändern, müssen wir bereit sein, zuzuhören, und versuchen, einander zu verstehen. Wir müssen den Schmerz und die Angst auf beiden Seiten erkennen und einander annehmen, wie wir sind. Nur wenn wir bereit sind, aufeinander zuzugehen, den psychologischen

Hintergrund des anderen durch aufmerksames Zuhören zu verstehen und unsere Klischees und falschen Vorstellungen aufzugeben, kann Heilung stattfinden. Erst wenn wir uns in andere hineinversetzen können, können wir unser Herz für Mitgefühl und Vergebung öffnen. Wenn wir bereit sind, etwas füreinander zu tun, bauen wir gegenseitiges Vertrauen auf. Dann kann ein Versöhnungsprozess beginnen, der die Teufelskreise der Gewalt durchbricht.

Das ist das Geschenk, das wir einander machen können, wenn wir den Mut zur Selbsterkenntnis haben. Die Frage ist: Sind wir bereit, unsere Abwehrhaltung aufzugeben und uns unserer verdrängten Schuld zu stellen, statt sie weiter zu leugnen? Sind wir bereit, die Situation klar und unverzerrt zu sehen? Es ist nicht leicht, traumatische Wunden zu heilen. Diese Arbeit überlassen wir viel lieber anderen. *Aber die Heilung liegt in unserem Bemühen um sie.*

Wenn wir durch harte Arbeit an uns selbst in die Tiefen unserer Seele vorgedrungen sind, unsere Wahrheiten gesagt und wirklich gehört haben, was wir alle einander sagen müssen, dann müssen wir uns fragen, ob wir *bereit* sind, zu vergeben.

Violette war bereit dazu, weil sie einsah, dass sie in der Situation vermutlich ähnlich gehandelt hätte wie diejenigen, die ihren Tod wollten. John Titus hatte die Bereitschaft zu verzeihen, weil er die Gegenwart des Guten und Wahren und die Liebe der Menschen in seiner Umgebung spüren konnte. Von so viel Liebe getragen, wollte er nicht für den Schmerz eines anderen Vaters, der sein Kind verlor, verantwortlich sein. Mitgefühl gab John neue Hoffnung, die ihm dabei half, über die furchtbare Tat, die seine Tochter das Leben gekostet hatte, hinwegzusehen.

Sind wir bereit, unsere gemeinsame Menschlichkeit – das Gute und das Böse in uns allen – anzuerkennen und uns auf einen Frieden schaffenden Prozess einzulassen, der zu gegenseitigem Respekt und Verständnis führt? Wenn die Antwort »Nein« lautet, müssen wir herausfinden, was uns daran hindert, und sehen, ob wir diese Hindernisse beseitigen können. Wenn die Antwort »Ja« lautet und wir in unserem Herzen bereit sind, weiterzugehen, dann werden wir erhalten, was wir brauchen, um den eingeschlagenen positiven Weg fortzusetzen. Wir werden konkrete Reaktionen auf unsere Situation entwickeln, die den bestehenden Konflikt lösen helfen.

Wir müssen die Umstände durchschauen, die Leid und Schmerz verursachten, wenn wir unseren eigenen Schmerz heilen wollen.

Wenn wir fähig sind, die Ursachen unseres Leids und des Leids der anderen zu erkennen, können wir anfangen, den Teufelskreis von Hass und Gewalt aufzulösen. Ohne Verständnis ist Mitgefühl unmöglich. Wenn man das Leid anderer versteht, muss man sich nicht zwingen, Mitgefühl zu empfinden; dann öffnet sich das Herz von selbst. Dann können wir beginnen, wahre nationale Sicherheit zu schaffen, indem wir die Größe unserer Kultur nicht über unsere militärische Schlagkraft oder massive Vergeltungsmaßnahmen definieren, sondern über unsere Fähigkeit, das Beste in anderen und uns selbst zum Vorschein zu bringen, und über die Lebensqualität unserer Kinder. Dann können wir beginnen, eine bessere Welt zu schaffen, weil wir uns mit derselben Entschlossenheit, mit der wir früher Kriege führten, für den Frieden einsetzen, weil wir unsere Kräfte zum Heilen statt zum Kämpfen benutzen und unseren Erfolg an der Ehrfurcht vor dem Leben messen. Dann können wir eine sichere Welt schaffen, indem wir das Wohl der ganzen Menschheit im Auge haben, statt nur unsere eigenen Interessen.

Das Leben aller Menschen steht auf dem Spiel. Nur wenn wir unser Handeln am Wohl der ganzen Menschheit orientieren, können wir die Teufelskreise der Gewalt durchbrechen und auf Frieden hoffen. Dazu muss jedoch erst eine Veränderung in uns und unserem Denken stattfinden. Das sind Grundvoraussetzungen für Vergebung auf einer politischen Ebene.

Jeder Mensch trägt Möglichkeiten in sich, die vom Allerschönsten bis zum Allerschlimmsten reichen. Wir sind alle zu schrecklichen wie zu edlen Taten fähig. Wir sollten unser Leben mehr denn je dem Guten und Positiven widmen. Gerade jetzt braucht diese Welt unsere Weisheit, unser Mitgefühl und unser Verständnis, wenn wir überleben wollen.

12 Eine heilende Gerechtigkeit

*»Das Kennzeichen deiner Unwissenheit ist die Stärke
deines Glaubens an Ungerechtigkeit und Unglück.
Was für die Raupe das Ende der Welt ist, nennt der
Meister einen Schmetterling.«*

RICHARD BACH

Hören wir das Wort Gerechtigkeit oder den Satz »Der Gerechtigkeit wurde Genüge getan«, gehen wir gewöhnlich davon aus, dass etwas Richtiges geschah. Aber ist es immer richtig, einen Mörder zum Tode zu verurteilen? Wenn Gerechtigkeit auf unseren Wahrnehmungen und Beurteilungen der Welt beruht und wir alle unterschiedliche Wahrnehmungen haben, wie genau lässt sich Gerechtigkeit dann definieren?

Eine heilende Gerechtigkeit beruht auf der Prämisse, dass wir erkennen, dass Unrechtstaten aus Verletztheit und/oder Angst begangen werden und Hilferufe sind. Wenn wir vergeben lernen und fähig sind, unsere Wahrnehmungen von Schuld zu reinigen, wird wahre Gerechtigkeit möglich. Das zeigten viele Geschichten in diesem Buch, zum Beispiel die von Azim Khamisa, der, statt nach Rache zu dürsten, die Tariq-Khamisa-Stiftung gründete. Azim begriff, dass Tony, der Mörder seines Sohnes, eine leidende Seele war, die Hilfe brauchte. Ja, Tony musste für sein Verbrechen zur Rechenschaft gezogen werden und verbüßt nun eine Haftstrafe, aber er musste auch die Chance erhalten, seinen Schmerz und seine Schuld zu heilen.

Was müssen wir tun, um Entscheidungen treffen zu können, die auf wahrer Gerechtigkeit beruhen? Zuerst müssen wir erkennen, dass unser Denken zu einem großen Teil auf falschen Wahrnehmungen und Vorstellungen beruht, die unsere Urteile trüben. Zum Beispiel glauben viele von uns, die Ursache ihrer Probleme läge außerhalb von ihnen selbst, etwa im Verhalten eines anderen Menschen. Wir wollen nicht erkennen, dass unsere eigenen Ängste, Bedürfnisse, Schuldgefühle und so weiter dem äußeren Ereignis die Bedeutung verleihen, die es für uns hat. Wir konzentrieren uns lieber auf das, was außerhalb von uns geschieht, und verleugnen, was wirklich in uns vorgeht. Auf diese Weise verschleiern wir die wahre Ursache des Problems, das uns beschäftigt, und bleiben in einem Denken befangen, das nur eine sehr begrenzte Sicht der Welt zulässt. Unser Denken beruht auf unseren Wahrnehmungen, die wir für Tatsachen halten. Sie bestimmen, wie wir die Welt beurteilen.

Was hat das mit dem Thema Gerechtigkeit zu tun? Wir neigen dazu, Probleme, die wir auf der Welt sehen, nicht als Hilferufe zu erkennen. Es gäbe keine Unterdrückung oder Gewalt, wenn alle Menschen innerlich heil und gesund wären. Außerdem sieht jeder die Welt durch seine eigene Brille, die von seiner eigenen Verletztheit und seinen eigenen traumatischen Erfahrungen gefärbt ist. Doch ein psychologischer Grundsatz lautet: *Alles, was wir an uns selbst nicht sehen und zugeben wollen, weil es zu schmerzlich ist, sehen wir an anderen.* Das gilt für den einzelnen Menschen wie für Gruppen. In unserem Schmerz werden wir blind. Wir sehen weder uns selbst noch was wir anderen antun. Oder wir spalten uns auf und sehen an uns nur das, was wir sehen wollen, während wir das, was uns missfällt, nur an anderen sehen. Dann können wir die Menschen in »gute« und »schlechte«, in »Opfer« und »Täter« aufteilen. Die Ersteren sind die Unschuldigen, die unter den bösen Worten und Taten der »anderen« zu leiden haben.

Das ist die Denkweise des »falschen Selbst«, wie die jungianischen Psychologen es nennen. Wir sehen die Welt aus einer sehr begrenzten Sicht, die auf allem Negativen in uns beruht. Wenn wir fähig sind, diese Denkweise zu überwinden, was Vergebung uns lehrt, gelangen wir allmählich zu einer weiseren und reiferen Sicht.

Und mit unserem Denken verändert sich auch unsere Auffassung von Gerechtigkeit. Wir können uns entscheiden, die Welt mit den Augen des Mitgefühls und Verständnisses zu sehen statt mit den Augen der Wut, Schuld und Angst.

Wenn wir begreifen, dass das erfahrene Unrecht aus einer inneren Schwäche und Furcht heraus begangen wurde und ein Hilferuf ist, wird uns klar, dass der Täter nicht unbedingt ein »böser« Mensch sein muss. Man verzichtet weder auf die nötigen Schritte, um ein Unrecht zu beenden, noch billigt man das Verhalten des Täters. Doch man erkennt, dass es ein

Hilferuf ist, und weitet seine Hilfsbereitschaft und sein Verständnis auf den Täter aus, weil auch er Hilfe nötig hat. Wer nicht bereit ist, den Täter in den Kreis derjenigen aufzunehmen, die Hilfe und Heilung brauchen, hat vielleicht immer noch ein unbewusstes Bedürfnis, einen Sündenbock zu finden, auf den er seine eigene Schuld abwälzen kann.

Die Bedeutung von Gerechtigkeit

Wenn wir auf einer tiefen Ebene Vergebung erfahren, verändert sich unser Denken und unser Verständnis von Gerechtigkeit. Uns wird klar, dass wir auch nicht »unschuldig« sind und unsere vermeintliche Unschuld auf Kosten anderer verteidigten. Durch unsere Heilung können wir die Lebensumstände des Täters besser verstehen und erkennen, dass wir unter ähnlichen Bedingungen vielleicht ähnlich gehandelt hätten. Wir lernen die Menschlichkeit zu achten, die uns alle miteinander verbindet. Verzeihen auf einer transformierenden Ebene wirkt wie ein Katalysator, der uns hilft, unsere persönlichen Barrieren zu durchbrechen und unsere Illusionen als solche zu erkennen. Wenn wir fähig sind, das Leid unseres Feindes nachzuempfinden, verändert sich auch unsere Auffassung von Gerechtigkeit. Je bereiter wir sind, unser eigenes Verhalten und das anderer zu verstehen, unser Herz zu öffnen und unsere gemeinsame Menschlichkeit zu sehen, desto eher werden wir die Bedeutung von wahrer Gerechtigkeit begreifen.

Wenn wir von einem Unrecht hören – ob es uns selbst,

Leute, die wir kennen, oder völlig Fremde betrifft –, dann verurteilen wir dieses Unrecht und den oder die dafür Verantwortlichen und fordern im Namen der Gerechtigkeit eine Bestrafung. Eigentlich sagen wir damit, dass Menschen anderen kein Unrecht zufügen sollen, weil *uns* das wütend macht. Wir denken, dass Menschen, die »Böses« tun, böse sein müssen, und lehnen sie ab, solange sie ihr Verhalten nicht ändern. Solange sie sich nicht unseren Werten entsprechend verhalten, akzeptieren wir sie nicht. Das ist ein Beispiel für die Überheblichkeit des Ego. Wir meinen, genau zu wissen, was richtig und am besten ist.

Wenn wir jedoch begreifen, dass Unrechtstaten aus Verletztheit und Angst begangen werden, erkennen wir, dass die Täter nicht »böse« sind. Ein Unrecht ist das Ergebnis von Dingen, die Menschen angetan wurden – sei es auf persönlicher oder gesellschaftlicher Ebene – und die in ihnen die Frustration, die Wut und die Seelenqualen erzeugten, die möglicherweise ihren Geist verwirrten und sie schließlich dazu trieben, das Unrecht zu begehen. Wenn wir durch Heilung unsere innere Ganzheit wiedererlangen, erkennen wir auch, dass jeder Mensch es wert ist, geliebt zu werden, ungeachtet seiner Taten. Ein mitfühlender Mensch zeigt besonders jenen Menschen Liebe, denen Liebe fehlt. Diese Denkweise, die nicht von Wut, sondern von Mitgefühl geprägt ist, hilft uns zu erkennen, was zu tun ist. Vielleicht tun wir, was wir in jedem Fall getan hätten, doch was wir aus Mitgefühl tun, hat eine größere Wirkung. Entscheidend ist nicht, ob wir etwas tun oder nicht, sondern welchem Denken unser Handeln entspringt.

Irène Laure ist ein Beispiel für einen Menschen, der fähig war, über den eigenen Schmerz hinauszusehen und das Leid anderer zu erkennen. Sie war fähig, ihr heilendes Engagement für die Opfer auf jene auszudehnen, in denen sie bisher nur Täter sah, die unvorstellbar schlimme Verbrechen begangen hatten. Sie, die Deutschland einst zerstört sehen wollte, wollte nun die Deutschen moralisch wiederaufrichten und machte es sich zur Lebensaufgabe, Brücken zwischen den Franzosen und den Deutschen zu bauen. Sie unternahm viele Reisen nach Deutschland, um vor allem den deutschen Frauen, mit denen sie sich besonders verbunden fühlte, Mut zu machen.

Der Psychologe Kenneth Wapnick schreibt in seinem Buch *Die Vergebung und Jesus* (1997) über Gerechtigkeit:

»*Unsere Antwort auf Unrecht ist Liebe und Mitgefühl, nicht Furcht oder Rachsucht. Wir ›schützen‹ uns, nicht um zu bestrafen oder weil wir uns fürchten, sondern weil wir allen Beteiligten helfen wollen. Wir haben unsere ›Angreifer‹ rufen hören und versuchen zu antworten. Unsere Nichtangriffshaltung zeigt ihnen, dass sie geliebt werden, obwohl sie hassen wollten. Unsere Einschätzung der Situation beruht also nicht auf Missbilligung, sondern auf dem Wunsch, zu helfen, da wir im Angriff der anderen ihr Bedürfnis nach Liebe erkennen. Selbstschutz wird in diesem Zusammenhang mehr als nur eine Verteidigung gegen einen Angriff. Er ist eine liebevolle Antwort auf einen Ruf nach Liebe. Es sollte hinzugefügt werden, dass nicht von uns verlangt wird, dass wir ausschließlich Liebe empfinden. Völlige Furchtlosigkeit würde eine Stufe der Heiligkeit voraussetzen, die, wenn überhaupt, nur sehr wenige Menschen erreicht haben. Wenn unsere Liebe so vollkommen wäre, würden wir keinen himmlischen Beistand brauchen. Daher genügt bereits unser Wunsch, die Situation trotz unserer Furcht anders zu sehen, um den Heiligen Geist durch uns wirken zu lassen.«*

Das bringt uns zum Thema Leid. Leid beruht auf Wahrnehmungen und dem Glauben, in der Opferrolle gefangen zu sein. Wir sind fest davon überzeugt, dass Leid die Folge dessen ist, was uns angetan wurde, dass unser Schmerz durch Umstände verursacht wurde, die sich unserer Kontrolle entziehen. Natürlich gibt es unverschuldetes Leid, das Menschen seelischen oder körperlichen Schmerz verursacht, aber Schmerz hat noch eine andere Ebene, die uns nicht bewusst ist. Dieser tiefere Schmerz hat seine Ursachen in unserer Interpretation der Wirklichkeit, in unserer starken Identifikation mit jenem Teil von uns, der in einem sehr begrenzten Denken befangen ist, in einem Mangel an seelischer und spiritueller Reife. Menschen und Umstände können zwar Situationen schaffen, die zu Leid führen, aber unsere Gedanken und Überzeugungen verursachen uns ebenfalls Schmerz, für den wir allein verantwortlich sind. Nur wir können unser Denken ändern.

Es ist unser Glaube an das Ego oder falsche Selbst, der Leid verursacht. Immer wenn wir die Ursache unseres Leids außerhalb von uns selbst sehen – sei es in einem Angriff eines anderen Menschen, in den grausamen Launen des Schicksals oder in Verletzungen, die uns in der Vergangenheit zugefügt wurden –, gehen wir dem Ego in die Falle, denn wir verleugnen, dass die eigentliche Ursache unserer Probleme das Ego selbst ist. Jedes Bemühen um Heilung, ob auf persönlicher oder gesellschaftlicher Ebene, dessen Endziel nicht die Wiedererweckung des spirituellen Selbst ist, wird letztendlich erfolglos bleiben. Wenn wir auf Leid reagieren, sollten wir uns daher nicht auf die Schwäche eines anderen Menschen konzentrieren, sondern auf seine und unsere Stärke: die spirituelle Essenz in uns allen. Tun wir das nicht, verirren wir uns in seiner Dunkelheit, statt das Licht des Geistes zu sehen, das in uns allen ist und nie erlischt. Wenn wir uns aufrichtig bemühen, uns in den anderen einzufühlen, identifizieren wir uns mit seinem Mitgefühl und seiner Stärke, dem Licht der Seele, statt mit seiner Grausamkeit und Schwäche, der Dunkelheit der Seele (Wapnick, 1997).

Wie üben wir wahre Gerechtigkeit? Zuerst müssen wir unsere Schuld heilen, die nicht nur ein Angriff auf uns selbst ist, sondern uns auch daran hindert, die Stimme eines höheren Bewusstseins zu hören. Solange uns Schuldgefühle quälen, ist es uns auch unmöglich, das Licht dieses höheren Selbst in anderen zu sehen. Da ein Angriff auf einen anderen Menschen, so gerechtfertigt er auch erscheinen mag, nichts anderes ist als eine Projektion eigener Schuld, macht er taub für die Stimme der Weisheit. Erst wenn wir erkennen, dass der Angriff eines anderen Menschen ein Hilferuf und ein Ausdruck seiner inneren Schwäche ist, werden wir fähig, zu vergeben und die Situation mit den Augen wahrer Gerechtigkeit zu sehen.

13 Mit Liebe können wir die Zukunft heilen

»Wir können die Geschichte nicht ändern,
aber wir können in Zukunft gemeinsam Gutes für
die Welt tun, um den Frieden zu fördern.«

KIM PHUC

Vietnam 1972. Ein junger Hauptmann befahl, über einem Dorf in Südvietnam Napalmbomben abzuwerfen. Die Feuersbrunst, die sie auslösten, ist auf Film festgehalten, und ein Foto ging in die Geschichte ein. Es zeigt ein neunjähriges Mädchen, das nackt und in Panik aus seinem brennenden Dorf flüchtet. Dieses Bild veränderte das Leben des jungen amerikanischen Hauptmanns, der für den Napalmangriff verantwortlich war. Sein Name ist John Plummer. Und das neunjährige vietnamesische Mädchen war Kim Phuc. Johns folgende Geschichte über seine Heilung und seine Suche nach Vergebung ist eine der Geschichten hinter dem Foto, das die Welt bewegte.

»Militärische Aktivitäten waren mir nicht fremd«, sagte John. Mit Stolz in der Stimme fuhr er fort: »Das ländliche North Carolina, wo ich herkomme, ist sehr patriotisch. Wir waren bodenständige Leute, die an die Grundwerte unseres Landes glaubten.«

John wuchs ganz in der Nähe von Fort Bragg auf. Das Militär war eine mögliche Alternative zum College, besonders für Eltern, die es sich nicht leisten konnten, ihre Kinder aufs College zu schicken. John trat in die Nationalgarde ein, als er noch auf der Highschool war, und vier Tage nach seinem Abschluss ging er zum Militär. »Es gefiel mir dort«, sagte John nachdenklich. »Der Drill störte mich nicht, weil mein Vater, der als Sergeant am Zweiten Weltkrieg teilgenommen hatte, mich zur Disziplin erzogen hatte. In unserem Land bot einem das Militär damals großartige Möglichkeiten.«

Und die nutzte John. Als sein Vorgesetzter eines Tages verkündete, dass noch junge Männer gebraucht würden, die die Offiziersanwärterschule absolvierten, meldete er sich. So wurde er mit neunzehn Jahren zum Leutnant ernannt. Er brauchte keinen Collegeabschluss, nur ein gutes Führungszeugnis.

John strahlte Wärme aus, als ich mit ihm über seine Geschichte sprach. Er hatte die ruhige Freundlichkeit eines Menschen, der viel Leid durchgemacht und sich mit seiner Vergangenheit ausgesöhnt hatte. Während er mir seine Geschichte erzählte, konnte ich mir die Seelenqualen, die er durchlitten haben muss, nicht einmal vorstellen. John fuhr fort:

»Es war ein sehr ruhiger Tag im Juni 1972. Ich war der stellvertretende Luftoperationsoffizier für das dritte regionale Unterstützungskommando in Vietnam. Es gehörte zu meinen Aufgaben, für das III. Korps geplante Luftangriffe zu koordinieren. An jenem Nachmittag erhielt ich einen Anruf von einem amerikanischen Berater einer südvietnamesischen Einheit, die bei Trang Bang, einem Dorf nordwestlich von Cu Chi am Highway I, vom Feind bedrängt wurde und nicht in der Lage war, gegen ihn vorzurücken. Ich wusste, dass da draußen eine Schlacht im Gange war, aber es überraschte mich, dass der amerikanische Berater Luftunterstützung anforderte. Er verlangte einen sofortigen Luftangriff gegen die feindliche Einheit, die sich seinen Aussagen nach in Bunkern und Schützengräben um das Dorf verschanzt hatte. Wir hatten eine Liste in Bereitschaft stehender Bomber. Ich suchte einen mit Napalmbomben und Sprengbomben, weil beide gegen eingegrabene Truppen sehr wirkungsvoll waren. Ich fragte den Berater, wo in dem Gebiet Zivilisten waren, bevor ich die Zielkoordinaten eingab. Ich sah, dass der Zielbereich am Rand des Dorfes lag. Wir hatten klare Zielfreigabevorschriften. Wir mussten bei Bombardements gewisse Entfernungen zu eigenen Truppen oder Dörfern einhalten. Ich fragte den Berater damals, ob sich irgendwelche Leute in dem Gebiet aufhielten. Er sagte, nein, die Dorfbewohner seien alle weg. So veranlasste ich alles, damit die Flugzeuge starten konnten, doch ich bat den zuständigen Offizier, sie erst loszuschicken, nachdem ich mich noch einmal vergewissert hatte, dass sich in dem Gebiet keine »eigenen Leute« aufhielten. Ich rief das Bezirkshauptquartier an, um mir das bestätigen zu lassen, und wieder erhielt ich die Auskunft, dass im Zielgebiet keine Zivilisten mehr seien, sondern nur Vietcong-Einheiten. Da gab ich den Flugzeugen den Befehl zum Angriff und fuhr mit meiner Arbeit fort. Später hörten wir, die Mission sei erfolgreich verlaufen und alle Ziele seien zerstört worden. Alles schien normal.

Am nächsten Tag holte ich mir auf dem Weg in die Offiziersmesse eine Zeitung – die *Stars and Stripes* für die Streitkräfte in Vietnam. Ich war schockiert, als ich das inzwischen berühmte Foto auf der Titelseite sah. Seine brutale Anschaulichkeit verschlug mir den Atem. Das nackte kleine Mädchen, das in Panik davonrannte, der schreiende kleine Junge mit dem angstverzerrten Gesicht und im Hintergrund der Napalmrauch. Der Anblick zerriss mir das Herz. Als ich die Schlagzeile las, begriff ich zu meinem Entsetzen, dass das kleine Mädchen aus Trang Bang war. Meine Knie gaben nach, als mir klar wurde, dass sie von dem Napalm getroffen worden war, das ich am Vortag angefordert hatte. Ihr Name war Kim Phuc. Und ihr Bild brannte sich unauslöschlich in mein Herz und meine Seele ein. Es verfolgte mich viele Jahre lang. Ich empfand eine tiefe Reue, weil ich die Bomber in ihr Dorf geschickt hatte und für ihre schweren Verletzungen verantwortlich war. Damals begann mein Leben in die Brüche zu gehen.

Ich begann zu trinken. Albträume von dem Foto begannen mich zu quälen. Ich träumte von diesem Schwarzweißfoto, ich konnte die Schreie hören, die mich weckten. Ich betrank mich abends oft mit voller Absicht bis zur Besinnungslosigkeit, um schlafen zu können.

Ich fühlte mich voll verantwortlich für das, was geschehen

war, und es belastete mich immer mehr. Alle sagten, dass ich mich nicht schuldig fühlen sollte. Ich hätte vor diesem Angriff getan, was ich konnte, um zivile Opfer zu verhindern. Wahrscheinlich hatten die Leute recht. Aber ich fühlte mich trotzdem verantwortlich. Dieses Kind wurde durch etwas verletzt, an dem ich beteiligt war. Im Krieg rechnet man damit, Soldaten zu töten. Das liegt in der Natur des Krieges. Aber auf zivile Opfer ist man nie vorbereitet, erst recht nicht, wenn es Kinder sind. Da ich selbst drei Kinder habe, ging mir das Schicksal dieses kleinen Mädchens sehr nahe.

Ich absolvierte die restlichen fünf Monate meiner Dienstzeit in Vietnam und kehrte in die USA zurück. Ich wusste nicht, dass das Foto auch noch in anderen Zeitungen erschienen war. Deshalb war ich schockiert, als ich es im Frühjahr 1973 in einem Artikel des *Life*-Magazins sah. Ich war bestürzt, dass das Foto und der Vorfall selbst so berühmt geworden waren, dass Menschen auf der ganzen Welt dieses Foto kannten. Zu jener Zeit hielt ich mich sehr bedeckt, was den Vorfall betraf. Ich erzählte nur sehr wenigen Leuten von meiner Rolle dabei.

Im Jahr 1974, anderthalb Jahre nach meiner Rückkehr aus Vietnam, verkleinerten die USA ihre Streitkräfte. Ich war damals Fluglehrer in Alabama und liebte meine Arbeit sehr, doch ich wurde entlassen, weil ich keinen Collegeabschluss hatte. Zu allem Übel empfand ich mich nun auch noch als Versager, der für das Militär nicht gut genug war. Das war eine sehr harte Zeit. Es gelang mir zwar, einen Job als ziviler Fluglehrer in Fort Rucker zu finden, aber ich verlor den Status, den ich erreicht hatte. Ich hatte inzwischen wieder geheiratet, aber diese Ehe war wegen meiner Erlebnisse in Vietnam von Anfang an zum Scheitern verurteilt. Ich begann, meine Frau zu betrügen.

Je mehr Albträume ich hatte, desto mehr trank ich. Es war ein Teufelskreis. Es gab Nächte, in denen ich zu betrunken war, um nach Hause zu fahren, und bei einem Freund übernachtete. Dann erzählte ich meiner Frau irgendwelche Lügengeschichten. Sie zeigte kein Verständnis, wenn ich von Vietnam erzählte. Es interessierte sie überhaupt nicht, was mir dort widerfahren war. Ich sprach mit ihr nicht einmal über das Foto. Ich erzählte ihr gar nichts, bis es zu spät war, im Grunde bis zum Ende unserer Ehe.

Wenn ich zu Hause war, war ich ein Musterbürger. Ich ging mit Frau und Sohn in die Kirche und tat all die Dinge, die man von einem Familienvater erwartet. Aber wenn ich nach Fort Rucker ging, wo ich arbeitete, hing ich mit meinen Saufkumpanen herum und ließ keine Party aus. Ich nahm sogar Mädchen in den Offiziersklub mit, obwohl dort jeder wusste, dass ich verheiratet war. Das kümmerte mich nicht. Ich schloss alle Menschen aus meinem Leben aus, selbst meine Eltern und meine Kinder. Ich war so mit mir selbst beschäftigt, dass ich niemanden in mein Leben lassen konnte. Ich glaube, in jener Zeit erkannte ich, dass ich mein schlechtes Gewissen nur loswerden konnte, wenn ich das kleine Mädchen um Verzeihung bat. Aber ich wusste überhaupt nichts über sie, kannte nicht einmal ihren Namen, wusste nicht, ob sie überhaupt noch lebte. Und falls sie überlebt hatte, war sie in Vietnam, und dorthin konnte ich nicht zurück. Das war Amerikanern zu jener Zeit nicht möglich. Ich befand mich in einem Dilemma. Ich schleppte diese schwere Last jahrelang mit mir herum und hatte keine Chance, sie loszuwerden.

Ich erzählte nur sehr wenigen Leuten, was in Trang Bang geschehen war, obwohl in den nächsten vierundzwanzig Jahren kaum ein Tag verging, an dem ich nicht an das kleine Mädchen und das, was ich ihm angetan hatte, dachte. Mein Leben ging immer mehr in die Brüche. Ich kämpfte mit meinem Alkoholproblem und kehrte all meine Gefühle nach innen. Ich hatte zwei gescheiterte Ehen hinter mir. Ich verletzte viele Leute, weil ich nur an mich dachte und auf die Bedürfnisse anderer keine Rücksicht nahm.

Dann nahm mein Leben eine überraschende Wende. Ich hatte das große Glück, eine Frau kennenzulernen, die den Weg in mein Herz fand. Damit begann meine Heilung. Joanne wurde meine dritte Ehefrau. Im Laufe von acht Jahren entwickelte ich mich langsam zu einem zugänglicheren und rücksichtsvolleren Menschen.

Eines Abends im Juni 1996 saß ich allein zu Hause und las. Nur der laufende Fernseher leistete mir Gesellschaft. Als ich zufällig von meinem Buch aufsah, erschien zu meinem Erstaunen auf dem Bildschirm das Foto, das mich fast fünfundzwanzig Jahre lang verfolgt hatte. Ich sprang vom Sofa auf, um den Ton lauter zu stellen. Die Sendung hieß: ›Wo sind sie jetzt?‹ Ich verfolgte sie gespannt und erfuhr, dass das Mädchen lebte, Kim Phuc hieß und inzwischen im kanadischen Toronto lebte. Ich musste mich an jenem Abend bremsen, um nicht ins Auto zu springen und nach Toronto zu fahren. Natürlich kannte ich ihre Adresse nicht und wusste nichts

Näheres über sie, aber das, was ich gerade erfahren hatte, versetzte mich in helle Aufregung.

Als Joanne aus Kalifornien zurückkam, verkündete ich ihr: ›Sie lebt! Das kleine Mädchen lebt und wohnt in Toronto!‹ Joanne war auch ganz aufgeregt.«

Ein paar Wochen nach der Fernsehsendung nahm John an einem Vietnamveteranentreffen für Hubschrauberpiloten und Besatzungsmitglieder teil. Als er auf dem Büchertisch herumstöberte, sah er das Foto erneut, diesmal neben einem Gedicht. Er brach in Tränen aus. Der Dichter stand ganz in der Nähe. John fragte ihn, warum er dieses Bild habe.

Der Dichter, der spürte, dass mehr hinter dieser Frage steckte, erwiderte: »Warum wollen Sie das wissen?«

Da erzählte John, dass er der Stabsoffizier war, der den Luftangriff koordinierte, durch den Kim ihre schweren Verbrennungen erlitt.

»Ich wünsche mir schon so lange, ich könnte mit ihr sprechen. Ich muss sie um Vergebung bitten!«

Der Dichter sagte zu John, er habe Kim zwar noch nicht persönlich kennengelernt, aber schon mit ihr telefoniert. »Ich schrieb ein Gedicht über das Mädchen auf dem Foto. Dadurch kamen wir in Kontakt.«

Als John nach Virginia zurückkam, waren Nachrichten von diesem Mann auf seinem Anrufbeantworter.

»Ich konnte mich nicht dazu durchringen, ihn zurückzurufen«, erzählte John. »Er begann mir über einen gemeinsamen Freund Nachrichten zu schicken, und im November informierte er mich schließlich, dass Kim am Veterans Day zu der Vietnamveteranen-Gedenkstätte in Washington kommen würde. Mein Herz begann zu rasen. Ich wusste, dass ich sie nun treffen musste. Aber was war, wenn Kim meine Bitte zurückwies und mir nicht vergab? Doch ich musste sie um Verzeihung bitten, welche Konsequenzen das auch haben mochte. Ich wusste, es war ein Wink des Schicksals, weil wir am selben Wochenende in Washington ein kleines Treffen von Hubschrauberpiloten hatten und am Veterans Day auch die Gedenkmauer besuchen wollten.

Seit der Bombardierung von Trang Bang im Juni 1972 hatte das Schicksal Kim und mich in völlig verschiedene Richtungen geführt, doch nun brachte es uns zur selben Zeit an denselben Ort zurück. Die Nachricht überwältigte mich. Ich wusste damals nicht, dass Kim nach Kalifornien gereist war und sich mit diesem Dichter getroffen hatte und dass er ihr von mir erzählt hatte. Ich weiß nicht, wie sie erfuhr, dass ich an der Gedenkmauer sein würde. Vielleicht hatte der Dichter es ihr in einem späteren Telefongespräch erzählt. Jedenfalls wusste sie, dass ich dort sein würde.

Am Abend vor dem Veterans Day saß ich mit einigen der Jungs in meinem Wohnzimmer. Nach langem Zögern sagte ich zu ihnen:

›Ich muss euch etwas sagen. Es geht um einen Vorfall in Trang Bang im Jahr 1972, an dem ich beteiligt war.‹

Die Gruppe verstummte.«

John erzählte seinen Freunden alles. Dann sagte er:

»Morgen werde ich die Gelegenheit haben, Kim Phuc zu treffen. Würdet ihr mit mir an der Mauer bleiben und mir helfen, sie für ein paar Minuten von der Presse loszueisen? Ich möchte ihr sagen, dass es mir leidtut, dass sie verletzt wurde. Fast fünfundzwanzig Jahre lang litt ich auf meine Weise unter dem, was geschah. Ich möchte, dass sie weiß, dass sie mir nicht gleichgültig war, obwohl ich sie nicht kannte.«

»Meine Freunde waren einverstanden«, fuhr John fort. »Achtzehn Jungs gingen am nächsten Tag zur Gedenkmauer. Ich hielt auf dem Weg zur Mauer ständig Ausschau nach einem asiatischen Gesicht.

Um ein Uhr begann die Menge sich zu versammeln, und das offizielle Programm begann. Plötzlich entstand an der westlichen Mauer ein kleiner Tumult in der Menge. Ich blickte hinüber und sah Kim mitten in der Gruppe. Ich war aufgeregt. Ich hatte Angst, war nervös. Ich wäre am liebsten zu ihr hinübergelaufen, aber ich wusste, dass das unmöglich war. Sie war von Sicherheitsleuten umgeben, die sie zum Podium eskortierten, wo die anderen VIPs waren. Ich hatte das Gefühl, dass sich um mich herum alles drehte. Dann hörte ich plötzlich, wie Kim angekündigt wurde. Aus der Ankündigungsrede erfuhr ich, dass zwei von Kims Brüdern bei dem Bombenangriff umgekommen waren. Ich brach weinend zusammen. Ich hatte nicht nur Kim so viel Schmerz und Leid verursacht. Ich hatte an jenem Tag auch noch zwei Kinder getötet. Ich war völlig erschüttert. Dann sprach Kim.

›Meine lieben Freunde, ich freue mich, heute hier bei Ihnen zu sein. Wie Sie wissen, bin ich das kleine Mädchen, das vor dem Napalmbrand davonrannte. Ich will nicht über jenen Tag sprechen, weil ich die Geschichte nicht ändern kann. Ich will Sie nur an die Tragik des Krieges erinnern, um dazu beizutragen, dass das Kämpfen und Töten überall auf der Welt aufhört. Ich habe viel körperlichen und seelischen

Schmerz durchgemacht. Manchmal dachte ich, ich würde ihn nicht überstehen, aber Gott rettete mich und gab mir Glauben und Hoffnung. Selbst wenn ich von Angesicht zu Angesicht mit dem Piloten sprechen könnte, der die Bomben abwarf, würde ich ihm sagen, dass wir versuchen sollten, in der Gegenwart und in der Zukunft Gutes zu tun, um den Frieden zu fördern.‹

Obwohl ich nicht der Pilot war, der die Bomben abgeworfen hatte, wusste ich, dass sie auch mich meinte. Ich weiß nicht mehr, ob sie das Wort Vergebung benutzte, aber das war ihre Botschaft. In diesem Augenblick empfand ich Frieden und wusste, dass alles gut werden würde. Dann wurde ich von meinen Gefühlen überwältigt. Ich wäre in die Knie gegangen, wenn meine Freunde nicht um mich herumgestanden wären und mich gestützt hätten. Ein Freund hielt mich von hinten und je einer von links und rechts. Ein weiterer stellte sich vor mich, um mich vor neugierigen Blicken zu schützen. Schließlich schrieb ich ihr einen Zettel, auf dem nur stand: ›Kim, ich bin dieser Mann. Ich würde Sie gerne kurz sprechen.‹

Ich bat einen Polizisten, ihr den Zettel zu geben. Später erfuhr ich, dass sie den Zettel einfach in ihre Tasche gesteckt hatte, ohne ihn zu lesen. Inzwischen war einer meiner Freunde mit einer Dame ins Gespräch gekommen, die zufällig die Geschäftsführerin des Vietnam-Veterans-Memorial-Fonds war, der Kims Reise finanziert hatte. Ohne zu wissen, wer sie war, erwähnte er, dass er den Offizier kannte, der den Luftangriff befohlen hatte.

Sie fragte, ob ich auch hier sei, und bat ihn, mich zu ho-

len. Zu diesem Zeitpunkt war Kim bereits dabei, die Gedenk-
stätte zu verlassen. Die Sicherheitsleute ließen uns durch,
und wir liefen hinter Kim her zu einem relativ ruhigen Platz.
Als sich Kim zu mir umdrehte, wurde ich ganz schwach. Ich
sah ihr in die Augen, und alles, was ich herausbrachte, war:
›Es tut mir leid. Es tut mir so leid. Das habe ich nicht gewollt.‹

Sie blickte mich an, und ich sah nur Liebe in ihren Augen.
Ihr Blick war so klar. Ich begann zu schluchzen. Ich wieder-
holte immer wieder: ›Es tut mir leid. Es tut mir so leid, dass
Sie verletzt wurden. Das habe ich nicht gewollt.‹

Sie umarmte mich und klopfte mir auf den Rücken.
›Schon gut. Ich vergebe. Ich vergebe.‹

Ich weinte. Sie hielt mich in den Armen und sagte immer
wieder: ›Schon gut, ich vergebe.‹

Das war der wunderbarste Augenblick meines Lebens. Die
ganze Last, ein Vierteljahrhundert Reue und Schmerz, fiel
einfach von mir ab. Durch diese zwei Worte nahm Kim sie
mir von den Schultern. All meine Hoffnungen hatten sich
erfüllt. Plötzlich fühlte ich mich, als könnte ich fliegen. Kim
vergab mir, und ich war frei.

Ich versuchte ihr zu erklären, was geschehen war, aber sie
wollte es nicht wissen. Sie hat mich bis heute nicht erklären
lassen, was damals geschah. Sie hat die Vergangenheit hinter
sich gelassen. Ihrer Ansicht nach hat jeder die Chance, neu
anzufangen. Das hat sie getan.

Wir waren nur etwa zwei Minuten zusammen, dann ging
sie. In dieser kurzen Zeit wurde mir vergeben, völlig vergeben.

Inzwischen war Kim in ihr Hotel zurückgekehrt und hatte
einen Freund zurückgeschickt, der mich bitten sollte, zu ihr

zu kommen. Meine Frau und ich und ein Ehepaar, das uns begleitete, fuhren zu Kims Hotel und trafen sie in der Lobby. Sie hatte bereits ausgecheckt.

Wir verbrachten zwei wundervolle Stunden zusammen. Ich weiß noch, dass ich versuchte, ihr die Geschichte zu erzählen, aber immer wenn ich anfing, unterbrach sie mich. Sie war nicht unhöflich; sie sagte nur immer wieder:

›Wir können Gutes tun. Wir können unsere Geschichte weitererzählen. Wir können gemeinsam etwas tun.‹

Schnell machten wir erste Pläne für eine gemeinsame Veranstaltung. Die Zeit verging so schnell. Mein Freund machte das Foto von Kim und mir, das später in der *Guidepost* und anderen Zeitungen erschien. Dieser Schnappschuss ist fast so berühmt geworden wie das Foto aus Vietnam. Hoffentlich hat das zweite Foto eine noch größere Wirkung als das erste, denn es ist das Ende der Geschichte, worum es Kim und mir geht. Leider beschäftigte die Presse sich bisher mehr mit dem, was während des Krieges geschehen ist. Doch Kim und ich wollen über einen anderen Aspekt der Geschichte reden: über Versöhnung und Vergebung, und wie sie uns frei machten.

Johns persönliche Heilung

Warum war es für John so wichtig, um Verzeihung zu bitten? Zunächst ging es um Selbstverantwortung. John fühlte sich mitverantwortlich für das, was Kim widerfahren war. Viele Täter empfinden ihre Taten als gerechtfertigt, weil sie unfähig sind, Mitgefühl zu empfinden, weil sie seelisch schwer verletzt und voller Schuldgefühle sind, auch wenn ihnen das nicht bewusst ist. John litt unter ähnlichen emotionalen Problemen wie die meisten Täter, obwohl er wusste, dass er verantwortungsbewusst gehandelt hatte. Er hatte vorschriftsmäßig überprüft, ob Zivilisten im Zielgebiet waren. Er hätte eigentlich keine Schuldgefühle haben müssen, aber er fühlte sich mitverantwortlich und empfand Reue.

Zudem litt er unter seiner eigenen Verletztheit, unter einer sogenannten posttraumatischen Belastungsstörung. Wie ihm erging es vielen Kriegsheimkehrern; sie wurden drogen- oder alkoholsüchtig oder begingen Selbstmord, weil sie nach ihrer Rückkehr mit ihren Traumata allein gelassen wurden. John begann zu trinken. Zwei Ehen scheiterten, weil er nicht fähig war, eine feste und enge Beziehung aufzubauen. Sein emotionaler Schmerz war zu groß, um darüber zu sprechen. In mancher Hinsicht hatte John Glück. Er besaß innere Stärke und die Liebe einer Frau, die ihm zuhörte und ihm eine Stütze war. Er bemühte sich, so weit wie möglich ein normales Leben zu führen, und er liebte seine Arbeit als Hubschrauberpilot. Aber das berühmte Foto verfolgte ihn und hielt belastende Erinnerungen wach. Mit der Hilfe seiner dritten Ehefrau gelang es ihm endlich, sich auf eine tiefere Beziehung einzulassen. Bei einem Wochenendseminar für Paare fand eine tiefe Heilung statt.

Die Teilnehmer wurden gebeten, einen Liebesbrief an ihren Partner zu schreiben und darin Gefühle zu äußern, die ihren Partner überraschen würden. Was John schockierte, als er über dieses Thema nachdachte, war sein Mangel an Gefühlen. Er erkannte, dass er dadurch von seiner spirituellen Quelle abgeschnitten war, unfähig, sich weiterzuentwickeln. Er begann zu weinen.

John sagte: »Ich konnte kein Wort mehr schreiben. Als ich anfing zu weinen, spürte ich, wie etwas über mich kam, als wäre noch jemand im Raum. Nennen Sie es, wie Sie wollen, für mich war es der Heilige Geist, den ich spürte. Da wusste ich, dass ich nun nicht mehr von meiner spirituellen Essenz getrennt war.«

Joanne kam ins Zimmer, und John überreichte ihr den einen Satz, den er geschrieben hatte. Sie war verblüfft, sah ihn an und sagte: »Darüber brauchst du dir keine Sorgen mehr zu machen. Das hat sich inzwischen geändert.«

Die Erfahrung dieses Augenblicks leitete eine tiefere Heilung ein. Im darauffolgenden Jahr konzentrierte er sich stark auf sich selbst. Später sagte er: »Unsere innere Göttlichkeit weiß, wann wir bereit sind, zuzuhören, und sie weiß, dass das, was uns offenbart wird, unser zukünftiges Handeln bestimmen wird. Was mir in jenem Augenblick offenbart wurde, war Gnade. Was dort geschah, war der Höhepunkt eines Prozesses, der 1972 begonnen hatte.«

Ich fragte John, warum er um Vergebung bitten wollte, obwohl er wusste, dass er an dem tragischen Vorfall in Trang Bang nicht schuld war. John antwortete: »Wir müssen alle Demut entwickeln. Allzu oft wird Demut mit Schwäche gleichgesetzt. In Wirklichkeit ist sie die Erkenntnis, dass es etwas gibt, das größer ist als wir. Demut ließ mich erkennen, dass es nicht um mich geht, sondern um den Menschen, der verletzt wurde.«

Ich war sehr berührt von diesen Worten und wollte mehr darüber wissen, wie Menschen fähig werden, um Verzeihung zu bitten. John sagte dazu: »Zuerst geht es darum, sich selbst zu vergeben. Wenn Menschen fähig sind, ihren eigenen Kummer und Schmerz, ihre Schuld und ihre Wut zu heilen, und daran arbeiten, vollständige Menschen zu werden, dann weiß man, dass es ihnen ein echtes Bedürfnis ist, wenn sie andere um Vergebung bitten. Das Problem ist, dass man keinen Schritt in seinem Heilungsprozess auslassen kann. Allzu oft gehen Menschen im Gefängnis zugrunde, ohne die Hilfe zu erhalten, die sie wirklich brauchen.«

Während John sprach, ging mir der Gedanke durch den Kopf, dass wir in doppelter Weise zum Opfer und zum Täter werden können, wenn wir nach einer verletzenden Erfahrung durch unsere Unfähigkeit, uns selbst zu heilen, in der Opferrolle gefangen bleiben. Wenn wir unfähig sind, zu vergeben und den Schmerz zu bewältigen, können wir die Vergangenheit nicht hinter uns lassen und bleiben in der schmerzlichen Erfahrung gefangen. Unsere Unfähigkeit, zu vergeben, verletzt nicht nur den Täter, sondern schadet auch uns selbst.

Vergebung und die Heilung einer posttraumatischen Belastungsstörung

Zu diesem Thema sagte John Folgendes: »Als ich aus Vietnam zurückkam, hatte ich viele Symptome einer posttraumatischen Belastungsstörung. Ich hatte Albträume. Ich trank zu viel, um meinen Schmerz zu betäuben, und ich hatte keine Hoffnung mehr. Zum Glück unterstützten mich meine Familie und Freunde bei meinem Neuanfang. Um mich zu heilen, musste ich mich nicht nur meinem Schmerz stellen, sondern auch meinen Schuldgefühlen wegen allem, was ich in meinem Leben falsch gemacht hatte – nicht nur während meiner Jahre in Vietnam, sondern auch davor und danach. Ich hatte keinerlei Zugang mehr zu meinen Gefühlen über mich selbst, bis ich eines Tages auf einem spirituellen Seminar eine Übung machte, bei der ich alles aufschreiben sollte, was mich davon abhielt, meine spirituelle Natur zu akzeptieren. Ich beschrieb seitenweise Situationen, in denen ich Menschen verletzt hatte, zum Beispiel meine Exfrauen, aber Trang Bang erwähnte ich nicht. Was dort geschehen war, verdrängte ich, erstens weil es zu schmerzlich war, und zweitens weil ich der Meinung war, dass mir das niemand vergeben konnte außer dem kleinen Mädchen auf dem Foto. Der Zeitpunkt meines Treffens mit Kim war von entscheidender Bedeutung. Ich war bereit, ihre Vergebung anzunehmen, weil ich gelernt hatte, mir selbst zu vergeben. Davor wäre es mir unmöglich gewesen, um Verzeihung zu bitten.«

Wir wissen nicht, was für ein größerer Plan hinter allem steht, oder ob es überhaupt einen größeren Plan gibt, der den Verlauf unseres Lebens bestimmt. Aber ich frage mich, warum an jenem schicksalhaften Tag im Juni 1972 ein kleines Mädchen zu einer bestimmten Zeit an einem bestimmten Ort war und jahrelang leiden musste, um schließlich eine großartige spirituelle Lehrerin zu werden. Und dann schloss sich

ihr ein Mann an, der in gewisser Weise für ihr Leid verantwortlich war, aber später ein anderer Mensch und selbst ein
weiser Lehrer wurde. Sind diese Geschehnisse nur Zufälle,
oder verbirgt sich hinter ihnen ein höherer Sinn? Wenn ich
Geschichten wie diese höre, frage ich mich unweigerlich,
warum wir hier sind und worum es in unserem Leben wirklich geht.

14 Was Sie für sich selbst tun können

> *»Wenn man sich weigert, zu vergeben, weigert man*
> *sich, eine zerbrochene Beziehung wiederherzustellen.*
> *Wenn man vergibt, rettet man diese Beziehung.*
> *In der ›göttlichen Komödie‹, die bis zum Ende histo-*
> *rischer Tragödien der Menschheit ihren Lauf nimmt,*
> *ist Vergebung der Weg des göttlichen Sieges.«*
>
> BRIAN FROST (1991)

Nun, da Sie wissen, wie Sie vergeben lernen können und wie der Vergebungsprozess bei anderen verlief, ist es Zeit, das Gelernte zu vertiefen. Das wird Ihnen bei Ihrem Vergebungsprozess helfen. In diesem Kapitel erhalten Sie weiteres Rüstzeug, das Sie benutzen können, um weiterzukommen.

Denn: Ihr Vergebungsprozess ist nie zu Ende. Immer wenn Sie denken, dass Sie all Ihre starken Emotionen durchgearbeitet haben, tauchen weitere Gefühle wie aus dem Nichts auf. Deshalb werden Sie das Rüstzeug aus diesem Kapitel immer wieder brauchen. Sie können es Ihren Bedürfnissen individuell anpassen. Viele von Ihnen werden feststellen, dass es Ihnen mit der Zeit immer leichter fällt, zu vergeben, und dass Ihr Leben durch Vergebung sehr viel lebenswerter wird.

Überprüfen Sie Ihre Fortschritte

Vielleicht haben Sie nach der Auseinandersetzung mit einem Erlebnis das Gefühl, einen Prozess abgeschlossen zu haben. Vielleicht haben Sie aber auch den Eindruck, noch ganz am Anfang zu stehen. Das ist in Ordnung. Vielleicht wollen Sie einige der Schritte wiederholen. Wenn Sie glauben, das Programm abgeschlossen zu haben, dokumentieren Sie Ihre Fortschritte mit Hilfe des nachfolgenden Fragebogens, um zu sehen, wie weit Sie im Vergebungsprozess gekommen sind und wo noch weitere Arbeit zu leisten ist. Dann können Sie auch beurteilen, welche Schritte Ihnen schwerer gefallen sind und ob Sie den einen oder anderen vielleicht wiederholen sollten. Füllen Sie den Fragebogen aus, und vergleichen Sie Ihre Antworten mit denen, die Sie vor dem Beginn des Programms und am Ende jedes Schritts gaben. Stellen Sie fest, ob bestimmte Muster erkennbar sind. Denken Sie daran, dass Veränderungen Zeit brauchen. Deshalb ist jeder noch so kleine Fortschritt wichtig. Wenn Sie die Fragen beantwortet haben, nehmen Sie sich den Fragebogen noch einmal vor, und bewerten Sie die Fragen selbst nach ihrer Bedeutung für Ihren persönlichen Vergebungsprozess. Benutzen Sie dazu dasselbe 7-Punkte-System, wie schon am Anfang des Buches. Stellen Sie fest, ob sich ein Muster abzeichnet, wenn Sie beide Bewertungen vergleichen.

Schritt 1: Allgemeine Fragen klären

Wie klar ist Ihr Verständnis von Vergebung am Ende des Programms?

1	2	3	4	5	6	7

sehr klar   völlig unklar

Wie oft denken Sie am Ende des Programms an Rache?

1	2	3	4	5	6	7

gar nicht   ständig

Wie vergebungsbereit sind Sie am Ende des Programms?

1	2	3	4	5	6	7

absolut bereit   überhaupt nicht bereit

Schritt 2: Gefühle freilegen

Wie viel emotionalen Schmerz empfinden Sie am Ende des Programms?

1	2	3	4	5	6	7

keinen   der Schmerz ist überwältigend

Wie schwer fällt es Ihnen am Ende des Programms, über Ihre emotionalen Erfahrungen zu sprechen?

1	2	3	4	5	6	7

überhaupt nicht schwer   sehr schwer

Schritt 3: An der Wut arbeiten

Wie wütend sind Sie am Ende des Programms auf die Person, die Sie verletzte?

1	2	3	4	5	6	7

nicht wütend   sehr wütend

Wie gut verstehen Sie am Ende des Programms die tiefere Bedeutung Ihrer Wut?

1	2	3	4	5	6	7

völlig   gar nicht

Wurden Ihnen inzwischen Verhaltensweisen bewusst, durch die Sie Ihren Schmerz aufrechterhielten?

1	2	3	4	5	6	7

ja, sehr bewusst   nein

Waren Sie am Ende des Programms bereit, aus Ihrer Wut zu lernen und Ihr Verhalten entsprechend zu ändern?

1	2	3	4	5	6	7

absolut bereit   überhaupt nicht bereit

Schritt 4: Schuldgefühle bewusst machen

Wie bewusst waren Ihnen Ihre Schuldgefühle am Ende des Programms?

1	2	3	4	5	6	7

voll bewusst   nicht bewusst

Waren Sie am Ende des Programms bereit, einen anderen Standpunkt einzunehmen und zu akzeptieren, dass Sie nicht die ganze Situation sahen, die Vergebung erforderte?

1	2	3	4	5	6	7

absolut bereit   nicht bereit

Waren Sie am Ende des Programms fähig, Ihre Schuld anzuerkennen und die Verantwortung für Ihr Handeln zu übernehmen?

1	2	3	4	5	6	7

übernehme volle Verantwortung   bestreite jede Schuld

Schritt 5: Die Situation neu betrachten

Waren Sie am Ende des Programms bereit, Ihre Aufmerksamkeit von sich selbst auf den anderen Menschen zu richten, der Vergebung braucht?

1	2	3	4	5	6	7

absolut bereit   überhaupt nicht bereit

Wie schwer fiel es Ihnen am Ende des Programms, sich in den Täter hineinzuversetzen?

1	2	3	4	5	6	7

gar nicht schwer   sehr schwer

Wie bereit sind Sie am Ende des Programms, die Situation anders zu sehen?

1	2	3	4	5	6	7

absolut bereit   überhaupt nicht bereit

Schritt 6: Schmerz bewältigen

Wie schwer fiel es Ihnen am Ende des Programms, Ihren Schmerz zu akzeptieren?

1	2	3	4	5	6	7

nicht schwer   extrem schwer

Wie viel Trauerarbeit haben Sie inzwischen geleistet?

1	2	3	4	5	6	7

sie ist abgeschlossen   sie hat noch nicht begonnen

Waren Sie inzwischen fähig, Ihrem Schmerz einen Sinn zu verleihen?

1	2	3	4	5	6	7

ja, einen besonderen Sinn   nein

War Vergebung Ihnen am Ende des Programms ein Anliegen?

1	2	3	4	5	6	7

ja, ein großes Anliegen   nein

Schritt 7: Inneren Frieden finden

Wie weit haben Sie dem Menschen, der Ihnen Leid zufügte, inzwischen vergeben?

1	2	3	4	5	6	7

völlig vergeben   überhaupt nicht vergeben

Waren Sie am Ende des Programms fähig, die Situation
aus »spiritueller Sicht« zu sehen?

1	2	3	4	5	6	7

ja, aus einer völlig spirituellen Sicht   nein

Hat Vergebung Ihr Leben inzwischen irgendwie verändert?

1	2	3	4	5	6	7

sehr verändert   nicht verändert

Vielleicht stellen Sie beim Durchgehen des Fragebogens fest,
dass noch mehr Arbeit nötig ist. Oder vielleicht wird Ihnen
klar, dass es weitere Menschen oder Geschehnisse in Ihrem
Leben gibt, mit denen Sie sich beschäftigen sollten. Möglicherweise kommen im Laufe der Zeit auch neue schmerzliche Erinnerungen an ein Geschehnis hoch, das Sie schon
verarbeitet zu haben glaubten, sodass Sie sich erneut mit ihm
beschäftigen müssen. All das gehört zum Heilungsprozess. Je
mehr Seelenarbeit Sie leisten, desto leichter fällt sie Ihnen,

selbst wenn Sie viele Probleme zu bewältigen haben. Manche Erfahrungen im Leben sind so schmerzlich, dass es sehr viel Zeit braucht, alle Auswirkungen des Schmerzes zu heilen.

Feedback-Fragebogen

Es ist sehr wichtig für mich, zu erfahren, welche Erfahrungen Sie machten, welche Probleme Sie hatten und welche Erfolge Sie erzielten. Das sind sehr wertvolle Informationen, die an andere weitergegeben werden können. Deshalb habe ich einige Fragen zusammengestellt und bitte Sie um Ihre Rückmeldung. Bitte schicken Sie Ihre Antworten (ob auf eine, mehrere oder alle Fragen) an die E-Mail-Adresse erborris@cox.net, oder kontaktieren Sie mich über meine Website www.dreileenborris.com. Ich freue mich auch über zusätzliche Informationen, die die nachfolgenden Fragen nicht abdecken. Bitte stellen Sie sicher, dass ich Sie ebenfalls erreichen kann.

- Beschreiben Sie die Situation, auf die Sie sich während des Vergebungsprogramms konzentrierten.
- Wie fühlten Sie sich, bevor Sie mit dem Vergebungsprogramm begannen?
- Wie war es für Sie, die verschiedenen Schritte des Vergebungsprogramms durchzuarbeiten?
- Welcher Schritt fiel Ihnen besonders schwer? Warum? Wie bewältigten Sie ihn?
- Welche inneren Veränderungen stellten Sie während des Vergebungsprozesses bei sich fest?

- Was lernten Sie durch das Vergebungsprogramm über sich selbst und Ihre Situation?
- Wie fühlten Sie sich am Ende des Programms? Hatte das Auswirkungen auf Beziehungen?
- Wie veränderte Ihre Fähigkeit, zu vergeben, Ihre Zukunftsperspektiven?
- Widerfuhr Ihnen etwas, weil Sie dieses Programm absolvierten?
- Identifizierten Sie sich mit einer Geschichte aus dem Buch?
- Welche positiven Erfahrungen machten Sie, weil Sie vergeben lernten?
- Was fanden Sie an diesem Programm besonders hilfreich? Warum?
- Womit hatten Sie Probleme?
- Würden Sie an diesem Programm gerne etwas ändern oder es durch etwas ergänzen?

Visualisierungsübungen

Visualisierungsübungen können Ihnen helfen, entspannen zu lernen, Ängste abzubauen und mehr Selbstachtung zu erlangen. Sie geben Ihnen einen tieferen Einblick in Ihre Gedankenwelt und Ihr Verhalten. Aus diesen Gründen sind sie ein gutes Mittel, um die Voraussetzungen für Vergebung zu schaffen. Nachfolgend finden Sie Visualisierungsübungen für jeden Schritt des Vergebungsprogramms. Bei einigen handelt es sich um Entspannungsübungen. Andere werden Ihnen bei der Auseinandersetzung mit den einzelnen Schritten helfen.

Am besten sprechen Sie die Visualisierungsübungen auf Band. Wenn Sie das Visualisieren regelmäßig üben, werden Sie sicher feststellen, dass die Wirkung der Übungen mit der Zeit stärker wird. Vielleicht merken Sie, dass Ihre Gedanken immer wieder abschweifen, während das Band läuft. Das ist in Ordnung. Wenn das geschieht, führen Sie Ihren Geist einfach sanft zu der Stimme auf dem Band zurück. Vielleicht finden Sie es hilfreich, die Tipps zum Visualisieren in Kapitel 2 noch einmal durchzulesen, bevor Sie beginnen.

Schritt 1: Ein wenig Vergebungsbereitschaft entwickeln

Gehen Sie in einen ruhigen Raum, wo Sie nicht gestört werden und wo Sie sich sicher fühlen. Setzen Sie sich in einen bequemen Sessel, oder legen Sie sich auf ein Sofa. Schließen Sie die Augen, und machen Sie ein paar tiefe, entspannende Atemzüge. Atmen Sie ein, und zählen Sie dabei bis vier (Pause), halten Sie die Luft an, und zählen Sie dabei bis vier (Pause). Dann atmen Sie langsam aus und zählen dabei bis vier. (Pause.) Wiederholen Sie das drei Mal. (Lange Pause.) Spüren Sie, wie Ihr Geist und Ihr Körper sich allmählich beruhigen. Nun möchte ich, dass Sie Ihren Körper im Geiste nach Verspannungen absuchen. Beginnen Sie, indem Sie sich auf Ihre Füße konzentrieren. Wackeln Sie ein bisschen mit den Zehen, dann lassen Sie Ihre Füße kreisen, erst ein Weilchen in die eine Richtung, dann in die andere. (Lange Pause.) Fühlen Sie, wie die entspannende Energie um Ihre Füße zu strömen beginnt. Dann richten Sie Ihre Aufmerksamkeit auf Ihre Waden. Spannen Sie die Wadenmuskeln an, so fest Sie können – fester, fester, noch fester –, und entspannen Sie sie wieder. (Pause.) Fühlen Sie, wie die entspannende Energie von Ihren Zehen durch Ihre Waden zu strömen beginnt. Nun konzentrieren Sie sich auf Ihre Schenkel. Spannen Sie die Muskeln Ihrer Schenkel an, so fest Sie können – fester, fester, noch fester –, und entspannen Sie sie wieder. (Pause.) Fühlen Sie, wie die warme, entspannende Energie langsam Ihre Beine hinaufströmt. Nun richten Sie Ihre Aufmerksamkeit auf Ihre Pobacken. Spannen Sie die Muskeln an, so fest Sie können – fester, fester, noch fester –, und entspannen Sie sie wieder. Lassen Sie einfach die ganze Spannung in den Sessel abfließen, in dem Sie sitzen, oder in das Sofa, auf dem Sie liegen. Nun konzentrieren Sie sich auf Ihren Bauch. Spannen Sie die Bauchmuskeln an, so fest Sie können – fester, fester, noch fester –, und entspannen Sie sie wieder. Fühlen Sie, wie die warme Energie Ihren Körper hinaufströmt, während Sie immer entspannter werden. Nun richten Sie Ihre Aufmerksamkeit auf Ihren Schulterbereich. Ziehen Sie die Schultern hoch und zurück, und lassen Sie sie ein paar Mal kreisen, erst in die eine Richtung (Pause), dann in die andere, und fühlen Sie, wie die Spannung aus Ihren Schultern entweicht. (Pause.) Nun heben Sie die Arme und ballen beide Hände zur Faust. Ballen Sie sie so fest zusammen, wie Sie können – fester, fester, noch fester –, und entspannen Sie sie wieder. Fühlen Sie, wie diese entspannende Energie sich in Ihrem ganzen Körper ausbreitet, während Sie immer entspannter werden. Nun konzentrieren Sie sich auf Ihr Gesicht. Besonders im Kieferbereich und um die Augen kann sich viel Spannung aufgebaut haben. Kneifen Sie die Lippen und die Augen so fest zusammen, wie Sie können – fester, fester, noch fester –, und entspannen Sie sie wieder. Ihr ganzer Körper ist nun völlig entspannt. Genießen Sie dieses angenehme Gefühl. Falls Sie merken, dass Ihr Körper an irgendeiner Stelle noch verspannt ist, gehen Sie im Geiste dorthin, und stellen Sie sich vor, wie die Muskeln sich lockern. (Pause.) Ich zähle nun bis drei und möchte, dass Sie danach doppelt so entspannt sind wie jetzt: eins, zwei, drei. (Pause.)

Denken Sie nun einen Augenblick darüber nach, was das Wort »Vergebung« bedeuten könnte. (Pause.) Wie wäre es, Vergebung in Ihren Geist und Ihr Leben zu bringen? (Pause.) Nun möchte ich, dass Sie über eine Situation in Ihrem Leben nachdenken, in der jemand Ihnen etwas antat, das Sie nicht vergeben konnten. (Pause.) Wer ist dieser Mensch, und mit welchen Gefühlen denken Sie nun an ihn? (Pause.) Kannten Sie diesen Menschen schon länger? Werden Sie ihm wieder begegnen? Oder war es eine völlig fremde Person? Wie würde Ihr Leben aussehen, wenn Sie so weiterleben wie jetzt – unfähig, diesem Menschen zu vergeben, was er getan hat? (Pause.) Wie fühlen Sie sich seitdem, und wie wirkt sich das auf Ihren Körper aus? (Pause.) Fragen Sie sich: Wollte ich so leben? Kann ich auf eine bessere Art leben? Machen Sie sich ein klares Bild von Ihrem heutigen Leben, und stellen Sie sich vor, wie Ihr Leben aussehen würde, wenn Sie diesem Menschen vergeben und über das Geschehene hinwegkommen könnten. (Pause.) Wie würden Sie sich fühlen, wenn Gedanken an diesen Menschen und das Geschehene in Ihrem Kopf keinen Raum mehr einnehmen würden? Wenn Ihr Kopf frei wäre für Dinge, die Ihr Leben lebenswerter machen? Stellen Sie sich eine Szene vor, in der Sie frei von diesen unerwünschten Gedanken sind und Dinge tun, die Ihnen Freude bereiten. Atmen Sie ein paar Mal tief durch, während Sie diese Szene entwerfen. (Pause.) Wenn Sie denken, dass Sie mit der Szene fertig sind und ein klares Bild davon haben, wie Ihr Leben aussehen könnte, nachdem Sie zu Vergebung fähig waren, rufen Sie sich ins Gedächtnis zurück, was damals geschah. Sie wissen, dass Sie jederzeit an Ihren Platz zurückkehren können. Dann nehmen Sie allmählich wieder die Geräusche im Raum wahr und werden sich bewusst, dass Sie im Sessel sitzen oder auf dem Sofa liegen. Wenn es Ihnen angenehm ist, strecken Sie sich ein bisschen. Dann öffnen Sie langsam die Augen.

Schritt 2: Gefühle freilegen – Eine Vergebungs-meditation

Machen Sie ein paar tiefe, entspannende Atemzüge. Atmen Sie bis in den Bauch hinein. Beim Einatmen stellen Sie sich vor, eine ruhige, aber erhebende Energie einzuatmen. Beim Ausatmen fühlen Sie, wie die Spannung aus Ihrem Körper entweicht. Atmen Sie erneut eine ruhige, aber erhebende Energie ein. Beim Ausatmen fühlen Sie, wie Sie sich völlig entspannen, und lassen alle Alltagssorgen los. Sagen Sie zu sich: »Ich erlaube mir jetzt, alle Sorgen loszulassen. Ich erlaube mir jetzt, eine größere Energie und Seelenruhe zu genießen …« Fühlen Sie, wie Sie innerlich immer ruhiger werden. Beim Ausatmen spüren Sie, wie Ihr Körper diese Ruhe ausstrahlt. Ein tiefer Frieden erfüllt und umgibt Sie. Genießen Sie dieses Gefühl eine Weile ... (lange Pause).

Dann stellen Sie sich einen schönen, kühlen Sommermorgen vor. Sie wandern durch ein Tal und genießen die belebende frische Luft. Der Himmel ist tiefblau, und um Sie herum sind Blumen und Wiesen. Der Morgenwind streicht sanft über Ihre Wangen, und Sie spüren, wie Ihre Füße beim Laufen den Boden berühren. Nehmen Sie Ihre Kleidung und die Landschaft um sich herum wahr. Während Sie sich umschauen, sehen Sie einen Berg, der ein Stück vor Ihnen aufragt. Der Anblick seines Gipfels versetzt Sie in Begeisterung.

Während Sie ihn betrachten, beschließen Sie, den Berg zu erklimmen. Sie folgen dem Pfad, auf dem Sie sind. Er führt durch einen Kiefernwald. Als Sie in den Wald kommen, spüren Sie seine kühle, dunkle Atmosphäre und riechen den würzigen Duft der Kiefern. Sie spüren den weichen Teppich aus Kiefernnadeln unter Ihren Füßen, während Sie zum Fuß des Berges laufen. Sie wandern einen steilen Bergpfad hinauf und spüren dabei Ihre Beinmuskeln und die Energie, die Ihren ganzen Körper erfüllt.

Dann endet der Pfad, und Sie sehen nur noch nackten Fels. Sie bewegen sich weiter auf den Gipfel zu. Der Aufstieg wird schwieriger. Manchmal müssen Sie die Hände zu Hilfe nehmen, um über Felsen zu klettern. Als Sie noch höher steigen, wird die Luft frischer und dünner. Die Landschaft ist unberührt, und Sie erleben eine völlige Stille.

Als Sie sich dem Gipfel nähern, sehen Sie in der Ferne einen kleinen Lichtpunkt. Dann erkennen Sie, dass es ein

menschliches Wesen ist. Es ist ein weises und liebevolles Wesen, das bereit ist, sich anzuhören, was Sie zu sagen haben,
und Ihnen zu sagen, was Sie wissen wollen. Es hat Sie auch
bemerkt. Sie beginnen langsam aufeinander zuzugehen. Als
Sie diesem Wesen näher kommen, fühlen Sie, dass seine Gegenwart Sie mit Freude und Stärke erfüllt, und Sie spüren
Wärme und Liebe.

Nun stehen Sie einander gegenüber. Schauen Sie dem
weisen Wesen in die Augen. Setzen Sie sich mit ihm hin, und
erzählen Sie ihm Ihre Geschichte und wo Sie verletzt wurden. Haben Sie keine Angst. Sie sind hier völlig sicher. Dieses weise Wesen unterstützt und liebt Sie und hört Ihnen aufmerksam zu. Während Sie Ihre Geschichte erzählen, stellen
Sie fest, dass alles, was Sie brauchen, auf einmal da ist. Nehmen Sie sich so viel Zeit, wie Sie brauchen, um zu erzählen,
was geschah und wie Sie sich fühlen. (Pause.) Spüren Sie die
Wärme und das Mitgefühl des Wesens neben Ihnen. Wenn
Sie Ihre Geschichte zu Ende erzählt haben, warten Sie ab,
was das weise Wesen Ihnen sagen will. Fragen Sie es alles, was
Sie wissen möchten. Führen Sie das Gespräch so lange fort,
wie Sie sich wohl dabei fühlen. (Pause.)

Dann danken Sie dem Wesen für sein Kommen und sagen
ihm Auf Wiedersehen, denn Sie wissen, dass Sie es jederzeit
wiedersehen können. Nachdem Sie sich verabschiedet haben, machen Sie sich auf den Rückweg. Der Abstieg ist jetzt
viel leichter, weil Sie das Gefühl haben, einen Teil Ihrer Last
zurückgelassen zu haben. Als Sie den Fuß des Berges erreichen, sehen Sie den Pfad, der aus dem Wald hinausführt.
Bleiben Sie einen Augenblick stehen, und denken Sie darü-

ber nach, wie Sie sich jetzt fühlen und wie es war, auf dem Berggipfel dem weisen Wesen zu begegnen. (Pause.) Dann können Sie Ihre Meditation langsam beenden und sich bewusst werden, dass Sie in einem Sessel sitzen oder auf einem Sofa liegen. Machen Sie ein paar tiefe Atemzüge, und werden Sie sich der Geräusche des Raumes bewusst, in dem Sie sind. Strecken Sie sich langsam, und wenn Sie sich behaglich fühlen, öffnen Sie langsam die Augen.

Schritt 3: Das Herz von Wut heilen

Beginnen Sie mit ein paar tiefen Atemzügen. Konzentrieren Sie sich auf Ihre Atmung, und achten Sie auf Ihre Empfindungen, während Sie ein- und ausatmen. Schenken Sie Ihrer Atmung Ihre volle Aufmerksamkeit. Atmen Sie tief in den Bauch, und spüren Sie, wie er sich sanft hebt und senkt. Stellen Sie sich beim Einatmen vor, wie eine ruhige Energie Ihr ganzes Wesen erfüllt. Fühlen Sie beim Ausatmen, wie die ganze angestaute Spannung aus Ihrem Körper entweicht. Atmen Sie erneut eine starke und erhebende Energie ein. Atmen Sie Ihre ganze Spannung aus. Konzentrieren Sie sich zwei Minuten lang einfach nur auf Ihre Atmung. Wenn Ihnen irgendwelche Gedanken in den Sinn kommen, registrieren Sie nur, was für Gedanken es sind – Tagträume, Pläne oder Erinnerungen. Wenn Sie sie eingeordnet haben, lassen Sie sie los und konzentrieren sich wieder auf Ihre Atmung. (Lange Pause.) Gestatten Sie es sich, mit jedem tiefen Atemzug entspannter in den Sessel oder das Sofa zu sinken. Atmen Sie ein, und spüren Sie Ihre innere Ganzheit. Atmen

Sie alle Einbildungen von Unzulänglichkeit oder Minderwertigkeit aus … Atmen Sie erneut die Ganzheit Ihres Wesens ein … Und beim Ausatmen befreien Sie sich von allen Einbildungen, Sie wären etwas anderes als ein starker, liebenswerter, wundervoller und einzigartiger Mensch.

Beginnen Sie, indem Sie sich an einen Menschen erinnern, auf den Sie wütend sind. Lassen Sie in Ihrem Kopf ein Bild, eine Vorstellung, einen gefühlsmäßigen Eindruck von diesem Menschen entstehen. Denken Sie daran, dass Sie ihn durch den Filter der Wut nicht so sehen, wie er wirklich ist. Erlauben Sie es Ihrem Herzen, sich für einen Augenblick zu öffnen.

Wenn Furcht oder Wut in Ihnen hochkommen, registrieren Sie diese Gefühle, und schieben Sie sie sanft beiseite. Schauen Sie durch das Verhalten dieses Menschen hindurch auf seine wahre Essenz. Wenn Sie ihm etwas sagen könnten, was würden Sie ihm dann sagen? Sagen Sie es ihm jetzt. (Pause.) Gestatten Sie es sich nun, seine spirituelle Essenz zu erfahren. Wie ist es für Sie, sein inneres Licht zu spüren?

Fühlen Sie, wie Ihr Herz, wenn auch nur für einen Augenblick, offen wird für die Möglichkeit von Vergebung.

Befreien Sie Ihr Herz aus dem Gefängnis des Grolls, damit Ihr Leben leichter wird. Fühlen Sie, wie es ist, wenn die Last der Wut von Ihnen abfällt. (Pause.) Erlauben Sie es diesem Menschen, in der Stille und Wärme des Herzens zu sein. Vergeben Sie ihm. Befreien Sie ihn von Ihrer Wut, und lassen Sie ihn seiner Wege ziehen. Geben Sie sich so viel Zeit, wie Sie brauchen, um ihn gehen zu lassen. Wie fühlen Sie sich, nun da er fort ist?

Denken Sie nun an einen Menschen, der vielleicht auf Sie wütend ist, an einen Menschen, der Sie aus seinem Herzen ausgeschlossen hat. Laden Sie ihn, nur für diesen Augenblick, in Ihr Herz ein. Sagen Sie ihm, was Sie ihm gerne sagen würden. (Pause.) Hören Sie sich an, was er Ihnen zu sagen hat. (Pause.) Bitten Sie ihn, Sie wieder in sein Herz zu lassen. Bitten Sie ihn von ganzem Herzen, Ihnen zu vergeben, dass Sie ihm Schmerz zufügten. Gestatten Sie es sich, von seiner Vergebung berührt zu sein. Lassen Sie sich vergeben. Lassen Sie sich wieder in sein Herz aufnehmen. Fühlen Sie, wie es ist, wenn einem vergeben wird. Empfinden Sie all diese Gefühle so tief, wie Sie können. (Pause.)

Verabschieden Sie sich nun von diesem Menschen, und danken Sie ihm, da Sie nun erfahren haben, wie es ist, wenn Vergebung zwei Menschen vereint. Nehmen Sie nun allmählich wieder die Geräusche des Raumes wahr, in dem Sie sind. Werden Sie sich bewusst, dass Sie auf dem Sofa liegen oder im Sessel sitzen. Beginnen Sie sich langsam zu strecken, und wenn Sie bereit sind, öffnen Sie die Augen und kehren in Ihren Alltag zurück.

Schritt 4: Schuldgefühle heilen

Finden Sie eine bequeme Position, sitzend oder liegend, und schließen Sie die Augen. Machen Sie ein paar tiefe, entspannende Atemzüge. Atmen Sie durch die Nase ein und durch den Mund aus. Beobachten Sie Ihre Atmung, während Sie langsam ein- und ausatmen. Mit jedem langsamen und tiefen Atemzug werden Sie entspannter. Konzentrieren Sie sich ganz auf Ihre Atmung, und lassen Sie sich von ihr sanft in einen Zustand tiefer Entspannung versetzen. Lassen Sie Ihre Atemzüge noch langsamer und tiefer werden. Stellen Sie sich einen Energieball vor, der beim Einatmen aus Ihrem Bauch über Ihre Brust zu Ihrem Kopf aufsteigt und beim Ausatmen an Ihrer Wirbelsäule und Ihren Beinen entlang in den Boden sinkt. Lassen Sie diesen Energieball um Ihren Körper kreisen, während Sie ruhig ein- und ausatmen. Fühlen Sie, wie seine Energie alle Spannungen auflöst und Sie in eine noch tiefere Entspannung versetzt. Während der Energieball Sie weiter umkreist, spüren Sie, wie jede Zelle Ihres Körpers sich immer mehr entspannt. Fühlen Sie, wie alle Spannungen über Ihre Wirbelsäule und Ihre Beine in den Boden entweichen. Lassen Sie den Ball noch eine Weile kreisen, bis Sie völlig entspannt sind. (Pause.)

Lassen Sie nun vor Ihrem geistigen Auge einen Ort entstehen, an dem Sie sich sicher und geborgen fühlen. Das kann ein imaginärer Ort, Ihr Lieblingszimmer oder ein Platz in der Natur sein, den Sie gerne aufsuchen. Es ist egal, was für einen Ort Sie sich vorstellen, solange Sie sich dort sicher und geborgen fühlen. Lassen Sie die Schönheit des Ortes auf sich wirken, und betrachten Sie jedes Detail. Registrieren Sie, was an diesem Ort für Sie ungewöhnlich ist. Nehmen Sie die Farben und Gerüche wahr, die Sie umgeben. Genießen Sie es, wie angenehm sich der Untergrund anfühlt, auf dem Sie sitzen, liegen oder stehen. Fühlen Sie, wie gut es tut, an diesem Ort zu sein.

Während Sie sich umschauen, erlauben Sie es sich, in eine Zeit zurückzukehren, in der Sie sich für etwas schämten und sich abgelehnt, im Stich gelassen, ungeliebt oder der Liebe unwürdig fühlten. Lassen Sie nun den erwachsenen Menschen in Ihnen, der freundlich und mitfühlend ist, Ihrem inneren Kind begegnen, das Trost und Liebe braucht. Ihr erwachsenes Selbst ist nun ganz für das innere Kind da und schenkt ihm seine bedingungslose Liebe und Anerkennung.

Fragen Sie Ihr inneres Kind, was es Ihnen sagen will, aber nie sagen konnte. Warum schämte es sich? Warum fühlte es sich ungeliebt oder der Liebe unwürdig? (Pause.) Nehmen Sie Ihr inneres Kind in die Arme und trösten Sie es. Geben Sie ihm Liebe und Sicherheit, während es Ihnen von seiner Erfahrung erzählt. Öffnen Sie Ihr Herz für dieses innere Kind. Wenn es seine Geschichte zu Ende erzählt hat, erinnern Sie es an die »Wahrheit«: dass es ein wundervolles spirituelles menschliches Wesen ist, das Liebe und Respekt verdient. Lassen Sie es spüren, wie tief die Liebe ist, die Sie ihm schenken. (Pause.) Erinnern Sie es daran, dass ihm längst vergeben wurde. Lassen Sie es diese Vergebung spüren, bis sie sein ganzes Wesen durchdringt.

Nun stellen Sie sich vor, wie Sie heute dieses geheilte innere Kind in sich tragen. Fühlen Sie, wie es wäre, wenn Sie Ihre Scham und Ihre Schuldgefühle überwinden könnten. Fühlen Sie, wie es wäre, wenn Sie lernen würden, sich von Ihren Schuldgefühlen zu heilen. (Pause.) Fragen Sie sich, aus welchem Grund Sie das taten, was Ihnen heute Schuldgefühle bereitet. Erkennen Sie die Angst. Öffnen Sie Ihr Herz für sich selbst. Hören Sie Ihren Ängsten mit Mitgefühl zu, und erkennen Sie, dass sie Hilfeschreie sind. (Pause.) Antworten Sie mit Liebe und Verständnis auf diese Schreie. Erkennen

Sie an, dass Sie im Grunde Ihres Herzens unschuldig sind, dass der Mensch, der Sie wirklich sind, es wert ist, geliebt zu werden. Fühlen Sie diese Liebe, der Sie würdig sind. (Pause.)

Kehren Sie nun allmählich zu Ihrer Atmung zurück, und lassen Sie sich von Ihrem Atem in den Raum zurückbringen, in dem Sie sind. Werden Sie sich der Geräusche im Raum und des Sofas, auf dem Sie liegen, oder des Sessels, in dem Sie sitzen, bewusst. Räkeln und strecken Sie sich. Wenn Sie bereit sind, öffnen Sie langsam die Augen und kehren in Ihren Alltag zurück.

Schritt 5: Die Situation neu betrachten

Finden Sie eine bequeme Position, sitzend oder liegend, und schließen Sie die Augen. Konzentrieren Sie sich auf Ihre Atmung. Wenn Sie einatmen, atmen Sie Entspannung ein, und wenn Sie ausatmen, atmen Sie die ganze Spannung aus, die sich in Ihrem Körper aufgebaut hat. Konzentrieren Sie sich weiter auf Ihre Atmung, und atmen Sie Entspannung ein und Spannung aus. Wenn Ihnen irgendwelche Gedanken in den Sinn kommen, registrieren Sie, was für welche es sind, und konzentrieren Sie sich wieder auf Ihre Atmung.

Nun möchte ich, dass Sie eine schwarze Fünf auf einem weißen Vorhang oder eine weiße Fünf auf einem schwarzen Vorhang visualisieren … Wenn Ihnen das schwerfällt, stellen Sie sich vor, wie ein Finger eine Fünf malt, oder hören Sie die Zahl mit Ihrem geistigen Ohr. Wenn möglich, machen Sie alles auf einmal: Stellen Sie sich die Fünf vor, sehen Sie, wie ein Finger sie malt, und hören Sie sie … Dann die Vier … Sehen

Sie die Zahl oder einen Finger, der sie malt, und hören Sie sie ... Oder machen Sie alles auf einmal ... (Pause). Dann machen Sie dasselbe mit den Zahlen drei, zwei und eins ... Wenn Sie die Eins sehen, stellen Sie sich vor, sie ist ein Tor. Auf der anderen Seite dieses Tores ist ein Mensch, dem Sie vergeben wollen. Wie würde Ihr Leben aussehen, wenn Sie diesem Menschen vergeben könnten? (Pause.) Wie viel freier würde Ihr Leben durch Vergebung? Stellen Sie sich einen Augenblick lang vor, wie das Leben dieses Menschen aussah, bevor er Sie verletzte. Versuchen Sie, sich in ihn hineinzuversetzen. Fühlen Sie, wie es ist, sein Leben zu leben. (Pause.) Wenn Sie fertig sind, gehen Sie durch das Tor. Dort sehen Sie den anderen Menschen auf Sie warten. Sie fühlen sich sehr sicher und haben die Situation völlig unter Kontrolle. Sagen Sie diesem Menschen, was Sie ihm sagen wollen. Fordern Sie ihn auf, Ihnen von seinem Schmerz zu erzählen. (Pause.)

Als er zu Ende erzählt hat, sehen Sie ein paar Stufen, die zu einer Tür führen. Gehen Sie die Stufen hinauf, und öffnen Sie die Tür ... Sie blicken in einen Raum mit einer Treppe, die zu einem heiligen Ort hinaufführt. Dann sehen Sie eine Gestalt, die von bläulich weißem Licht umgeben ist, die Treppe herunterkommen ... Wenn die Gestalt sich nähert, spüren Sie ihre warme und freundliche Ausstrahlung. Welches Aussehen sie annimmt, spielt keine Rolle, solange Sie sie als warm und freundlich empfinden. Die Gestalt ist Ihr innerer Führer. Fragen Sie ihn nach seinem Namen. Sagen Sie ihm, dass Sie mit Ihrem höheren Selbst sprechen wollen ... Lassen Sie sich von Ihrem Führer an die Hand nehmen. Er führt Sie die Treppe hinauf zur Tür eines großen Tempels.

Wenn Sie diesen heiligen Ort betreten, werden Sie von einem schönen und edlen Wesen angezogen. Sie erkennen, dass es Ihr höheres Selbst ist … Umarmen Sie Ihr höheres Selbst. Bitten Sie es, Ihnen zu helfen, den Menschen, mit dem Sie vorhin am Tor redeten, aus spiritueller Sicht zu sehen. Wie können Sie die Situation, die Ihnen so viel Schmerz verursachte, anders sehen? (Pause.) Wie können Sie dem Menschen, der Sie verletzte, Ihr Herz öffnen und die Situation mit Weisheit sehen? (Pause.) Wenn Sie die Antwort erfahren haben, danken Sie Ihrem höheren Selbst und gehen zu der Tür zurück, wo Ihr innerer Führer auf Sie wartet. Lassen Sie sich von ihm die Stufen zu dem Tor hinunterführen. (Pause.) Sie bleiben einen Augenblick stehen und sehen den Menschen wieder. Wenn Sie irgendetwas tun oder sagen wollen, nehmen Sie sich jetzt die Zeit dafür.

Dann gehen Sie durch das Tor und machen drei tiefe Atemzüge. Fühlen Sie, wie das Leben in Ihre Füße und Zehen zurückkehrt, während Sie die Fünf sehen … Fühlen Sie den Sessel, in dem Sie sitzen, oder das Sofa, auf dem Sie liegen, und die Kleidung auf Ihrem Körper, während Sie die Vier sehen … Fühlen Sie die Energie in Ihren Händen. Lassen Sie sie durch Ihre Arme in Ihren Nacken und Ihre Schultern hinaufströmen … Visualisieren Sie nun die Drei. Fühlen Sie, wie Ihr Gehirn wach wird. Holen Sie tief Luft. Sagen Sie sich, dass Sie sich an diese Erfahrung erinnern werden. Sagen Sie sich, dass Sie sich die Bilder merken werden, selbst wenn Sie sie nicht ganz verstehen. Visualisieren Sie nun die Zwei, und fühlen Sie, wie Sie bei der Eins vollends wach werden.

Schritt 6: Schmerz bewältigen

Finden Sie eine bequeme Position, sitzend oder liegend, und schließen Sie die Augen. Sorgen Sie dafür, dass Ihre Kleidung Sie nicht beengt, und räkeln Sie sich ein bisschen, bis Sie sich behaglich fühlen. Wenn Sie so weit sind, konzentrieren Sie sich auf Ihre Atmung. Fühlen Sie, wie Ihr Bauch sich beim Einatmen sanft hebt und beim Ausatmen wieder senkt. Stellen Sie sich vor, dass in Ihrem Bauch ein Lichtball liegt. Während Sie langsam und tief einatmen, sehen Sie den Lichtball zum oberen Ende Ihrer Wirbelsäule hinaufsteigen. Und beim Ausatmen sehen Sie, wie er sich zu Ihrem Bauch zurückbewegt. Fühlen Sie, wie Ihr Bauch sich beim Einatmen ausdehnt und beim Ausatmen zusammenzieht. Beobachten Sie, wie der Ball sich bei jedem Atemzug hinauf- und hinunterbewegt. Wenn Sie einatmen, atmen Sie Entspannung ein, und wenn Sie ausatmen, atmen Sie Ihre ganze Anspannung aus, sodass Ihr Körper immer lockerer wird. Fühlen Sie, wie Ihr Atem Sie sanft in einen Zustand tiefer Entspannung versetzt. Erlauben Sie es ihm, Ihren Kopf für eine Weile ganz leer zu machen. Wenn Ihnen irgendwelche Gedanken in den Sinn kommen, lassen Sie sie davontreiben, sodass Ihr Geist ganz ruhig wird. Fühlen Sie diese Ruhe. Lassen Sie bei jedem Ausatmen alle aufkommenden Gedanken davonfliegen, und fühlen Sie, wie Ihr Körper immer entspannter wird.

Stellen Sie sich nun einen Ort vor, an dem Sie sich wohl und sicher fühlen. Ob Sie einen Ort wählen, der Ihnen vertraut ist, oder einen Ort, wo Sie immer schon hinwollten, oder ob Sie sich einen imaginären Ort ausdenken, spielt keine Rolle. Es könnte ein majestätischer Kiefernwald sein, in dem Sie an einem Bach sitzen, oder ein Meeresstrand, an dem Sie die Wellen in einem regelmäßigen Rhythmus auf den weißen Sand rauschen hören. Sie können an jeden beliebigen Ort gehen, solange Sie sich dort sicher, geborgen und wohl fühlen. Schauen Sie sich um und prägen Sie sich ein, wo Sie sind. Nehmen Sie die ganze Schönheit des Ortes, die Farben, Geräusche und Gerüche um sich herum wahr. Genießen Sie die Umgebung mit allen Sinnen. Bestimmen Sie die Tageszeit und die Jahreszeit. Spüren Sie die Wärme der Sonne? Oder machen Wolken den Himmel interessanter? Nehmen Sie wahr, was Sie anhaben. Tragen Sie alte Sachen oder bequeme Alltagskleidung oder etwas ganz Besonderes? Was spüren Sie unter Ihren Füßen – weiches, kühles Gras, einen knisternden Teppich aus Tannennadeln oder warmen Sand, der Ihre Fußsohlen massiert? Wenn Sie sitzen oder liegen, spüren Sie die herrliche Erde unter sich. Lauschen Sie den Geräuschen, die Sie umgeben. Hören Sie Meereswellen an den Strand branden oder Tiere über den Waldboden springen oder Vögel in der Ferne singen oder einen Wasserfall oder Fluss rauschen? Was es ist, spielt keine Rolle. Hören Sie nur genau hin, denn es könnte auch das leise Säuseln des Windes im Laub der Bäume oder im hohen Gras sein. Lassen Sie einfach die ganze Schönheit und die besänftigenden Geräusche Ihres heiligen Ortes auf sich wirken, bis Sie innerlich ganz ruhig werden.

Stellen Sie sich vor, wie eine sanfte Brise Ihr Gesicht streichelt. Sie kann sich kühl und trocken oder warm und feucht anfühlen. Spüren Sie, wie der Frieden Ihres heiligen Ortes Ihr ganzes Wesen durchdringt, während Sie Ihre Umgebung betrachten. Bei jedem Einatmen nehmen Sie den Frieden in sich auf, der Sie umgibt, und bei jedem Ausatmen befreien Sie Ihren Körper von jeder noch vorhandenen Spannung. Konzentrieren Sie sich auf Ihre Atmung, und spüren Sie, wie Sie sich immer tiefer entspannen. In diesem Zustand beginnen Sie um sich herum eine Energie zu spüren und haben gleichzeitig das Gefühl, dass bald etwas Wundervolles geschehen wird. Die Energie, die Sie umgibt, erfüllt Sie mit einer Freude, als würde bald etwas geschehen, was Sie sich wünschen.

Allmählich wird Ihnen bewusst, dass Sie nicht mehr allein sind, dass irgendwo in Ihrer Nähe ein sehr liebevolles Wesen ist. Sie fühlen, dass es Sie kennt, versteht und akzeptiert, wie Sie sind. Es wird Sie beschützen und Ihr Führer sein. Sie fühlen sich sehr stark mit ihm verbunden und sind offen für alles, was es zu sagen hat. Sie spüren, dass Ihr Herz sich in seiner Gegenwart zu öffnen beginnt. Merken Sie sich, wie sich das anfühlt. Spüren Sie, wie die Wärme dieses Wesens Ihr Herz leichter werden lässt. Erzählen Sie ihm von Ihrem Leid, und erlauben Sie es ihm, zum Gefäß für Ihren Schmerz zu werden, der auch tief in Ihrem Herzen verborgen sein kann. Fragen Sie Ihren Schmerz, was er braucht, um zu heilen, und bitten Sie Ihren Führer, Ihnen dabei zu helfen. Wenn die Zeit reif ist, gestatten Sie es sich, den Kummer in Ihrem Herzen zu spüren. Fühlen Sie den Schmerz der Verletzung, die ein anderer Mensch Ihnen durch einen Verrat, einen Angriff oder irgendein anderes Unrecht zufügte. Nehmen Sie Ihren Schmerz an. Geben Sie ihm den Raum, den er braucht, um zu heilen. Erlauben Sie es sich, zu weinen. Lassen Sie Ihre Tränen Ihr Herz reinwaschen. Hauchen Sie Ihrem gebrochenen Herzen neues Leben ein, indem Sie alles fühlen, was in ihm ist. Sie wissen, dass Sie stark genug sind, um Ihre Gefühle zuzulassen und Ihre Verletztheit zu spüren. Und wenn die Zeit reif ist, wird Ihr Herz sich wieder öffnen, und Sie werden fähig sein, Ihren Kummer und Schmerz zu überwinden. Fühlen Sie, wie die Wärme und Liebe, die Ihr Führer ausstrahlt, Ihr Herz mit Energie erfüllt. Spüren Sie, wie es heilt, und mit ihm Ihr ganzes Wesen. Was durch den Schmerz zerbrach, wird wieder ganz. Es gibt nichts in Ihnen, was nicht in Ihrem Herzen geheilt werden könnte. Spüren Sie, wie Ihr Schmerz nachlässt. Lassen Sie den Kummer und Schmerz, der so tief begraben war, die Wärme und Liebe Ihres Führers spüren. Atmen Sie diese sanfte, heilende Energie ein. Nehmen Sie mit jedem Atemzug mehr von dieser Energie in sich auf, und atmen Sie allen Schmerz aus. Ihre Tränen waschen Ihren Kummer fort, während Sie spüren, wie die Liebe Ihres Führers Ihr ganzes Wesen erfüllt. Nehmen Sie sich alle Zeit, die Sie brauchen, um sich Atemzug um Atemzug von Ihrem Schmerz zu befreien. (Pause.) Seien Sie gut zu sich selbst, wenn Sie es sich gestatten, in einer sicheren und geschützten Umgebung Ihr Herz zu öffnen.

Rufen Sie sich Ihren heiligen Ort ins Bewusstsein zurück, während Sie bei jedem Atemzug Wärme und Liebe aufnehmen. Werden Sie sich der Farben um Sie herum bewusst. Vielleicht sind sie leuchtender geworden und die Geräusche deutlicher. Sie erkennen, dass es Zeit ist, zu gehen, doch Sie wissen, dass Sie jederzeit an diesen Ort zurückkehren können. Danken Sie Ihrem Führer, dass er mit Ihnen dort war und Raum für Ihre Heilung schuf, und verabschieden Sie sich für heute von ihm. Bringen Sie sich langsam in den Raum zurück, in dem Sie sind. Werden Sie sich Ihrer Atmung und der Geräusche im Raum bewusst, und fühlen Sie, wo Sie sitzen oder liegen. Beginnen Sie Ihre Arme und Beine zu bewegen. Strecken und räkeln Sie sich, bis Sie sich behaglich fühlen. Dann öffnen Sie langsam die Augen und setzen sich aufrecht hin.

Schritt 7: Inneren Frieden finden – Eine spirituelle Meditation

Beginnen Sie mit ein paar tiefen, entspannenden Atemzügen. Konzentrieren Sie sich auf Ihre Atmung und Ihre Empfindungen beim Ein- und Ausatmen. Schenken Sie Ihrer Atmung Ihre volle Aufmerksamkeit. Atmen Sie tief in den Bauch, sodass er sich dabei sanft hebt und senkt. Beim Einatmen stellen Sie sich vor, dass eine friedliche Energie Ihr ganzes Wesen erfüllt. Beim Ausatmen fühlen Sie, wie die ganze angestaute Spannung aus Ihrem Körper entweicht. Atmen Sie erneut eine starke und erhebende Energie ein. Und atmen Sie Spannungen und Alltagssorgen aus. Gestatten Sie es sich, für eine Weile alles loszulassen. Sagen Sie sich: »Ich erlaube mir jetzt, eine größere Energie und Seelenruhe zu genießen.« … Fühlen Sie, wie Ihr Körper eine friedliche Energie ausstrahlt, die den ganzen Raum erfüllt und erleuchtet. Fühlen Sie, wie es ist, in dieses schöne Licht gebadet zu sein. Genießen Sie dieses Gefühl eine Weile. (Lange Pause.)

Spüren Sie beim Einatmen Ihre innere Ganzheit, und

atmen Sie alle negativen Gedanken aus, die Sie vielleicht hegen. Atmen Sie erneut die leuchtende Energie ein, und befreien Sie beim Ausatmen jede Zelle Ihres Körpers von Negativität. Erinnern Sie sich beim Einatmen daran, dass Sie ein liebevolles und einzigartiges menschliches Wesen sind. Atmen Sie ein paar Minuten lang Frieden und Harmonie ein und alle Negativität aus, die noch in Ihnen vorhanden ist. (Lange Pause.)

Stellen Sie sich nun vor, dass Sie jemandem begegnen, dem Sie vergeben wollen. Registrieren Sie, welche Gedanken Ihnen in den Sinn kommen. Dann betrachten Sie diesen Menschen. Statt ihn mit den Augen der Wut zu sehen und ihn zu verurteilen, sehen Sie ihn mit den Augen der Vergebung und erkennen sein inneres Licht, die spirituelle Essenz, die in uns allen ist. (Pause.) Gestatten Sie es sich, ihn mit dem Herzen zu sehen statt mit dem Verstand. (Pause.) Erkennen Sie, dass er, wie alle Menschen, im Grunde gut ist.

Wenn Sie noch mit negativen Gefühlen wie Wut oder Hass zu kämpfen haben, betrachten Sie diesen Menschen mit mehr Abstand, und erinnern Sie sich, dass er das Unrecht, das er Ihnen zufügte, aus seiner Verletztheit heraus beging. Erkennen Sie, dass seine Wut ein Ausdruck von Furcht ist und dass er vor allem Liebe und Respekt braucht … Wenn Sie ein aggressives Verhalten beobachten, denken Sie daran, dass es ein Ausdruck von Verletztheit ist, und zeigen Sie, wenn auch nur im Geiste, Mitgefühl und Verständnis (Pause). Wenn Sie spüren, dass sich in Ihnen Widerstand regt, fragen Sie Ihr höheres Selbst: Warum erhalte ich meine Abwehrhaltung aufrecht? Was in mir braucht Heilung? (Pause.) Was sagt mir mein Schmerz? Öffnen Sie sich, und hören Sie zu, was Ihr höheres Selbst Ihnen zu sagen hat. (Pause.) Fühlen Sie die Göttlichkeit in sich. Sehen Sie sich aus spiritueller Sicht, und erkennen Sie hinter der äußeren Erscheinung anderer Menschen deren göttliches Licht. Werden Sie offen für Gnade.

Wenn Sie das Licht in anderen sehen, merken Sie, wie das Licht in Ihnen selbst stärker und schöner wird. (Pause.) Denken Sie daran, dass jeder Mensch, den Sie sehen, eine göttliche Natur hat, wie er äußerlich auch wirken mag. (Pause.) Erinnern Sie sich an seine wahre Essenz. (Pause.)

Üben Sie sich darin, die Welt aus spiritueller Sicht zu sehen. Erinnern Sie sich daran, dass Sie in jeder Situation mit spiritueller Weisheit handeln können. Sie können das Nötige tun und dabei Ihr Herz offen halten. Sehen Sie jeden Tag mit neuen Augen statt mit alten Vorurteilen. Erfahren Sie die Schönheit Ihrer göttlichen Natur. Fühlen Sie die Liebe, die aus Ihrer spirituellen Essenz kommt. (Pause.) Fühlen Sie, wie es ist, die Welt mit den Augen dieser Liebe zu sehen. (Pause.) Denken Sie daran, dass Sie in jedem Augenblick die Wahl haben. Sie können sich jederzeit für Frieden und Vergebung entscheiden. Sie können stets mit der göttlichen Liebe in Ihrem Herzen reagieren. Sie können sich immer entscheiden, die Welt aus spiritueller Sicht zu sehen und den Frieden zu erfahren, den sie schenkt.

Wenn Sie bereit sind, werden Sie sich langsam der Geräusche im Raum und des Sofas, auf dem Sie liegen, oder des Sessels, in dem Sie sitzen, bewusst. Beginnen Sie sich zu strecken, und wenn Sie sich behaglich fühlen, öffnen Sie langsam die Augen.

Lektüre über Vergebung und Stressbewältigung

Bücher über Vergebung

Augsburger, David, *Freiheit der Vergebung*

Casarjian, Robin, *Forgiveness: A Bold Choice for a Peaceful Heart*

Dalai Lama mit Victor Chan, Die Weisheit des Verzeihens. *Ein Wegweiser für unsere Zeit*

Enright, Robert D.; North, Joanna und Desmond Mpilo Tutu (Hrsg.), *Exploring Forgiveness*

Flanigan, Beverly, *Forgiving the Unforgivable: Overcoming the Bitter Legacy of Intimate Wounds*

Gobodo-Madikizela, Pumla, *Das Erbe der Apartheid – Trauma, Erinnerung, Versöhnung*

Griffiths, Bill, *The Road to Forgiveness*

Jeffress, Robert, *When Forgiveness Doesn't Make Sense*

Kendall, R. T., *Total Forgiveness*

Khamisa, Azim, *Azim's Bardo – A Father's Journey Front Murder to Forgiveness*

Kornfield, Jack, *Offen wie der Himmel, weit wie das Meer. Worte der Weisheit für Vergebung und Frieden*

Kushner, Harold S., *Wenn guten Menschen Böses widerfährt*

Larsen, Earnie et al., *Front Anger to Forgiveness*

Lomax, Eric, *The Raitway Man: A* POW's Searing Account of War, Brutality and Forgiveness

McCullough, Michael, *Forgiveness: Theory, Research and Practice*

Morris, Debbie, *Ich war ein Opfer des Dead Man Walking*

Müller-Fahrenholz, Geiko, *Versöhnung statt Vergeltung. Wege aus dem Teufelskreis der Gewalt*

Nouwen, Henri, *Nimm sein Bild in dein Herz. Geistliche Deutung eines Gemäldes von Rembrandt*

Patton, John, *Is Human Forgiveness Possible? A Pastoral Care Perspective*

Renard, Gary, *Die Illusion des Universums. Gespräche mit Meistern über Religion, Reinkarnation und das Wunder der Vergebung*

Richards, Nancy, *Heal and Forgive: Forgiveness in the Face of Abuse*

Safer, Jeanne, *Forgiving and Not forgiving: A New Approach to Resolving Intimate Betrayal*

Smedes, Lewis B., *Vergeben und Vergessen. Über die heilende Kraft der Vergebung*

Tutu, Desmond Mpilo, *Keine Zukunft ohne Versöhnung*

Wapnick, Kenneth, *Die Vergebung und Jesus. Zentrale Lehren vom Christentum und ein Kurs in Wundern*

Wiesenthal, Simon, *Die Sonnenblume*

Bücher über Entspannung und Stressbewältigung

Benson, Herbert, *Gesund im Stress. Eine Anleitung zur Entspannungsreaktion*

Charlesworth, Edward, *Stress Management: A Comprehensive Guide to Wellness*

Gawain, Shakti, *Stell Dir vor. Kreativ Visualisieren*

Harvey, John, *Total Relaxation: Healing Practices for Body, Mind and Spirit*

Kabat-Zinn, Jon, *Gesund und stressfrei durch Meditation. Das große Buch der Selbstheilung*

Lazarus, Judith, *Stress Relief and Relaxation Techniques*

CDs zum Thema Vergebung

Hay, Louise L., *Anger Releasing*

Hay, Louise L., *Forgiveness/Loving the Inner Child*

Kornfield, Jack, *The Beginners Guide to Forgiveness: How to Free Your Heart and Awaken Compassion*

Naparstek, Belleruth, *Health Journeys: A Meditation to Help with Anger and Forgiveness*

Entspannungs-CDs

Bodhipaksa, *Geführte Meditation 1 – Entspannung, Annahme & Einsicht*

Bodhipaksa, *Geführte Meditation 2 – Gelassenheit, Achtsamkeit & Liebe*

Gawain, Shakti, *Leben im Licht, Praktische Übungen*

Kornfield, Jack, *Meditation für Anfänger*

McManus, Carolyn, *Progressive Relaxation and Autogenic Training*

McManus, Carolyn, *Relaxation Body Scan and Guided Imagery for Well-being*

Pitkoff, Barry, *The Gift of Relaxation – Stress Relief * Sleep * Wellness.*

Salzberg, Sharon, *Insight Meditation: A Step by Step Course on How to Meditate*

Simmons, Rivka, *Creating Calm in Your Life: A Guided Meditation and Stress Reduction*

Websites über Vergebung
www.forgivenessweb.com (englisch)
www.forgiving.org (englisch)
www.coopcomm.org/index.htm (englisch)
www.forgivenessfoundation.org (englisch)
www.forgivenessproject.com (englisch)
www.mvfr.org (englisch)
www.forgivenessday.org (englisch)

Deutsche Websites zu *Ein Kurs in Wundern:*
www.ekiw.org
www.miraclestudies.net/German

Quellen

Einleitung
Lapide, Pinchas, *Die Bergpredigt – Utopie oder Programm?*, Mainz 1982, zitiert von Leo Baeck in: Theodor Bovet, *Angst, Sicherung, Geborgenheit*, Bielefeld, 1975.

Welch, Bud, »Revenge and Hate is what Resulted in the Death of 167 People« in: *Peacework*, April 1999.

Kapitel 1
Ein Kurs in Wundern, Gutach i. Br. 1994.

Enright, Robert D., Elizabeth A. Gassin und Ching-Ru Wu, »Forgiveness: A Developmental View« in: *Journal of Moral Education* 21,1992, S. 99–114.

Frost, Brian, *The Politics of Peace*, London 1991.

Hope, Donald, »The Healing Paradox of Forgiveness« in: *Psychotherapy* 24,1987. S. 240–244.

Mawson, Christopher, Orlando Sylvester und Katherine Aldrich Whiting, *Roget's Pocket Thesaurus,* New York 1923.

Müller-Fahrenholz, Geiko, »On Shame and Hurt in the Life of Nations – A German Perspective« in: *An Irish Quarterly Review* 78,1989, S. 127–135.

Kapitel 2

Braden, Gregg, Zwischen Himmel und Erde. *Der spirituelle Weg des Mitgefühls,* München 2005.

Kapitel 3

Botcharova, Olga, »Implementation of Track Two Diplomacy: Developing a Model of Forgiveness« in: Heimick, Raymond G. und Rodney L. Petersen (Hrsg.), *Forgiveness and Reconciliation: Religions, Public Policy and Conflict Transformation,* Philadelphia 2001.

Dutta, Sunil, »Why Revenge Isn't the Right Answer« in: *Newsweek* vom 3. Mai 2004.

Herman, Judith Lewis, *Die Narben der Gewalt. Traumatische Erfahrungen verstehen und überwinden,* München 1993.

Kapitel 4

Shantideva, *Die Lebensführung im Geiste der Erleuchtung: das Bodhisattvacharyavatara,* Berlin 2004.

Kapitel 5

Ein Kurs in Wundern, Gutach i. Br. 1994.

Kapitel 6

Ein Kurs in Wundern, Gutach i. Br. 1994.

Kapitel 7

Ein Kurs in Wundern, Gutach i. Br. 1994.

Wapnick, Kenneth, *Die Vergebung und Jesus. Zentrale Lehren vom Christentum und ein Kurs in Wundern,* Gutach i. Br. 1997.

Kapitel 10

Henderson, Michael, *All Her Paths are Peace: Women Pioneers in Peacemaking,* West Hartford, Connecticut 1994.

Piguet, Jacqueline, *Was eine Frau vermag. Mütter gegen den Hass. Das Leben der Irène Laure,* Freiburg 1986.

Kapitel 11

Ein Kurs in Wundern, Gutach i. Br. 1994.

Bole, W, S.J. Christiansen und R.T. Hennemeyer, *Forgiveness in International Politics,* Washington, DC, United States Conference of Catholic Bishops, 2004.

Eckert, Beverly, Rede vor Mitgliedern der japanischen Friedensorganisation »Peace Boat« am 8. August 2003 im Battery Park, New York City.

Morrow, Lance, »The Case for Rage and Retribution« in: *Time vom* 12. September 2001.

Titus, John, Rede im Kalamazoo College, Michigan, Mai 2003.

Kapitel 13

Wapnick, Kenneth, *Die Vergebung und Jesus. Zentrale Lehren vom Christentum und ein Kurs in Wundern,* Gutach i. Br. 1997.

Kapitel 14

Frost, Brian, *The Politics of Peace,* London 1991.

Danksagungen

In diesem Buch stecken viele Jahre Arbeit. Alles begann, als Ken Wapnick mich mit den Konzepten aus *Ein Kurs in Wundern* vertraut machte. Aus diesem Buch spricht die Güte von Ken, der mich geduldig die tiefe Bedeutung von Verzeihen lehrte. Ohne die vielen Wochenenden, die ich in Roscoe im Bundesstaat New York verbrachte, hätte ich dieses Buch nie schreiben können.

Sehr dankbar bin ich auch Botschafter John McDonald, der mich als Erster ermutigte, auf internationalen Veranstaltungen über Vergebung zu sprechen, und der meine Arbeit unterstützte.

Großen Dank schulde ich allen, die mir für dieses Buch ihre Geschichten über ihre Schwierigkeiten und Erfolge auf dem Weg zum Verzeihen erzählten. Sie haben mich vieles gelehrt und mich motiviert, diese Arbeit fortzusetzen.

Tenzin Geyche Tethong, mit dessen Hilfe mein Interview mit dem Dalai-Lama und dessen Vorwort zu diesem Buch zustande kamen, schulde ich ein besonderes Dankeschön.

Mein tief empfundener Dank gilt meiner Agentin Barbara Zitwer, deren unerschütterlicher Glaube an dieses Projekt mich auch in den schwierigsten Zeiten weiterschreiben ließ.

Von Herzen danken möchte ich auch meiner Familie, meinen guten Freundinnen und Freunden und meiner Meditationsgruppe, die mich die ganze Zeit zum Weitermachen ermunterten.

Und ich bin unendlich dankbar für meinen geliebten Ehemann Yak; seine Liebe und sein einzigartiges tibetisches Lachen erfüllen mein Herz mit Freude.

Register

PIPER

Sergio Bambaren
Der träumende Delphin

Eine magische Reise zu dir selbst. Mit 10 farbigen Illustra-
tionen von Heinke Both. Aus dem Englischen von Sabine
Schwenk. 95 Seiten. Piper Taschenbuch

Der internationale Bestseller bezaubert die Menschen auf der
ganzen Welt:
»Der träumende Delphin« ist eine wunderbare Geschichte
über unseren Mut, unsere Ängste und unsere persönlichen
Grenzen. Dieses Buch erinnert uns daran, daß es mehr im
Leben gibt, als man auf den ersten Blick wahrnimmt: Dinge,
die wir nur entdecken können, wenn wir sowohl unseren
eigenen Prinzipien als auch unserem Herzen folgen. Es ist
eine Geschichte voller Hoffnung, die ein Stück des Zaubers
dieser Welt enthüllt, der allzu oft in Vergessenheit gerät.
Folgen Sie Ihren Träumen, hören Sie auf Ihre innere Stimme,
und lassen Sie sich von Daniel Alexander Delphin auf die
zauberhafteste Reise entführen, die es gibt: auf die Suche
nach der eigenen Bestimmung.

01/1242/02/L